# RÉQUIEM DE UNA MARIPOSA DORADA

*Alicia Namber*

ISBN: 9798288588914

Registro Propiedad Intelectual (España): 00765-02659837

Depósito Legal: Exento, según Ley 23/2011, de 29 de julio (art. 5, apdo. g) y R.D. 635/2015 de 10 de julio.

Diseño y fotocomposición cubiertas: © 2025, *Alicia Namber*.

Fotografía de la cubierta:

«Felicity»
© 2025, *Alicia Namber*
Todos los derechos reservados

Maquetación y corrección de estilo: © Alfonso Cañizares Cimadevilla, 2025.

Revisión ortográfica y ortotipográfica: © Alfonso Cañizares Cimadevilla, 2025.

Impresión y encuadernación: Amazon-*Kindle Direct Publishing* & Co.

Primera edición en este formato: junio, 2025.

Tanto el autor como la ilustradora, declaran no haber empleado aplicación alguna respecto a la utilización de «Inteligencia Artificial», para la confección y redacción del presente libro, en todas sus variantes y ediciones hasta la fecha.

Impreso en la Unión Europea - *Printed in European Union*

A mi abuela Claudia, que me enseñó amar incondicionalmente y a creer en lo invisible. Te siento cerca en cada momento.

A mi madre, por su fuerza y su presencia inquebrantable, aunque la vida no siempre nos lo puso fácil.

A mi hijo, el motivo más profundo de todo lo que fui, de todo lo que hice, y de todo lo que aún espero ser. Mi orgullo, mi razón, mi corazón.

A mi hermano, por su nobleza y dignidad, por resistir y resurgir.

Y al hombre de mi vida, que llegó sin ruido, pero se quedó cuando más le necesitaba. Sin ti, no habría tenido fuerza para contar esta historia. Gracias por sostenerme mientras reconstruía mi voz.

¡Gracias, Dios mío!

Valiente es quien dice la verdad a sabiendas de perderlo todo.

Anónimo
(Frase popular)

# PREFACIO

Esta no es sólo la historia de una empresa. Es la memoria de una mujer, de una madre, de una mariposa que voló entre la belleza, el amor y la traición, hasta que mutilaron sus alas y, aun así, volvió a levantarse.

Felicity nació como un sueño, como un acto de amor hacia un hijo y un propósito de vida para una familia. Y lo que comenzó con verdadera pasión, terminó envuelto en mentiras, ambición y crueldad.

He escrito este libro, entre otras razones, para liberar una verdad y dejar constancia de que, incluso cuando todo es arrebatado, nadie puede apropiarse de lo que se lleva dentro: la memoria, el buen nombre y la dignidad.

También lo hice para ofrecer esperanza a todas aquellas personas que hayan sido traicionadas, precisamente esas que una vez confiaron y fueron destruidas por ello, y especialmente a aquellas que alguna vez se vieron obligadas a despedirse de lo que más amaban y, aun así, reunieron las fuerzas para continuar.

Esta es mi historia; aunque también pudiera ser la suya. En cualquier caso, gracias por su tiempo y lectura.

*Alicia Namber*
Abril, 2025

# 1.- ÍNTIMO LEGADO

El día se presentó especialmente complicado: el calor de finales de septiembre parecía no querer abandonarnos. La castellonense *Costa del Azahar* era un *hervidero*[1] de turistas. Quizá —no lo pongo en duda—, fuera un remanente de la *innombrable* época pasada, en que aprendimos lo que era estar confinados. Todos nosotros teníamos el objetivo de intentar retener el tiempo... ¡como si eso fuera posible, salvo en la memoria!

Para Alicia era una temporada de agotamiento diario, sin ninguna posibilidad para el descanso ni siquiera durante los fines de semana. La única ventaja consistía en poder gestionar los asuntos laborales desde su terraza favorita, en la Playa de Peñíscola, acompañada de un *café americano*[2].

Aquellos imprescindibles momentos la proporcionaban cierto equilibrio mental y anímico, entre acalorados desencuentros con clientes, maleducados e intransigentes, por no ver finalmente realizados —y a la postre, técnicamente imposibles—, cambios de *última hora* en sus

---

[1] *Expresión muy castellana para describir un lugar vibrante, lleno de vida y energía; aunque, igualmente, con tintes vagamente caóticos y agitados.*

[2] *'Café expreso' diluido con agua caliente, resultando una bebida más liviana.*

proyectos.

La paciencia parecía desvanecerse entre franjas marinas —desde el gris verdoso del horizonte hasta el luminoso celeste *lamiendo* la arena, y transitando el brillante turquesa entre ambos como si fuera un puente marino—, al igual que en el óleo presidiendo su comedor. Aquel cuadro era su favorito y había llegado allí, gracias al obsequio de su amigo y pintor autóctono. Su reverso atesoraba una dedicatoria:

*Esta obra, «La mar brava», fue pintada a finales del siglo pasado en 1993, una noche que fue de todo menos aburrida, en la que explotaron burbujas de cava a todo mi alrededor y por poco no me hacen perder el sentido, pero sí, me transportaron a un mundo mágico, en el que todo era tan bravo como este mar.*

*Alicia es, entre otras cosas, como esta mar: brava y, además, honesta como nadie. Por ello, me hace sentir orgulloso, otorgándome el incuestionable honor de cedérsela en custodia. Obra que, al observarla al detalle, uno fácilmente pueda sentirse viajero.*

*En el día de 30 de agosto del año 2013. Con todo mi afecto, C.V.*»

—«¿Aún soy esa?... —se cuestionaba Alicia al visualizar el óleo— ¿De verdad queda algo de aquella joven valiente, o se ha convertido en la mera sombra de sí misma?»

Ahora contaba con medio siglo cumplido y, seguramente, mucha más vida por delante, aunque no con la convicción de que la providencia hiciera el favor de llevarla pronto al más allá. Eso ya sería tener demasiada suerte.

¿Cómo llenar de sentido la existencia a partir de ahora?... Sabía que ya no quedaba nada más que demostrar a nadie, ni siquiera a sí misma. Entonces... ¿Cuál era el propósito —si es que hubiera alguno—, de permanecer en este mundo?...

Por más vueltas que le diera al asunto buscando las esquivas señales del Universo, no desentrañaba razón alguna. A veces, el silencio de Dios lo sentía cruel; aunque, por otra parte, los cotidianos y numerosos altibajos congelaran el tiempo, abandonándola a su suerte en una absurda zona gris. Nada que desear, nada que temer y... nada ya que perder.

Hace años aceptó que, conocer el amor verdadero, tampoco estaba dentro de las dádivas que acarreó para esta existencia. ¡Bastante afortunada debería sentirse ya por tener otras bendiciones!, pero, definitivamente, el amor no se encontraba entre ellas.

Por ello —suponía—, debía cosechar y desarrollar otras dotes. A cambio, estaba decidida a permanecer en la soledad el resto de su vida. La mera mención a cualquier relación duradera o ¡peor aún!, posible matrimonio, le producía náuseas. Después de todo, estuvo casada durante veintisiete años; ninguno bueno y, los últimos, literalmente mortales.

En Rusia acordaron legalmente que veinticinco años, constituían la condena máxima para una sentencia. En su caso, la había excedido, y lo siguiente pasaría por visitar el patíbulo, una última y exclusiva vez.

Con esta clase de elucubraciones intentaba superar su fallido matrimonio, sonriendo tras las gafas de sol. Una negra ironía sólo al alcance de mentes perturbadas con almas rotas. Aun así, aquel estadio de paz mental constituía su particular *balón de oxígeno*[3] para continuar sobreviviendo.

Todavía resultaba más crítico sabiendo que ningún hombre sería capaz de llenar el abisal vacío de los días que intentaba rellenar —aparte de las puntuales discusiones clientelares—, con el trabajo de su propio negocio, el arte en general, la lectura, y nuevos conocimientos de todo tipo, envueltos en diatribas consigo misma, acerca del pasado e intentando encontrar algún sentido para aquella absurda existencia, sin expectativas ni futuro. Otros la hubieran bautizado como *soledad elegida*, aunque prefería no ponerle nombre a esa criatura adulta que llevaba demasiado tiempo instalada en su cabeza.

Entre olas, gente playera paseando de acá para allá, ruido de sillas, tazas y cucharas, conversaciones banales de gente que la traían sin cuidado aun formando parte de la escena, y aquel promiscuo retraimiento, el teléfono intentaba romper aquel extraño equilibrio con incesantes zumbidos.

Así pues, la jornada estaba resultando especialmente dura. Ni siquiera los nervios, en continua tensión *a flor de piel*, aflojaron al llegar la noche y volver a la misma mesita de la terraza. A esas horas habían desaparecido casi todos los *complementos* de la arena; pero seguía necesitando

---

[3] *Recipiente de oxígeno comprimido para asistencia respiratoria. y figuradamente, el alivio o ayuda temporal en una situación crítica.*

recomponerse y calmar el estrés antes de regresar a casa.

Repasaba mentalmente los sucesos del día y lo mal que la hacía sentir ese trabajo; lo sola que se encontraba en este mundo y lo olvidada que la tenía Dios; cuando un profundo sentimiento de ira hacia el Altísimo la invadió como una horda de tártaros.

¿Acaso Él no era consciente del sufrimiento que la provocaba obligándola a vivir en esas condiciones?... ¿Acaso se trataba de un enrevesado ensañamiento con ella?... No conseguía adivinar por qué la conducía al mismo borde del abismo, con la sola intención de constatar cuánto era capaz de soportar. ¡¿De verdad?! ¿Aquello iba en serio?... ¿Sin un vago consuelo por remoto que fuera?... ¿Ninguna débil luz de esperanza tampoco?...

Lo encontraba tan fuera de su lógica como la galaxia más alejada del Universo. ¡No podía creerlo! Simplemente, implanteable.

Pidió otra copa de Rivera[4] en un inane intento por domar los nervios, pero seguía increpando al *Todopoderoso* con duras palabras mudas desde las simas de su hemorrágico corazón, a punto de entrar en *parada cardiaca*. Necesitaba una tregua; un armisticio en donde se acordara que pudiera conocer aquello llamado por los mortales: «vida normal». Justo aquella donde nadie pretendiera acabar con una misma, aquella donde reinara la paz alrededor, sin llamadas y sin esperar ninguna otra con la urgencia de sofocar un nuevo conato de incendio

---

[4] *Apócope del delicioso vino producido en la Denominación de Origen Ribera del Duero, una región vinícola de renombre ubicada en la comunidad autónoma española de Castilla y León.*

profesional.

Miró alrededor y observó a las parejas cogidas de la mano mientras daban largos paseos por la playa, charlando sin preocupaciones de asuntos fatuos. Algunas acompañadas por sus hijos, otras por sus mayores o solas en la plenitud del mutuo amor.

¡Detestaba su propia existencia! Todo lo que antes tuvo sentido —la lucha, el esfuerzo, los logros...— ahora parecía reducido a polvo. Se sentía vacía, exiliada incluso de sí misma. ¡Y así no podía continuar!

A menudo, en los momentos más oscuros, coqueteaba con la idea de *concluirse* con la misma elegancia trágica de *Virginia Woolf*. No en el río *Ouse*, como la escritora británica, sino sumergiéndose en las aguas cálidas de su amado Mediterráneo. Le parecía un final perfecto: limpio y silencioso. Como la escritora, también se sentía demasiado cansada para seguir luchando contra una realidad que la devoraba.

Recordaba esa imagen que tantas veces había leído:

«Virginia, caminando con su abrigo largo, metiendo piedras en los bolsillos antes de entregarse al río para silenciar el ruido del mundo.»

Alicia la comprendía. Tal vez, demasiado bien; aquella escena parecía haber sido escrita también para ella. En otro lugar y en otro idioma, pero con la misma tristeza suspendida en el aire.

Nada tenía sentido ni la llevaba a ninguna parte; no era útil para nadie ni nada lo era para ella. Silenciosas lágrimas se aventuraron amargas sobre sus pestañas, discurriendo por debajo de las gafas ahumadas.

Su perra Lisa, recostada sobre el césped artificial de la terraza, gimió y se levantó brevemente como si intuyera el caos mental por el que estaba zozobrando su ama. Apoyó sus patitas en las rodillas de su dueña y la miró con sus enormes ojos marrones, como si quisiera decirle lo mucho que la comprendía. Giró sobre sí misma y volvió a tumbarse sin apartar la mirada. Bufó y aguardó, con la vista sujeta a un punto fijo, como si estuviera rezándole a algún santo perruno de su devoción, quien las ayudase a ambas y obrara un milagro.

En ese mismo momento, las orejas de Lisa quedaron erguidas y la mirada olfateando el Paseo Marítimo, cosa que alertó la curiosidad de Alicia, rescatándola de las profundidades del averno.

Se trataba de un hombre atractivo y bien parecido; de cuerpo atlético y una cuidada barba blanca delimitando un rostro agraciado. El paso era despreocupado, sin nada más que hacer salvo contemplar la gente sentada en las terrazas. De su mano, colgaba una correa y, a su extremo, una perrita monísima.

La cola de Lisa comenzó a barrer el césped artificial como si fuera un limpiaparabrisas a máxima velocidad. El contacto olfativo se hacía inminente, por lo que Alicia no tuvo más remedio que levantarse, obligada por el extremo de la correa de Lisa.

Por una mínima educación, cuando él —tan imponente— la sonrió estando ya frente a ella, se descabalgó las gafas, mostrando unos ojos enrojecidos por el llanto. La luz de una farola vino de la mano de Dios: ella en la penumbra y él iluminado como en un escenario ficticio.

—Buenas noches... —*rompió el hielo* Alicia con la voz aún quebrada por el llanto— Espero no molestarle... es que mi perrita es muy sociable —sonrió a duras penas mientras la acariciaba mirándola.

—No se preocupe. La mía también lo es —añadió con una atrayente voz templada de barítono.

Inmediatamente, para Alicia resultó tan familiar como si le conociera de antes, pero sin poder ubicarle aún en la memoria. Su tono sonaba amigable y abierto, definitivamente educado.

Aquello ya parecía un destello al final de un largo y oscuro túnel. Comenzó a caminar intuitivamente hacia la luz y se atrevió a mirarle directamente a los ojos, los mismos que la abrazaron de inmediato con cariño. Unos enormes ojos azabache que electrificaron su espina dorsal, para convertirse en una combustión espontánea dentro del pecho.

—Hola —ofreció su mano libre con una amplia sonrisa—, me llamo Raúl.

—Alicia... —contestó paralizada por el milagro e intentando memorizar la suavidad de sus dedos al estrechar su mano.

Durante unos breves instantes de conversación banal, se despidieron entre sonrisas e intercambio de los números telefónicos, regresando con las mascotas a sus respectivas casas y dando el día por finalizado.

Esa noche Alicia durmió con un esbozo de sonrisa sobre

los labios. Dios le había enviado a uno de sus ángeles, de eso estaba segura. A estas alturas ella sabía reconocer los momentos que marcaban un antes y un después en su vida.

A la mañana siguiente, Alicia por primera vez dejó su teléfono apagado, como tampoco abriría la oficina ese día. Sin embargo, todavía en pijama, tomó de la estantería una de las libretas que la esperaban apiladas entre los libros. Las compró hacía tiempo; las cuatro con tapa de terciopelo verde oliva por si algún día, por fin, se decidiera a escribir.

Con una taza de té humeante, encaró la libreta que aguardaba sobre la mesa. Decidida, volteó la tapa. Tras unos instantes, la primera hoja seguía tan inmaculada como en el minuto anterior. No era falta de inspiración, sino determinar qué sería lo primero de las muchas ideas que iban apelotonándose en su mente, como si se tratara del brusco frenazo de un autobús cargado de ellas.

Igual que hubiera visto en las películas del *oeste americano*, desenfundó con rapidez el capuchón de su pluma. Fue un único y largo disparo que se transformó en el comienzo de una historia. Una tormentosa y amarga —aunque inacabada al día de hoy—, pero, al fin y al cabo, suya. Su historia... ¡Esta historia!

Por una vez, su reto personal no buscaba el éxito ni acaso el dinero; sólo necesitaba expulsar de sí misma aquellos demonios del pasado atormentándola durante demasiado tiempo.

Les cerraría *a cal y canto* las puertas sagradas de su propia alma y entregaría la llave a su hijo, en forma de un humilde legado.

No sería como esa edición limitada de la Biblia ilustrada de *Rembrandt* conteniendo sesenta y cinco reproducciones bíblicas, a tamaño real, estuchada en una espectacular caja de madera lacada en negro, como ocurrió el día de su mayoría de edad.

Ni tampoco como la valiosísima copia numerada de «El libro de las horas» de Catalina de Médici; una joya del arte renacentista florentino, elaborado expresamente para el Papa León X hacia 1518, y fue *regalo de bodas* para su sobrino Lorenzo II de Médici. Una delicada y laboriosísima artesanía en facsímil[5], así como su propio estuche de terciopelo azul, recamado con piedras preciosas y páginas de oro y seda que Alicia adquirió para el día de su boda.

Sólo se trataría de un pequeño libro, un humilde ejemplar que sólo Dios sabe que iría escrito por ella misma con jirones de su propia vida; pero sería el tangible recuerdo de haberla entregado por y para él.

Así, aquella primera libreta comenzó a rellenarse de recuerdos, anécdotas y fechas, como si de un anuario retrospectivo se tratara, por lo que, durante cada desayuno, escribía unas pocas hojas, las cuales hicieron que Alicia alcanzara a estrenar otro cuadernillo, agotando hasta la última página de todas aquellas que dieron lugar a este libro.

Y lo que debieran ser momentos para el recuerdo, fueron convirtiéndose en exhaustivas jornadas —de la mañana a la noche—, agotadores peldaños para escribirle

---

[5] *Reproducción exacta de un original, ya sea un impreso, manuscrito o grabado.*

su libro: el libro que contenía su íntimo legado.

## 2.- ENTRE FRONTERAS

La aeronave se detuvo después de un lento rodaje para conectar con el *finger*[6] asignado, cuando la megafonía de cabina emitió su último mensaje:

—«Damas y caballeros, habla el comandante. Les damos la bienvenida al aeropuerto de San Pablo, Sevilla. La hora local es 19:03, y la temperatura exterior es de treinta y dos grados centígrados. Por favor, permanezcan sentados con sus cinturones de seguridad abrochados, hasta que la aeronave esté completamente detenida y la señal de cinturones de seguridad se haya apagado. El desembarque comenzará en breve, dando prioridad a los pasajeros de las primeras filas. Agradecemos a nuestra tripulación de cabina su excelente servicio, y a ustedes, nuestros pasajeros, por elegir volar con AEROFLOT. Deseamos disfruten de una agradable estancia.»

Y así replicaron los altavoces en dos ocasiones más, éstas últimas en inglés y francés.

En el vestíbulo del aeropuerto destinado a «Llegadas», el ritual por megafonía fue similarmente análogo:

—«Atención, por favor. Se anuncia la llegada del vuelo

---

[6] *Pasillos exteriores cerrados que conectan cada sala de embarque con el avión estacionado a su costado.*

SU2601 de la compañía AEROFLOT, procedente de Moscú y con escala en Fráncfort. Los pasajeros deberán dirigirse a la puerta B-14, donde podrán recoger su equipaje para el control de aduanas e inmigración. Gracias.»

Y un par de segundos más tarde...

—«*Ladies and gentlemen, attention, please. The arrival of the...*».

Finalizando análogamente en francés:

—«*Mesdames et messieurs, attention, s'il vous plaît. L'arrivée du...*».

En el espacio adyacente al pasillo del avión, los tripulantes de cabina, formados, continuaron sonriendo a cuantos pasajeros abandonaban la aeronave, repitiendo como un mantra[7], el deseo de una buena estancia y el agradecimiento por volar con dicha compañía.

Para Alicia, estas fórmulas comunes de cortesía sólo tenían un único significado: «Ha llegado a su destino». Por ello, el corazón le latía con tanta fuerza que podía oírlo, y la respiración se le detuvo como si fuera a dar un salto al vacío, privada de paracaídas y a merced de la misericordia divina.

Instintivamente, aferró la pequeña cruz de oro que colgaba de su cuello, la misma que presidió su bautizo desde hacía ya veintisiete años, y no la soltó hasta que

---

[7] *Palabras o sonidos repetitivos, utilizados en la meditación y prácticas espirituales para enfocar la mente y alcanzar un estado de tranquilidad o concentración.*

terminó de recorrer el pasillo mecánico.

Después de las últimas tres horas desde el trámite aduanero en el aeropuerto alemán de Fráncfort del Meno, más las iniciales cuatro horas y media desde Moscú hasta Fráncfort; aquello sonaba como *llegar a tierra prometida*[8].

Agotada y pareciendo salir de un secuestro, Alicia se acercó a una de las máquinas expendedoras de la Terminal, donde se abasteció con una carísima botella de agua fría que la ayudase a alcanzar las últimas puertas del aeropuerto.

Ya en el exterior y apoyada sobre el asa telescópica de la maleta, elevó la mirada por un instante para observar el cielo. Era tal y como lo había estado imaginando durante meses: enorme, azul, brillante, tranquilo, e inmensamente infinito.

Aspiró con profundidad y percibió un nuevo aroma de difícil descripción; pero tan embriagador como para adivinar de inmediato que permanecería imborrable el resto de su vida.

Con ello, los temores se esfumaron, asegurando un paso firme sobre la tierra de sus sueños: España.

Los rigores del verano comenzaron a hacerle mella cuando se dirigía hacia la parada de *taxi*; pero su maleta más pesada la llevaba prendida del corazón, habiendo dejado en Mariupol a su hijo de cinco años, *Maxim*.

---

[8] *Expresión coloquial que alude el fin del éxodo del pueblo judío y descrito en la Biblia; como la consecución de un logro largamente esperado.*

El calor irradiaba por todos lados, aun siendo... —consultó su reloj de pulsera— ...las 20:19. El vehículo contaba con aire acondicionado, al igual que el Hotel Bécquer. Un establecimiento de tres estrellas donde tenía previsto alojarse mientras cumplía con los objetivos del viaje.

Desde hacía meses, tenía previsto viajar a España. Deseaba conocer este singular país con el que albergaba planes para fundirlo con su propio destino vital. También necesitaba unas pequeñas vacaciones para darse un respiro laboral; pero, sobre todo, para alejarse de *Viktor*.

Alicia era muy discreta sobre su vida privada, pero los amigos más cercanos y compañeros de la entidad donde trabajaba en *Mariupol*, el Banco de Inversiones e Industria[9]; *Alexander Slepkov* y *Elena Nosova*, ya conocían de su turbulenta vida marital con *Viktor*. Se casó muy joven y no por su propio convencimiento, aunque los parientes más cercanos insistieran en el gran acierto de aquel enlace sin conocer que, ya por entonces, la relación *hacía aguas por todos lados*[10]. Decididamente, no eran *almas gemelas* ni fue un amor a primera vista como tampoco hubo intereses monetarios. Simplemente, sumaban más diferencias que semejanzas.

Por parte de la familia de Alicia, el *argumento de peso* resultaba simple y ridículo a criterio de la chica: «Él la

---

[9] *'Международный Инвестиционный Банк', o también conocido por 'International Investment Bank'.*

[10] *Expresión popular que significa figuradamente que algo está perdiendo fuerza, estabilidad o capacidad para funcionar correctamente.*

quería mucho»... Tal vez sería suficiente para todos, pero ella tenía la seguridad de que no iba a ser feliz; aunque desconociera por entonces el infierno que realmente iba a suponerle.

---

En realidad, Alicia se había enamorado de España desde que viera una tarde la película «Sangre y arena», basada en la novela homónima de Vicente Blasco Ibáñez, donde *Sharon Stone*, *Alicia Agut* y *Christopher Rydell*, protagonizaban el reparto estelar.

No es que fuera a ser matador de toros, pero la historia de Juan Gallardo le pareció cautivadora:

Un joven de origen humilde, sueña con llegar a ser un torero famoso, enfrentándose a dilemas morales y sentimentales a medida que alcanza la fama y la fortuna. Un amor dividido entre su esposa y una aristócrata quien lo seduce. Un verdadero tratado psicológico sobre la ambición, la pasión, el amor y la traición. ¿Su propia vida estaría destinada a ser así de trágica?...

Tampoco podría asegurarlo. Lo que hubiera de ocurrir, pasaría. De momento, sólo esperaba cumplir el propósito que la obligó a abandonar su país.

Corrían tiempos de agonía para el *dinosaurio* de la Unión de Repúblicas Socialistas Soviéticas... ¡Quién sabe lo que podría suceder cuando el fósil feneciera! En primer lugar, urgía huir de allí. España la atrajo desde un principio por la idiosincrasia de sus gentes: abiertas y habladoras, como también dicharacheras, pero tan valientes como Juan Gallardo.

Fundamentalmente, Alicia era *cosaca*[11], como penúltimo eslabón de una larguísima estirpe que se remonta al siglo XV, al norte del Mar Negro.

Tanto su madre como *la abuela Claudia*, la enseñaron a respetar y valorar su propio linaje familiar, del cual sentía verdadero orgullo. Esta generación cosaca, no sería un caballo *Don*[12]; pero lo parecía. La determinación de Alicia resultaba férrea e inamovible. Se vio como las heroínas de sus libros preferidos, avocadas al destierro para salvaguardar el honor familiar. Ningún *Viktor* iba a arruinarle más la vida ni la de su pequeño *Maxim*.

De eso estaba segura.

---

[11] *Cosaco o 'kazak' son los grupos sociales y militares, históricamente establecidos en las estepas del sur de Rusia y Ucrania, conocidos por su destreza militar y espíritu independiente. Su etimología proviene de las lenguas eslavas y significa 'hombre libre' o 'nómada'.*

[12] *Equino emblemáticamente de los cosacos, debiendo su nombre a haberse desarrollado en las estepas rusas de la región del río Don. Son conocidos por su resistencia, fortaleza y agilidad, y capaces de soportar duras condiciones climáticas extremas.*

# 3.- SEVILLA

Ya registrada e instalada en la habitación del Hotel Bécquer, decidió comunicar a sus íntimos amigos de su llegada sin contratiempos; pero siendo las 21:30 en Sevilla, en *Mariupol* marcarían las 22:30, por lo cual no esperaba encontrar a ninguno de ellos en las oficinas bancarias a esa hora. Si acaso, *Alexander*, ante su propio televisor, pendiente de los resultados futbolísticos internacionales de la jornada, pero congeniaba mejor con *Elena*.

Como intuía, llamarla al *móvil* interrumpió su iniciado descanso; aunque no quería escuchar de ella al día siguiente: «¡Mujer, haberme llamado! ¡¿Tú sabes lo intranquila que he dormido no sabiendo si has aterrizado, has perdido el vuelo, o...?!»

Sí, en cualquier caso, debería llamarla. Alicia consultó el pequeño y anacrónico radiodespertador de la mesilla de noche con dígitos encarnados: marcaba las 22:43.

La voz de Elena sonó al otro lado entre soñolienta y disgustada, aunque aliviada cuando supo quién llamaba.

—«¿*Elena*?... Sí, ya estoy en Sevilla. ¿El vuelo?... Bien, no veía el momento de llegar. Como dicen aquí en Andalucía —sonrió por unos instantes al recordar la expresión—, '¡*Ha sido más largo que un día sin pan*!'»

Ambas rieron la ocurrencia y mantuvieron una larga conversación de tintes femeninos que se alargó hasta pasadas las 23:30; aunque Alicia deseaba meterse en la cama cuanto antes: estaba literalmente *rota*; aunque todavía reunió fuerzas para bajar al comercio oriental lindando con el hotel, y comprar gazpacho y un par de sándwiches, ya que el restaurante de la instalación hotelera se hallaba ya cerrado.

La entusiasmó el gazpacho, tanto más que aquella vez que lo probó en casa de un compañero español de la Universidad. Estaba *fresquito*, por lo que la primera botella cayó más rápido que una de *Vodka* en una reunión de hombres.

La segunda la reservó con los emparedados para cuando saliera de la ducha.

Recostada sobre la cama y por aquello de ser madre, evocó la última frase cargada de ingenuidad infantil; aunque poco podría saber que se hallara muy cerca de la realidad:

—«Pero vas a volver ¿verdad, *Mamóčka*[13]?...»

Mientras la imagen del chiquillo se nublaba por efecto de las lágrimas, aseveró para sí misma:

—«Por supuesto, hijo mío. Nunca nadie nos separará más.»

Inmediatamente, el pensamiento la llevó hasta *la abuela Claudia*, cuando de pequeña la recitaba poemas clásicos de memoria. *Maxim* todavía no se sabía ninguno,

---

[13] *Variante de la expresión 'mamá', que demuestra un gran amor.*

pero le enseñaría a declamar, cuando volviera a buscarle, «El jinete de bronce», de *Pushkin*. Esperaba que su hijo no maldijera como *Yevgueni* ante las injusticias, y fuera perseguido hasta la muerte por el jinete; pero debía nacerle cierta rebeldía contra los lamentables errores ajenos, como lo era su padre.

Estaba segura de que el destino sería amable con el pequeño y terminara conociendo *al amor de su vida*. De momento, le esperaba una infancia sembrada de huidas junto a su madre... Que fuera aún más valiente que *Nikolái*, su abuelo materno, y a quien *Maxim*, desgraciadamente, no conocería por fallecer cuando Alicia sólo contaba con siete años.

El abuelo *Nikolái*, con la mayoría de edad falsificada, se alistó al frente de Berlín durante la Segunda Guerra Mundial. Tras la contienda, fue repatriado a casa, condecorado al valor y dispuesto a casarse con Claudia.

Tenía fe en que sus plegarias serían igualmente escuchadas y atendidas como cuando nació su único hijo *Maxim*..

Nació... realmente, no vino a la vida, sino que su ángel de la guarda lo *hizo fichar* por el equipo de los neonatos. Llegó con una letal insuficiencia respiratoria prenatal, lo cual le mantuvo en una incubadora durante semanas.

Recordaba su propio calvario desesperado debido a que la supervivencia diaria de *Max*, se había convertido en —nunca mejor dicho— una verdadera *ruleta rusa*[14]. Estuvo

---

[14] *Juego macabro de azar letal, en el cual los participantes se disparan en la cabeza con un revólver que contiene una sola bala en el tambor.*

al borde de la muerte, cuando suplicaba a Dios, la Virgen y a todos los Santos por la vida de su hijo, literalmente, las veinticuatro horas del día, lo cual provocó en Alicia un serio cuadro médico grave de inanición, amén de los trastornos mentales transitorios.

Igual que aferraba la cruz en el aeropuerto, su convicción enarboló el lema repetido diariamente por ella ante la incubadora:

—«O de aquí salimos mi hijo y yo juntos, o no saldrá ninguno»

Lo cual, aun pareciendo un irreverente ultimátum al Altísimo, dio como resultado que ambos abandonaron vivos el hospital.

Lo que de ninguna manera era previsible para Alicia fueron los devaneos y aventuras de su marido, a los cuales se entregó desde el parto. Innumerables juergas y a vivir como *si no hubiera un mañana* ni tuviera familia.

Cada uno de los progenitores asumió la desgraciada desavenencia como *buenamente* —y no tanto—, entendió. Desde entonces, Alicia deseaba morir por creer que no hubiera ninguna escapatoria en la vida que la había tocado; subyugada al cadalso —en este caso—, de la tradición cosaca en cuanto a la sumisión marital: «Esto es lo que hay, y así será para siempre».

Su vida parecía perseguida por una maldición a la que se sumó la desaparición de *Viktor* durante los dos años siguientes. Marchó con la excusa inicial de ausentarse quince días para ir a comprar un coche a Alemania, durante los cuales viajó por varios países europeos.

Por descontado y entretanto, tampoco contaba con descubrir a su marido, instalado ya en España y con la bigamia de una segunda familia. La inmediata demanda de divorcio hizo regresar a *Viktor* al seno de su primitiva familia, bajo el solemne juramento de no volver a cometer infidelidad alguna.

Tras un año de relativa tranquilidad, *Viktor* se conchaba con un importante mafioso de *Mariupol*, para entrar en el mundo de los negocios y así contar con la *protección* de la organización.

Sin entrar en más detalles, la maldición continuó como el paso de los Cuatro jinetes de la Apocalipsis[15].

Aquel presente resulta trágico para consolidar la desahuciada familia: *Viktor* acumula cuantiosas deudas que implican espeluznantes chantajes llevados a cabo contra él y su familia, como lo fue la violación de Alicia en su propia casa de *Mariupol*, estando con su pequeño durmiendo en la habitación de al lado, antes de abandonar el país...

Más inaudito resulta que, su marido, conocedor del hecho, no anduvo muy lejos de allí sin hacer absolutamente nada.

*Cosaca* o no, aquello resultó demasiado para ella. *La última gota que rebosaría finalmente el vaso*, adoptando como única opción para escapar de aquella pesadilla la de huir al extranjero con su hijo.

---

[15] *Según la tradición cristiana, representan los cuatro horrores que marcarán el Fin de los Tiempos, a saber: Jinete blanco, la peste; rojo, la guerra; negro, el hambre; y el pálido, encarnando la muerte.*

---

Pero ahora se encontraba recién llegada a Sevilla. Era 1997, a sólo un lustro pasado de la culminación de la *Perestroika* de 1991, lo cual, aparte de la masiva desbandada del pueblo soviético a otros países, dejaba allí latente un gran desconcierto local, debido al auge de mafias resurgentes y, en especial, una de ellas empeñada en conseguir el dinero que tantos esfuerzos le había costado a Alicia.

Mientras, su pueblo, los compatriotas rusos que no habían contado con la suerte de escapar al caos del colapso nacional, la delación y la traición para ellos se habían convertido en *moneda de cambio*[16]. Sobre sus hombros recaía el peso de una incierta recuperación del Estado.

Tomó su agenda y de ella cayó al suelo un papel doblado. Lo recordaba; aunque desconocía haberlo guardado entre las hojas de la agenda. Se trataba de uno de sus escritos.

De vez en cuando, para escapar del caos y terror que suponía su vida allí, la escritura le proporcionaba un seguro refugio de irrealidad, donde los problemas quedaban resueltos para el equilibrio de su mente.

No estaba fechado —como tenía por costumbre—; aunque recordaba cuándo y dónde lo había escrito. Fue en su casa de *Mariupol* y cuando descubrió la bigamia de su marido. Lo había titulado «La amapola». Se tomó un

---

[16] *Expresión que implica a algo o alguien y sea usado como un medio para lograr un objetivo, a menudo en detrimento de su valor intrínseco, en este caso con un matiz de usual.*

tiempo para releerlo sentada sobre la esquina de la cama del hotel:

*«La auténtica belleza no se encuentra en la opulencia ni en la riqueza. —decía—. Me fascina más contemplar una solitaria flor de amapola perdida entre las rocas o un árbol de azahar en flor en un terreno gris y descuidado. Este tipo de belleza humilde, inesperada, es la que te deja sin aliento. Se queda grabada en tu memoria, y sus recuerdos vuelven una y otra vez, hasta que se transforman en símbolo. La contemplación de una belleza pura e inocente es la que despierta verdaderas pasiones y verdaderos amores que perduran más allá de nuestra fugaz existencia.*

*Una amapola roja desafiando un día gris y lluvioso, es valiente y orgullosa. Por ello, es bella. No tardará en desaparecer por ráfagas del viento implacable. Por ello siempre la recordarás. Sera un cuadro que pintó tu percepción más inocente del mundo. Y será ese cuadro que guardará tu memoria como un tesoro.*

*Y en las épocas grises y oscuras cuando a duras penas puedes mantenerte en pie bajo las tormentas que surgen...te acordaras de aquella amapola. Y su fugaz belleza y coraje te sostendrán.»*

—«¡Dios mío, dame fuerzas!» —pensó con vehemencia mientras oprimía la hoja contra el pecho.

Realmente, se veía encarnada en esa solitaria amapola. Sin duda, una señal del destino para recalcarla su último empeño. Volvió a doblar la hoja y la insertó meticulosamente donde debió haber estado durante todo este tiempo. Por nada del mundo debiera olvidar lo escrito en ella.

# 4.- LINAJE DE ACERO

Aquella primera noche en el hotel sevillano, supuso para Alicia, *un antes y un después*. Nunca olvidaría lo que recordó y sintió...

En primer lugar, en cuanto a su madre, María, cuando la refería sus propios pequeños logros profesionales, la oía mientras gruesas lágrimas de orgullo le recorrían las mejillas, entremezcladas con fugaces imágenes de Alicia cosechando éxitos y reconocimientos profesionales.

María se había convertido en su propio ejemplo a seguir; pero aún le quedaba un largo camino para equipararse a ella. La mantenía en lo alto de un imaginario pedestal, sobre todo cuando materializó su *sueño dorado*: una empresa de construcción propia. Nunca olvidará lo radiante que lucía su madre con ¡sólo cuarenta y ocho años!

Empresa que, tiempo después, delegó en su hermano *Vyacheslav*, quien, aparte de prorrogar una dirección impecable durante años, se convirtió finalmente en las propias lamentaciones de *Slava*[17], desvaneciéndose sus aspiraciones al iniciarse la guerra ruso-ucraniana.

Por su parte, Alicia, durante su etapa universitaria

---

[17] *Apelativo familiar de Viacheslav*

destacó no sólo por su capacidad analítica, sino por su compromiso incansable.

Para su *trabajo de fin de carrera*, eligió una fábrica local siderometalúrgica donde también realizó las prácticas universitarias. Su objetivo era ambicioso: estudiar en profundidad los costes de producción del acero, identificar fugas de capital, y proponer alternativas eficientes.

Durante varios meses, trabajó estrechamente con la siderurgia, analizando procesos, entrevistando operarios, revisando inventarios, facturación, mantenimiento de maquinaria y cadenas de suministro. Mientras muchos compañeros entregaban memorias de fin de curso sin mayor impacto real, Alicia se entregó por completo. Su informe final no solo fue exhaustivo, sino revolucionario.

Demostró que, con una reestructuración inteligente y una mínima inversión, la empresa podría reducir sus costes operativos ¡en un treinta por ciento!

Aquello fue un terremoto en la dirección de la industria. La implementación de sus recomendaciones generó ahorros inesperados y, en pocos meses, la fábrica comenzó a mostrar beneficios donde antes había pérdidas crónicas.

Debía centrarse en la crianza de *Maxim* —a quien llamaría a partir de ahora, ya en España, *Max*[18]—; y en su propia carrera profesional porque, las continuas infidelidades de su marido, no podrían suponerla un escollo en el camino personal trazado. Fue en la segunda donde obtuvo merecedores logros y reconocimientos

[18] *Diminutivo cariñoso de Maxim.*

nacionales e internacionales, debido también al aperturismo de la *Perestroika*[19], lo que la culminó siendo la socia mayoritaria de una fábrica siderometalúrgica ¡con más de doscientos trabajadores a su cargo!

Claro que aquello resultó ser como una pompa de jabón, ya que el hampa ruso no tardó demasiado en amenazar la vida de su hijo y la suya; otra de las razones para enclavar ambos futuros en España.

Durante los ocho años siguientes, se mantuvo en discreto anonimato, resguardada tras un modesto sueldo como ejecutiva en una entidad bancaria, especialmente desde que el mundo del hampa descubriera sus complejas estratagemas financieras.

Y... «De aquellos polvos, estos lodos».

Cuando el sueño la venció por completo, precisamente hasta que el bullicio de la calle la despertó temprano a la mañana siguiente, abrió los ojos con un regusto agridulce.

Y con más determinación aún, bajó al vestíbulo del hotel para solicitar un *taxi*.

Ya no habría vuelta atrás... ¡en nada!

---

[19] *Profunda reforma de Gorbachov quien, como presidente de la Unión Soviética, buscó reestructurar el país en la década de los ochenta, confiriéndole de un aperturismo a todos los niveles, jamás antes visto.*

## 5.- UN POCO DE HISTORIA

Mientras esperaba la llegada del *taxi*, Alicia escudriñó despreocupada la calle donde se ubicaba el hotel, a través de las hojas de cristal tintado del vestíbulo.

Éste se encontraba retirado de la vía pública por una veintena de metros, que pertenecían al amplio espacio compartido con una tienda de artículos para regalo típicamente sevillanos, además de una cafetería a mano derecha. Justo en los sillones de mimbre de la terraza, se encontraban sentados dos caballeros perfectamente trajeados de negro y gafas oscuras que, de haber llevado *sombreros borsino*[20] y corbatas negras, no hubiera dudado de su pertenencia a la KGB.

En cambio, éstos carecían de corbata, lo cual los encuadraba en esbirros del grupo delictivo que intentaba extorsionarla.

—«¿Tanto pensaban que tenía como para seguirme hasta Sevilla?» —se preguntó, no sin cierto pavor...

El caso es que desentonaban claramente con las personas sentadas en las mesas contiguas. En ese momento apareció el transporte público solicitado y, sin planteárselo

---

[20] *Tipo de sombrero de fieltro suave, conocido por su elegancia y calidad. Se caracteriza por tener una cinta anudada al lado izquierdo generalmente gris o negra.*

dos veces, salió al exterior en su dirección, evitando dirigir la mirada hacia la siniestra pareja de secuaces, quienes, al verla, se levantaron sin disimulo hacia un SEAT Toledo, negro, de cuatro puertas y con matrícula sin distintivos, estacionado en la acera de enfrente.

No tardaron en colocarse a una distancia que disipaba cualquier duda sobre el seguimiento. Estaba claro tratarse de una maniobra psicológica de coacción; querían «su dinero» y harían todo lo posible para obtenerlo.

---

Siempre tuve la sensación de que mi destino estaba escrito y, en consecuencia, poco margen tuve para el libre albedrío.

Por dar un poco de contexto y mejorar la comprensión de lo sucedido en aquella época convulsa, debo aclarar que tanto mi niñez como juventud, tuvieron lugar en el seno de la sociedad soviética.

Precisamente, por esta misma razón, entiendo ser importante y aconsejable, comprender los orígenes de las contradicciones y restricciones enfrentadas por la sociedad soviética durante el periodo de la *Perestroika*, antesala de su propio colapso.

Mi juventud, como la de millones, fue moldeada por esos años de confusión y peligro. No quisiera dar la imagen ni la pretensión de poseer «una verdad única»; pero, tampoco, la necesidad de suavizar lo vivido en primera persona.

Lo refiero desde un «código de honor», el cual me ha

traído más dolores de cabeza que ventajas. Pero no me sentiría ni tan siquiera cómoda en una zona gris, por cierto, confusa y traicionera. Por ello insisto en tratarse de una exposición muy personal, siendo consciente de poder despertar alguna polémica u opiniones divergentes.

La *Perestroika*, con su aparejada promesa de renovación, terminó provocando una de las mayores catástrofes geopolíticas del siglo. Y, aunque algunos han intentado maquillar sus consecuencias, para quienes lo hemos vivido en el seno de aquel país, no queda ninguna duda: no solo se derrumbaron las estructuras políticas y económicas, sino que también se quebraron las relaciones humanas. Familias enteras quedaron separadas por nuevas fronteras: amigos convertidos en extranjeros.

Lo que antes era un país, se volvió un rompecabezas de desconfianza, la incertidumbre y el miedo. Todo lo que parecía firme, dejó de serlo. El país no solo se rompió: rompió a las personas.

Hubo ganadores, por supuesto. Y todos sabemos quiénes fueron. Pero la gente común pagó el precio más alto.

Yo también lo viví. Y me niego a narrarlo desde la comodidad del tiempo o la corrección política. Hablo desde dentro, desde el honor y el compromiso con mi propia historia.

Era necesario tener un carácter fuerte y grandes habilidades para poder pasar por pruebas serias, superar circunstancias difíciles de la vida, no detenerse, seguir adelante. Pero también fue drástico el cambio en mi país.

Imperaba la inmutabilidad del sistema político y legal autoritario, creado y alimentado durante el período estalinista, amparado por su característico sistema de «partido único» y con un total desprecio por la Ley y a la Ley.

No, la unión soviética no era un paraíso. Pero con todas sus sombras ofrecía algo que el caos no da: estabilidad. Si eras tenaz y valías, podías avanzar. Había un sentido de comunidad. La gente estudiaba, trabajaba y crecía.

Lo que nosotros no sabíamos es que el país padecía un cáncer incurable: la burocratización y el formalismo, como manifestaciones posteriores del autoritarismo, destruyeron el esquema socioeconómico del socialismo desde dentro. Y esto es otra gran verdad.

Además, los cimientos de tal sistema fueron establecidos en los primeros años del poder soviético por la élite bolchevique, cuyas raíces mantuvieron su raigambre durante un largo periodo.

Las consecuencias de la dominación dieron lugar a métodos autoritarios de gestión de la misma naturaleza, aunque, por supuesto, pueden tratarse de explicar las razones del surgimiento del autoritarismo a través de tradiciones históricas, como los son llamar la atención sobre amenazas externas —reales o no—; referirse a exitosas modernizaciones similares en otros países de influencia soviética, como las más destacables.

Después todo eso se vino abajo. La *Perestroika* nos prometió reformas. Nos dio ruinas. Por aquel entonces, *M.*

*S. Gorbachov*[21] era responsable de la agricultura desde la Dirección del Partido y, antes de pasar al Comité Central, dirigía la región de *Stávropol* —al sur de Rusia— con tanto acierto en su política agrícola como para llamar la atención de los líderes del partido en Moscú. *¿O había intereses más globales?*

Aun así, el detonante directo del colapso de la URSS ocurrió con el desabastecimiento de alimentos, entre 1988 y 1989. Las alarmas de «hambruna inminente» cundieron entre la población, pese a que no estaban respaldadas por hechos tangibles, lo cual desembocó en una caótica situación de *estanterías vacías*[22] en 1991, Se usó el hambre como arma política. Los estantes vacíos no eran fruto de fallos agrícolas, sino de un plan orquestado. Nos empujaron a renunciar al sistema para abrazar un salvajismo disfrazado de libertad.

Finalmente, el país cayó bajo el yugo de una especie de *ataque psicológico* a la sociedad, donde *Gorbachov* no tuvo fuerza de voluntad suficiente para llevar a cabo las

---

[21] *Mijaíl Serguéievich Gorvachov.*

[22] *Hechos literalmente patentes en Гастроном ('Gastronoms', tiendas de comestibles desde pequeñas tiendas de barrio hasta grandes almacenes); tiendas especializadas dedicadas a productos específicos, como panaderías, carnicerías y lecherías y cuyo abastecimiento dependía del suministro estatal; Колхозный рынок (mercados 'koljósicos' consistentes en espacios donde los agricultores de las granjas colectivas o 'koljoses' vendían sus productos; aunque poseían los precios más altos del sistema alimentario; Сельпо ('Selpo', acrónimo de tienda rural, con suministros generalmente muy limitados); Берёзки ('Beryozki' o tiendas Beryozka, dedicadas a la venta de productos de lujo, importados a cambio de divisas extranjeras o certificados especiales).*

reformas económicas y legales oportunas, le pudo su propia asertividad y codicia por el poder.

En mi particular visión de los hechos, de haber prevalecido el raciocinio en *Gorbachov*, debería haber transferido el poder inmediatamente a *Yeltsin*, lo cual hubiera salvado a la república de tan lamentable situación.

En consecuencia, la principal labor de la clase política fue la creación del *capitalismo criminal burocrático-feudal*, con un lema principal: «privatizar y gobernar».

Así, de este *galimatías* capitalista se heredó la subordinación de toda vida social a la apropiación privada y al feudalismo, entendido como la dotación de todo tipo de numerosos privilegios y prebendas a los funcionarios, con lo cual se extendía a ciudadanos y negocios.

Continuando el *hilo de Ariadna*[23], lo encontrado no fue el *Minotauro*, sino una monstruosa desigualdad social.

Por demás, en aquella época surge una nueva clase social: los *oligarcas*, con poderosos accesos a las grandes industrias, infraestructuras y recursos naturales del país.

El *modus operandi*[24] era siempre el mismo: aprovechando sus altos cargos e influencias políticas, se emitían acciones de cualquier activo, siendo repartidas

---

[23] *Se trata de una alusión al mito griego de Teseo y el Minotauro. Ariadna, hija del rey Minos, le entregó a Teseo un ovillo de hilo para que pudiera marcar el camino de regreso tras matar al Minotauro alojado en un laberinto. Por lo tanto, la idea representa la manera de encontrar una salida para una situación complicada o confusa.*

[24] *Locución latina que significa «modo de operar» o «forma de actuar», muy empleado al referirse a métodos delictivos, cuando se trata de la forma habitual de actuar por una persona o grupo.*

entre los trabajadores. A primera vista, podría parecer una inmejorable propuesta... ¡Una verdadera ganga!, aunque el siguiente paso por parte de los mafiosos resultaba de lo más descabellado y maquiavélico: las nóminas dejaban de abonarse durante meses, y con esto llegaba la desesperación, no sólo de los trabajadores, sino de sus familias al completo.

Finalmente, les ofrecían recomprar las acciones por un precio ridículo y así se hacían con las propiedades anteriormente pertenecientes al gobierno. Nos compraron el futuro por migajas. Fue brillante y, en verdad, perverso.

¡Maquiavélicamente retorcido y eficaz!: «Crea el problema y vende la solución después». ¡Todo un clásico!

En muy poco tiempo, el caos se había apoderado del país. Los grupos mafiosos *florecieron* en todos los pueblos y ciudades que, en su *jerga*[25], denominaban «zonas de control». Podría ser un barrio, un pueblo o una ciudad entera. Estas organizaciones criminales estaban mayormente formadas por exconvictos, quienes reclutaban a chicos jóvenes de los *clubs* deportivos de *lucha libre* y boxeo, al que se adherían también funcionarios del gobierno y la propia policía.

Los valientes emprendedores contaban con el *handicap*[26] de saberse completamente solos e indefensos cuando se presentase la amenaza. El que intentaba montar algo sin su permiso, perdía todo; y, a veces, incluso la vida. La policía miraba hacia otro lado y algunos funcionarios,

---

[25] *Lenguaje especial y familiar que usan entre sí los individuos de ciertas profesiones y oficios.*

[26] *En inglés, desventaja o circunstancia desfavorable.*

simplemente, participaban. Hubo toda clase de violencia, desde la verbalmente psicológica a la física, incluso la muerte.

La mafia se había vuelto omnipresente.

Fue entonces cuando supe que tenía que irme. No por miedo. No por desesperación. Sino por responsabilidad. Ahora, mi estimado lector, a la vista de lo expuesto, comprenderá que mi llegada a España no se trató de un sueño, sino de una necesidad imperiosa para salvar la vida de *Maxim* y la mía propia.

# 6.- LUZ VERDE

Alicia estaba decidida. Sabía que vivir en un país extranjero sin la documentación en regla, no era una opción viable y menos aún con el pequeño *Maxim.*

Tras haber barajado y estudiado múltiples opciones, se puso en contacto con varias personas quienes podrían arrojar un poco de luz al asunto o proporcionarla una solución viable y estable.

Así fue, ya que encontró la *llave maestra* para descerrajar todos sus problemas y angustias de una sola vez: ¡Constituiría una empresa legal en España! No sólo era seguro, práctico y con miras a largo plazo, sino que la permitiría viajar tantas veces como fuese necesario, organizando la logística de la mercancía y todo ello con transacciones legales y seguras. Además, siendo socia de una empresa ubicada en España le sería expedido, casi automáticamente, el permiso de residencia y trabajo. La idea era... ¡una gran idea! y cumplía todas las expectativas. ¡¿Cómo no se le había ocurrido antes?! Simplemente, ¡fantástica!

En contrapartida, el comercio exterior actual ruso apenas había arrancado sin ser ya un privilegio exclusivo del gobierno, por lo tanto había muy pocos especialistas en esta materia. Tal vez por esa misma razón, le atraía tanto a Alicia. El *Máster* que cursó hacía unos pocos años fue muy completo. Hasta tal punto que no sólo se limitaba a la transacción de divisas, sino que había profundizado en trámites aduaneros necesarios y podría recitar de memoria los *Incoterms*[27], por lo cual podría perfectamente redactar un contrato internacional bilingüe de mercancías en ruso e inglés.

La ilusionaba especialmente haber encontrado un puente de posibilidades entre los dos países que ocupaban su presente: Rusia y España. Además, contaba con la completa seguridad de ser una de las primeras personas que trazaran este camino bilateral. Se le antojó verse como una *Marco Polo*, una expedicionaria en su terreno profesional que la entusiasmaba tanto o más que afianzar la seguridad buscada para su familia, lo cual incluía extraer a *Maxim* de un entorno ciertamente tan hostil y amenazador.

Consultó de nuevo los datos por la *Red*[28] y se cercioró de haber muy pocas empresas asesoras de esta materia.

—«¡No más de cinco!» —concluyó eufórica para sí.

Alicia se reunió en días posteriores con cada una de

---

[27] *Conjunto de términos comerciales internacionales estandarizados que se utilizan en contratos de compraventa internacional de mercancías. Su principal objetivo es definir las responsabilidades y obligaciones, tanto del vendedor como del comprador, en relación con la entrega y expedición de la mercancía.*

[28] *Referida a «Red informática global», también conocida como «Internet», la cual se trata de un sistema global de redes de computadoras interconectadas, utilizando un mismo conjunto estándar de protocolos de comunicación, denominados (TCP/IP), por lo que permite el intercambio de información y recursos entre dispositivos de todo el planeta.*

ellas, y así evaluar las ventajas y desventajas de los servicios ofrecidos individualmente. En general, salvo nimios matices puntuales, todas ofrecían prácticamente lo mismo; variando ligeramente precios y garantías; aunque ninguna terminaba siendo digna de su confianza profesional, ya que escapaban a su control los fletes y, eso, la dejaba realmente intranquila.

Debido a su experiencia, Alicia se consideraba una persona pragmática en la medida de lo posible, por lo que sabía calcular, aquilatar y controlar aquellos riesgos inherentes a sus futuras operaciones. Nunca mejor dicho, decidió *liarse la manta a la cabeza*[29] y tomar las riendas del asunto por su propia cuenta y riesgo. Conocía sobradamente los pasos y trámites a seguir. Algo le decía en su cabeza que ese era el camino correcto, a la par que la intuición la gritaba estar tomando la decisión acertada. ¡Ya no habría nada que la detuviera!

Recapituló. Lo primero en la lista pasaba por regular su situación en España. Para ello, la única forma factible nacía de conseguir visado de turismo, aportando la documentación necesaria que justificase disponer de los fondos monetarios suficientes para llegar, permanecer y regresar en treinta días, incluyendo un seguro médico propio.

Así pues, Alicia y *Viktor* solicitaron una entrevista en el consulado de Ucrania, dado que, tras la caída de la URSS,

---

[29] *Expresión coloquial con el significado de tomar una decisión arriesgada o actuar de manera impulsiva, sin considerar detenidamente las consecuencias, la propia prudencia o el sentido común.*

el territorio de *Donbass* —incluido *Mariupol*— formaría parte de Ucrania, a la postre igualmente rusos. La entrevista en el Consulado Español de *Kiev* salió *a pedir de boca*... ¡Perfecta!, como si todas las fuerzas del universo hubieran conspirado para ello. Documentación en regla, fondos suficientes, todos los requerimientos cumplidos y el *visto bueno* del cónsul. Sólo quedaba emprender el viaje.

Cuando Alicia recibió ella misma la noticia de la aprobación de los visados, se alegró enormemente por esa *luz verde*; aunque todavía quedaba una cuestión relativa a *Maxim*...

El viaje no sólo estaría marcando su propio destino, sino también cambiaría drásticamente el rumbo de la vida del niño para siempre. Desconocía y en parte temía que, pasados algunos años, *Maxim* se lo agradeciera o, por el contrario, se lo reprochara. Necesitaba imperiosamente que el niño supiera y entendiera la razón de aquel traslado tan drástico y duradero; que comprendiera las razones que la obligaban a ello; de lo contrario, el niño ya hombre, la odiaría para siempre por haberle arrancado de los brazos de su bisabuela, de los momentos con su tío y de la preciosa e inmensa casa que construyó María para reunir a toda la familia.

De momento, el pequeño no estaba al tanto de los amoríos y aventuras de su padre, como tampoco tenían absolutamente ninguna elección entre marchar o quedarse; ni siquiera el gran riesgo que corría su vida si permanecía allí.

Alicia respiró hondo. Tomó el pasaporte, el visado y rezó tan intensamente que no recordaba otra ocasión igual.

Sólo Dios conocía su destino, y sólo era ella la encargada de llevarlo a cabo.

# 7.- NUEVOS HORIZONTES

Alicia indicó al taxista que la llevara al Parque de María Luisa, sito en el Paseo de las Delicias. No es que tuviera mucho tiempo libre, dadas las tareas que debía cumplir; pero, estar en Sevilla, era uno de sus *sueños dorados*. Además, necesitaba zambullirse en la algarabía de la ciudad para mezclarse con la gente; tomar café en una terraza al aire libre y observar todo lo que aconteciera ante sus ojos para intuir cómo sería su vida aquí.

Las calles eran hermosas; las palmeras, gigantes; los edificios... las plazas... ¡Todo era belleza y alegría! La gente parecía feliz charlando y sonriendo mientras paseaban por las calles sin ninguna prisa ni atisbo de preocupación. Todo era de colores muy vivos. ¡Tan diferente comparado con su país!

El Parque de María Luisa superó todo lo que hubiera podido imaginar. Lo conocía por fotografías y por haber leído su historia, pero ¡nada comparable a contemplarlo con sus propios ojos! Los jardines del Palacio de San Telmo, donados a la ciudad en 1893 por la Infanta María Luisa, duquesa de *Montpensier* —a la postre hija del rey Fernando VII y la reina, su alteza, doña María Cristina de Borbón-Dos Sicilias—; el alabado edificio al cual el pueblo apodó como «el Costurero de la Reina», debido a una leyenda popular respecto a su nuera, su alteza doña

María de las Mercedes, quien fuera reina y esposa de Alfonso XII.

Según reza dicha historia, esta última soberana pasaba largos ratos allí, cosiendo con sus damas de compañía, debido a la delicada y precaria salud que finalmente terminó con su vida. Especialmente en el invernadero de estructura metálica, demostrando ser un verdadero paraíso bajo la luz del sol sevillano.

Por otro lado, la influencia del paisajista francés, *Jean-Claude Nicolás Forestier*, conservador-jefe del parisino Bosque de Bolonia, fue designado para el planteamiento del jardín en rededor, sabiendo mantener el sutil encanto andaluz inspirado en los granadinos Jardines del Generalife y los de La Alhambra; los del Real Alcázar de Sevilla y otros pertenecientes a las residencias de la nobleza sevillana. De aquellas fechas —recordó Alicia—, datan algunos elementos notables como la Glorieta de los Lotos, el Jardín de los Leones y la Fuente de las Ranas.

Durante su paseo realizó una infinidad de fotos para poder enseñárselas a parte de su familia, justo los pocos que se hallaban al tanto de su plan de escape y emigración a España.

¡Cuántas veces soñaba despierta imaginándose con su pequeño *Maxim*, paseando por las calles de Sevilla, llenas de luz y aroma de azahar!

Se le antojó un café, por lo que entró a una recoleta cafetería con una encantadora terracita afuera. Observó a la gente a su alrededor y sus consumiciones, así que decidió probar uno de los típicos desayunos andaluces: café con leche acompañado de una rebanada de pan empapado con aceite de oliva. La resultó sencillamente delicioso. El aroma de pan recién tostado mezclado con el untuoso olor del aceite de oliva virgen. Su color esmeralda se coronaba con el perfume a café. ¡Un auténtico descubrimiento!, y supo que desearía lo mismo para todos los desayunos restantes. Una verdadera señal del Cielo para saber que aquel era su lugar, o por lo menos, su actual estación de trayecto vital.

Terminó el desayuno y se dirigió hacia las oficinas del Ministerio de Hacienda. Necesitaba realizar algunas consultas antes de emprender su aventura empresarial en España.

Casi al finalizar la mañana, después de soportar las ineludibles colas y esperas, salió de allí mucho más tranquila. *Sentía tierra firme bajo los pies* y, a cada nuevo instante, sus objetivos se mostraban aún más tangibles. ¡Al alcance de la mano a poco que hiciera! ¡Podía imaginar perfectamente como reales todos los planes de futuro!

Para comenzar, debía registrar el nuevo negocio. Había que ponerle un nombre a su neonato profesional, por lo que se dirigió al día siguiente al Registro Mercantil de Sevilla a formalizar su deseo. Como primer paso, debía proponer tres posibles nombres: uno principal y dos alternativos, en caso de que el primero ya estuviera registrado o resultara demasiado similar a una marca existente. Si ninguno de los dos primeros era viable, el Registrador asignaría el tercero, siempre y cuando no estuviera ya en uso.

Gracias a la ayuda de un conocido de su propio país, consiguió agilizar todos los trámites, al menos dos semanas. No disponía de mucho tiempo para llevar a cabo su plan.

Con el certificado positivo del Registro, concertó una cita en una Notaría que alguien de confianza la recomendó. Restaba diseñar las tarjetas de empresa y encargar el sello de caucho[30].

La emoción la hizo pasar por alto que era pleno agosto, por lo que la mayoría de oficinas y negocios estaban cerrados por vacaciones. El Registro mantenía sólo horario de mañana y con la plantilla reducida; aunque necesitaba continuar con el plan previsto y hacer lo imposible para tenerlo todo listo antes de agotar los treinta días del visado.

Tampoco la fue fácil encontrar alguna Notaría disponible, y tuvo que llamar, con ayuda de las *Páginas Amarillas*[31], a numerosas instituciones públicas para dar con alguna que pudiera realizar sus trámites antes del plazo que se agotaba como agua en el desierto. Finalmente, tuvo suerte: una Notaría muy céntrica comprendió su prisa y le dio cita casi de inmediato. Por otro lado, el idioma no era un problema, ya que se comunicaba en inglés, al igual que las personas con quienes tuvo el placer de tratar.

Cumplimentados los trámites iniciales, debía esperar otras dos semanas. El tiempo se la escapaba; mejor dicho: ¡el tiempo se evaporaba! Elucubraba frenéticamente cómo podría salvar la situación, por lo cual aunó todos sus

---

[30] *En aquellos tiempos era condición indispensable disponer de un sello de caucho, nominativo de la nueva entidad y presentar un sellado ante el Registro Mercantil citado.*

[31] *Gruesa guía telefónica impresa de empresas y servicios de cada ciudad, organizada por categorías y conocida por su distintivo color amarillo.*

esfuerzos en el avance del negocio.

Era cierto que, antes de llegar a España, no tenía ni idea por dónde construiría su nuevo futuro, pero confiaba en pronto se le ocurriera algo... ¡Y así sucedió!

Contemplando escaparates de tiendas de moda y calzado, le llamó especialmente la atención la calidad y estilo de los zapatos; así que entró en una de ellas y preguntó a la dependienta dónde fabricaban esas maravillas. Durante la conversación aclaró con abierta sinceridad que venía de Rusia para iniciar un negocio y barajaba la posibilidad de comenzar por exportar a su país calzado fabricado en España. La dependienta, entre gratamente sorprendida y orgullosa de su propio país, la explicó que las ciudades españolas destacables por la fabricación de calzado eran dos alicantinas: Elche y Elda. Agradeciendo de veras una información que no sabía la dependienta cuán valiosas fueron sus palabras, salió de la tienda sintiendo cómo la diosa Fortuna volvía a sonreírla.

Comenzó inmediatamente a tejer su plan. Primeramente, Sevilla y Alicante se hallaban ubicadas a nada menos que unos ¡seiscientos kilómetros!, lo que suponía de seis a siete horas por carretera. ¿El avión? Imposible por el coste, y tampoco se trataba de un único vuelo directo que la situara allí en apenas una hora. A eso se sumaba la certeza de que muchas fábricas estarían cerradas por vacaciones. y, necesariamente, debía estar de vuelta en dos semanas para firmar la escritura de constitución de la empresa. Más que nunca, su instinto le aseguraba estar en el camino correcto; pero... ¡Aún necesitaba ayuda!

Para ello *echó mano* de su agenda telefónica personal. Inopinadamente, su dedo índice se detuvo primero en el número de un conocido de *Viktor*, de los tiempos en que vivía en España.

Se trataba de un compatriota que emigró a este país hace ya años. *Mikhail* era un hombre mayor y amable; casado y con dos hijos, ambos tenistas de carreras prometedoras. La madre atendía el hogar familiar y *Mikhail*... a lo que surgiera. Alicia le llamó y propuso un ventajoso acuerdo económico para ambos. En principio, el hombre la trasladaría en automóvil hasta Alicante y ayudaría a que encontrara un piso en... ¡tan sólo una semana! Decididamente parecía una completa locura; pero así son las aventuras de los negocios propios.

¡*Dicho y hecho*! Salieron esa misma tarde para aprovechar el día siguiente en la organización de entrevistas y reuniones. La empatía y diligencia de *Mikhail* dio como resultado, no sólo llegar a Alicante en un tiempo más que razonable y por debajo de lo estimado, sino que contactó con un viejo amigo suyo que ya residía en la ciudad desde hacía años. Éste, muy amablemente, les ofreció compartir el piso que habitaba con su mujer. Al vivir ya sin sus hijos, disponían de dos habitaciones libres. Era clara su franca disposición a ayudar.

—«¡De maravilla!» —pensó Alicia al escuchar la noticia, empezando a creer que la diosa Fortuna, no sólo la sonreía, sino que comenzaba a ser su amiga.

Pasaron la noche en carretera, llegando a casa de *Mikhail* con el alba. Llegaron cansados, soñolientos y con un hambre voraz; pero lo más deseado por Alicia era una buena ducha que la templara el cuerpo. Sin embargo, sus anfitriones les estaban esperando con el desayuno preparado a la mesa. El rico aroma del café recién molido y el olor al crujiente pan tostado, invadían la casa como bienvenida.

Saciada al fin, Alicia concluyó que hacía mucho tiempo que no comía con tanto deleite. Untó las tostadas con crema de queso a las finas hierbas y las acompañó con un sorbo pausado de café caliente, cuya calidez parecía curar huecos antiguos en su alma. A pesar del cansancio, estaba feliz, ¡muy feliz! Nuevos horizontes, radiantes y prometedores, se abrían ante ella.

Procuró dormir un par de horas y *puso manos a la obra*. Gracias a *Olena*, la esposa de *Mikhail*, consiguió la ayuda necesaria, como lo fueron su guía telefónica y colaboración cuando empezaron a llamar a las fábricas de calzado, intentando encontrar alguna que siguiera trabajando a pesar de correr el mes de agosto.

Finalmente, consiguieron concertar a partir de las nueve de la mañana del día siguiente, cuatro reuniones en uno de los nueve Polígonos Industriales con los que cuenta la ciudad de Elche.

A las puertas de la primera fábrica de la lista, fueron recibidas directamente por el dueño, quien sonreía de entusiasmo ya que, a lo largo de toda su trayectoria industrial a la cabeza de la firma, nunca había concretado un contrato de exportación para Rusia, por lo que imprimía cierto optimismo a la entrevista.

Les anduvo mostrando toda la fábrica: el proceso de producción, las muestras de cuero y la futura colección preparada para otoño-invierno. Alicia quedó entusiasmada al contemplar las distintas elaboraciones, amén de las explicaciones del empresario, porque siempre la había atraído aprender sobre cosas nuevas, y esto era, sin duda, realmente novedoso para ella, a la par que interesante y curioso. Las reuniones con las tres siguientes fábricas fueron análogamente similares y en todas fueron gustosamente bienvenidas.

En conclusión, tenía razón: sería la primera en iniciar la exportación de calzado español a su región soviética. Sr acordó realizar el flete por vía marítima hasta el puerto de *Mariupol*.

Al final del día, las colecciones habían sido seleccionadas, firmados los contratos pertinentes y abonadas las primeras mitades de los acuerdos; las segundas se liberarían al recibir las oportunas documentaciones de la Aduana española, confirmando el embarque de cada mercancía. Agradeció a Dios y a la diosa Fortuna que, después de tantos sufrimientos, el destino volviera a sonreírla.

Un día después, ya en la Notaría de Sevilla, firmó la constitución de su primera empresa en España: DONEXPORT. No obstante, el notario la recomendó una pareja joven muy amable que le inspiraba bastante confianza y al frente de una gestoría que le llevaría el pago de los impuestos y contabilidad. El primer cometido de éstos, fue *darla de alta* en el RETA, Régimen Especial de Trabajadores Autónomos.

¡¡¡POR FIN, TODO ESTABA LISTO!!!

Como aún restaban dos días para la expiración de su

visado de turista, decidió conocer Cádiz yendo en barco. Nunca había visto el océano en alta mar, lo cual la impresionó; no es lo mismo contemplarlo que navegar. Cádiz, *La tacita de plata*, apodada así con cariño, porque se dice en los anales de la ciudad, se debía al brillo producido por el reflejo del sol sobre las níveas fachadas del casco antiguo de Cádiz, especialmente al ser visto desde el mar. Este brillo, combinado con la forma de la ciudad, podría recordar una tacita... En suma, Alicia descubrió una ciudad con una gran historia y cultura. ¡Había tanto que conocer y visitar!... La playa de La Caleta, el casco histórico de Cádiz, el Castillo de Santa Catalina y la torre Tavira, como vivos emblemas de la ciudad.

Como llegó tan avanzada la noche, su primer itinerario a la mañana siguiente consistiría en *brujulear*[32] por las calles del casco histórico de la capital, asunto al cual se entregó a las ocho de la mañana. Desayunó próxima a Puertas de Tierra, descubriendo interesada que se trataba de la antigua puerta por tierra, allá por el siglo XVI, encastrada en las murallas de la ciudadela.

Al igual que hiciera antes y por la misma razón, procuró tomar muchas fotografías. Gozaba respirando calma y libertad, llenándose los pulmones del exótico olor a Historia y salitre.

Tampoco dejó de visitar, a escasos cinco minutos a pie, el Museo de Cádiz. Un espacio multidisciplinar albergando colecciones de arqueología, bellas artes y

---

[32] *Explorar o investigar algo de manera activa, a menudo con un propósito específico, pero sin rumbo fijo.*

etnografía, por lo cual ofrece una visión completa de la historia y patrimonio de la provincia.

Lo que atrajo gratamente el instinto organizativo de Alicia fue la contemplación de interesantísimas joyas barrocas congeniadas con las pertenecientes al período romano, segmentando el museo entre piezas arqueológicas y aquellas puramente artísticas. Así, piezas de la prehistoria y Edad Media, se hallaban expuestas perfectamente conservadas, mientras que se codeaban con otras de gran interés, barrocas y algunas muestras de arte del Siglo de Oro español[33].

Desde allí, recaló en la Torre Tavira, punto estratégico de vigía comercial y más alto de aquella próspera ciudad del siglo XVIII, donde avistar los barcos próximos a arribar. La ciudad desplegada ante sus ojos resultaba un regalo para el alma, al que acompañaba una mañana cristalinamente diáfana.

En cinco minutos caminando estuvo ante el Yacimiento Arqueológico *Gadir*; aunque su viaje imaginario la

---

[33] *Realmente, «El Siglo de Oro» español se refiera a un período de doscientos años de florecimiento artístico y literario, comprendido desde finales del siglo XV hasta las postrimerías del siglo XVII; donde destacaron Cervantes, Lope de Vega, Velázquez y Calderón de la Barca, por ejemplo. Igualmente coincidió con el auge y declive del Imperio español, compartimentándose en dos etapas bien diferenciadas: el Renacimiento (siglo XVI), con un enfoque humanista de influencia italiana; y el Barroco (siglo XVII), de corte artístico más ornamentado y conciencia colectiva más pesimista. Fueron la honra, el amor, la religión y la crítica social, temas centrales en la literatura y el arte; auspiciados por la Casa de los Austria en las figuras de los monarcas Carlos I de España y V del 'Sacro Imperio Romano Germánico'; y Felipe II de España.*

transportara hasta tierras y época fenicias.

De ahí continuó hacia la Plaza de las flores. Un curioso enclave de edificios administrativos, reinando los centros de las calles variopintos puestos de flores, lo que aportaba un colorido y aromas difíciles de olvidar. A cada lugar visitado, no dejaba de pensar en *Maxim*, con quien pronto pasearía por allí, mostrándole todo cuando hubiera descubierto durante esa misma mañana.

Empezó a tener hambre, por lo que se detuvo a comer en el Mercado Central, conocido también como «Piojito», término popular supuestamente acuñado en referencia a los dos centenares y medio de puestos, más las riadas de personas congregándose allí cada lunes. En un apartado de un bar, probó por primera vez la «*tortillita* de camarones»[34] y el «atún con tomate», a cuál más delicioso.

Con cuerpo y alma restaurados, se dirigió a pie a la Plaza San Julián de Dios, cuando el reloj marcaba ya las 16:30. Aquella caminata de unos casi tres kilómetros, la supuso unos cuarenta minutos que ayudaron en hacer la digestión. Cualquier esfuerzo valió la pena cuando se encontró bajo los cuidados alcorques de palmeras que perimetran ordenadamente la plaza y el sonido de sus fuentes ornamentales como acompañamiento.

De ahí, al Teatro Romano de Balbo, Lucio Cornelio Balbo «el Mayor», gaditano influyente, erigido hacia el año 70 a.C. por este amigo personal del emperador Julio

---

[34] *Platillo típico gaditano, consistente en una masa frita de harina de trigo y garbanzo, aderezada con perejil y cebolla, donde se encuentran los deliciosos camarones de la zona.*

César, y a donde tardó en llegar otros cinco minutos.

Esta era la zona arqueológica más interesante para Alicia, ya que aún se encuentra excavada parcialmente al situarse bajo «El Pópulo», el barrio más antiguo de Cádiz.

Exhausta por el calor, aunque feliz, arrancó hacia el Barrio de la Viña, donde antiguamente se cultivaban éstas en la zona; aunque también se trata de un barrio con una fuerte tradición marinera. Célebre por su ambiente animado y desenfadado, de gentes abiertas con gran sentido del humor, razón por la que se erige como *el corazón* de los populares carnavales gaditanos.

Aunque antes no quiso dejar pasar la oportunidad de conocer el «Café Pay-Pay» —hoy, «Café-Teatro Pay-Pay»—, que originalmente fue una sala de fiestas desde los años cuarenta hasta los setenta, y renació décadas después, convirtiéndose en un referente cultural gaditano, sobretodo en Cádiz y la Bahía.

Igualmente trasteó por las callejuelas aledañas, donde podría disfrutar de un buen *sarao*'[35] flamenco en algún *tablao*'[36] del barrio. ¡Por fin podría ver por sí misma lo que tanto la cautivó de su película favorita: «Sangre y arena», la cual había resultado ser el acicate y principio de la aventura que estaba viviendo. Y así discurrieron las horas *a caballo* entre la tarde y parte de la noche. La alegría de

[35] *Reunión nocturna de personas, generalmente de cierto nivel social, que se juntan para divertirse, ya sea bailando, escuchando música o participando en otras formas de entretenimiento. Su etimología la debe al término árabe 'sarā', que significa 'fiesta'.*

[36] *Establecimiento donde se ofrecen espectáculos de flamenco, que incluyen cante, baile y toque de guitarra.*

la gente y un ambiente festivo y pintoresco, procuraron un *buen sabor de boca* para iniciar el regreso al hotel.

Ahora sí que estaba segura de lo felices que serían allí, *Maxim* y ella misma. Una ducha culminó aquel día tan sumamente espectacular.

El siguiente sería más tranquilo... más reflexivo, por lo que eligió pasear por la playa de San Fernando, contemplando en silencio las olas del océano. Después de todo lo ocurrido durante casi un mes, intenso y ajetreado, necesitaba relajarse, pensar y, sobre todo, ¡soñar!

Volvería a casa con los deberes hechos, la empresa en marcha y dos contenedores de calzado saliendo del ilicitano puerto, rumbo a *Mariupol*.

# 8.- LA NOCHE OSCURA

Las cosas, ¡por fin!, sucedían como había proyectado: los contenedores de calzado habían llegado a destino sin contratiempos y en perfecto estado; los empresarios rusos estaban emocionados por la elegancia de los diseños, calidad y trabajo artesanal tan meticulosamente elaborado; familia y amigos felicitando y deseándoles buenos augurios para su nuevo negocio. Aun así, Alicia intentaba ser cautelosa y no divulgar el tema por pura prudencia, por lo que se limitó a informar a la familia, amistades cercanas y poco más.

Lo que sí la preocupaba era que *Ivanych*, el mafioso conchabado con su marido y con quien todavía éste mantenía deudas, pudiera enterarse y crear problemas. *Viktor* seguía en continuo contacto con él. Habían resuelto el tema de los pagos con un acuerdo del que todavía no la había hecho partícipe, aunque todo parecía tranquilo.

Aún con eso, Alicia no conseguía estarlo. Aborrecía su propia casa; la habitación donde ocurrió aquello; los regresos de madrugada por un *Viktor* borracho; las llamadas telefónicas de sus *affaires* femeninos... ¡todo!

Se asfixiaba en medio de las seis habitaciones y la piscina no es que la proveyera de relax. Igualmente, perdió interés por el tenis. Se consumía lentamente como la cera de una vela derritiéndose poco a poco. Enfrentarse ahora al divorcio no sería nada prudente, porque removería las aguas aflorando el barro de la relación que hubiera querido salvar.

La única persona que la entendía era su *abuela Claudia*, con quien nunca mantuvo secreto alguno. Decididamente, era el único apoyo y refugio para su alma. Pasaban juntas cualquier momento que Alicia conseguía tener cuando iba a la casa de su familia.

Por otro lado, al pequeño *Maxim* también le encantaba estar allí con su madre y bisabuela. Unas veces cocinaban juntos, cenaban, se reían y proclamaban el gran amor que se tenían entre todos: su madre, María; su padre, *Nikolái*; su hermano *Stanislav...* Todos formaban aquel sueño de familia en el que los problemas y el frío de la noche quedaban afuera y todo volvía a parecer como antes...

Aún mejor resultaba con su pequeño correteando por todas las habitaciones. El chico fue muy travieso desde bien pequeño, travieso e inteligente, lo cual alimentaba el orgullo de Alicia. Había heredado de ella la pasión por la aventura, aunque no dudaba de la gran persona que llegaría a ser.

El niño, jugando, era capaz de captar cualquier palabra o expresión de los mayores. Las procesaba y, a veces, las repetía en alguna otra conversación para sorpresa de todos. El chiquillo parecía ver lo que la gente mayor no era capaz, como captar sutiles inflexiones en el tono de las voces o en ciertas miradas sin mayor importancia para los demás. También había heredado el analítico raciocinio de su madre, la ternura de su bis*abuela Claudia*, el fuerte carácter de su abuela María, el amor por la lectura de su tío

*Stanislav* y, de su abuelo *Nikolái*, el vivo interés por el deporte.

El verde de sus ojos emanaba recuerdos del mar compitiendo con el precioso color *russy* del cabello, una mezcla de rubio oscuro y castaño claro. Aun siendo común para los rusos, éste era de un matiz único, complicado y casi imposible de lograr con tintes artificiales. En eso había salido a su padre; aunque resultaba cierto el temor de Alicia a que pudiera heredar también las malas costumbres de *Viktor*, lo cual la había mantenido atenta durante toda su vida, procurando que la educación de *Max* se basara en el mucho cariño dado, inculcándole los valores familiares, la honradez, la valentía de los cosacos, la fe en Dios, y, sobre todo, el amor por su familia.

A veces, cuando Alicia volvía tarde del trabajo, ambos se quedaban a dormir en la casa de los abuelos. Después de la cena tomaban un té con dulces y mermelada de cerezas preparados por su abuela, mientras los abuelos contaban historias sobre las contiendas de cosacos, las costumbres y tradiciones de su pueblo, resaltándole el orgullo de pertenecer a dicha estirpe.

El dormitorio de la *abuela Claudia* se ubicaba en la primera planta, inmediatamente adosada a un salón con una gran entrada y las dos cocinas, disposición muy común en la cultura cosaca: una dedicada a cocinar platos tradicionales a fuego lento o al horno, lo cual requería mucho tiempo y trabajo; la otra se construía sensiblemente más grande y con más fogones; pero, sobre todo, diferente por la gran mesa en su centro donde reunirse toda la familia durante las largas y frías noches de invierno. Tras la ventana caería una blanca y esponjosa nieve bailando un vals. A este lado, el calor se mezclaría con el aroma de los *pierogi*[37] recién hechos.

Las mujeres de la familia guardaban con recelo las antiguas recetas de platos tan tradicionales como el *borsh*[38], *domashnya lapsha*[39], *kotlety*[40], guisos de carnes y verduras, exquisitos pescados al horno, y pasteles que olían como el propio Cielo. Las despensas guardaban un buen acopio de mermeladas de cerezas, manzanas, fresas, de arándanos negros y rojos, e incluso los amarillos, típicos de la orilla occidental del Volga.

El bocado favorito de Alicia era la confitura de pétalos de rosa; rosas que su madre adoraba y sembraba por todo el jardín manteniendo una gran variedad de especies, las cuales habían sido encargadas a sus amigos, quienes se las traían desde todos los rincones del país. Y, para hacerlas mermelada, sólo podían aprovecharse los pétalos de la rosa del té; la única que conservaba el delicado perfume y color de sus pétalos durante largo tiempo. Debía elaborarse con tanto amor y dulzura que, a veces, ¡sobraba hasta el

---

[37] *Plato tradicionalmente polaco y ucraniano. Se trata de una especie de empanadilla con gran variedad de rellenos, tanto dulces como salados, fritos en mantequilla o aceite, muy similares a la pasta italiana fresca, donde los rellenos más comunes incluyen puré de patata, queso blanco, col, champiñones, carne picada, y algunas frutas como cerezas o arándanos. Finalmente, tras su hervor, son servidos salteados con mantequilla o aceite, a los que puede acompañarse con cebolla frita, crema agria o tocino.*

[38] *Sopa de remolacha, col, zanahorias, cebolla, patatas y carne, servida usualmente con crema agria.*

[39] *Fideos frescos caseros similares a los tallarines.*

[40] *Croquetas de cerdo, ternera o pollo, mezcladas con pan rallado, cebolla y especias.*

azúcar!; pero, en aquel tiempo, Alicia desconocía la premura a tomar nota de la receta...

Debajo de la cocina grande, entre el sótano y una habitación, había una enorme despensa donde se guardaban conservas, legumbres, harinas, pescado en salazón acomodado en cubas de roble, embutidos y carnes ahumadas, compotas de frutas en botes de, al menos, tres litros de capacidad; mucho zumo de tomate y, por supuesto, vinos y vodka.

En general, los hombres se reían mucho cuando la *abuela Claudia* relataba anécdotas sobre cosacos y sus costumbres cuando bebían en demasía. Especialmente, Alicia recordaba una de ellas, la cual refería que, a un invitado recién llegado a casa, se le ofrecía un *chupito* de vodka apenas hubiera franqueado la entrada, colocando éste sobre un bastón. Finalmente, el reto consistía en bebérselo con las manos a la espalda sin derramar una gota, pues de lo contrario, no tendría más remedio que sentarse a cenar y pasar la noche allí.

Alicia siempre pensaba que la anécdota tenía su lógica. Las *stanitsas*[41] en Don se encontraban bastante separadas las unas de las otras, y no era del todo seguro dejar que el *cozac*[42] volviera solo a casa. Además de peligrosas, las noches allí eran verdaderamente muy cerradas, casi negras. En invierno, con tanta nieve, sería fácil perderse por el camino y morir congelado. Era claro que estaría más

---

[41] *Asentamiento rural cosaco que se localiza principalmente en Rusia y en algunas otras antiguas repúblicas soviéticas.*

[42] *Cosaco.*

seguro en casa de sus amigos.

Después de cenas muy especiales u otras ocasiones, y haber sido narrada la triste historia de algún cosaco, los congregados allí quedaban meditabundos por largo rato ante la mesa, para luego entonar juntos viejas canciones cosacas que, más bien, resultaban lacrimosas baladas sobre batallas o amores imposibles.

Aquellas evocaciones la recordaron con dureza que el abuelo *Nikolái* ya no se encontraba con ellos. Las heridas y secuelas de la guerra se lo llevaron con tan sólo cincuenta y un años. Gran persona y orgullo de toda la familia; un atractivo *cozac* de ojos azules como el día y pelo azabache como las noches del Don.

Eso sí, el abuelo *Nikolái* transmitió a los descendientes varones, y como rasgos inherentes a sus propios genes, una sonrisa única muy particular, la cual les hacía recordar seguir incólume dentro de sus corazones, protegiéndoles desde el Cielo. La seguridad de Alicia por esta afirmación, la constataba cada vez que veía sonreír a *Maxim*; que también heredó la sonrisa de su bisabuelo.

En consecuencia, la *abuela Claudia* enviudó con cuarenta y ocho años y, desde entonces, nunca *volvió a mirar a otro hombre*. En cambio, consagró la vida a su hija María y a sus nietos, Alicia y *Stanislav*, y consiguientemente, ahora también, a *Maxim*, quien significó ser *el último amor de su vida*. Las mujeres desposadas con cosacos eran así: casadas para siempre jamás; para *las buenas* y para *las malas*; en la riqueza y en la pobreza; en la salud y en la enfermedad... hasta que la muerte decidiera arrancarlas de sus maridos.

Precisamente, la misma filosofía inculcada para Alicia. De ahí su estoica paciencia e infinita capacidad de perdón.

Tampoco era bien visto que una cosaca pudiera divorciarse. No se trataba de que los tiempos no hubieran cambiado, ni de que ese fuera el único destino posible para una esposa, pero lo que Viktor se permitía no era habitual; era, más bien resultaba una vergüenza.

Aquella noche en especial, todas las mujeres de la familia se encontraban reunidas en la casa grande. Había oscurecido muy pronto, apenas hubo marcado el reloj las cinco de la tarde. La nevada había sido especialmente copiosa durante el día y aún continuaba nevando. Entrada la noche, se levantó un viento gélido; aunque la casa se mantenía cálida e impregnada del aroma a pan recién hecho, ya que la *abuela Claudia* se encargaba de amasar y hornearlo todos los días.

Una vez concluidas las tareas cotidianas de la casa, Alicia, María y el pequeño *Maxim* charlaban alegres y despreocupados sobre la cama de la abuela, Se trataba de una cama muy especial, justo la disfrutada antiguamente por los cosacos: sábanas siempre blancas como la nieve y bordadas por la propia Claudia; los colchones, tanto el de ella como el resto, así como edredones y almohadas, también habían sido confeccionadas a mano por ella, rellenándolos de finísimas y delicadas plumas de cisne blanco. Sencillamente resultaba irresistible abandonarse en una de esas camas y ¡qué decir tiene!, más todavía entregarlas los sueños. Esgrimían las mujeres que aquellas blandas antesalas del mismo Cielo, curaban todos los males y agraciaban rostros y almas.

A la vera de cada cama se disponía la correspondiente *mesita de noche*, pertrechada con velas de cera virgen de abeja[43] y ancestrales iconos pintados a mano que, *grosso modo*[44], llevaban siglos en el seno de la familia, traspasándose de madres a hijas el día de su boda, siendo bendecidas y despidiéndolas de la casa de los padres con este singular y emotivo rito.

Estar aquí, todos juntos sobre la cama de la *abuela Claudia*, era todo lo que Alicia pudiera desear. Se sentía feliz, ¡muy feliz!

Al pequeño *Maxim* le encantaba quedarse dormido en esta cama a escondidas de su madre. La *abuela Claudia*, no sólo lo consentía, sino que formaba parte de —como le decía a su nieto *Max*— «un secreto». Uno que obraba al contrario del cuento de *La Cenicienta* porque, a las cinco de cada madrugada, la viuda se levantaba en dirección a la cocina para prepararle al niño los *crêpes*[45] con vainilla y mantequilla, que tanto le gustaban. A continuación, se los llevaba a la cama con sigilo.

Ambos pensaban que el resto de la familia no lo sabía, y ésta, a su vez, simulaba no saberlo. Formaba parte del

---

[43] *Se dice de ésta aquella cera de abeja en su forma más pura y natural; esto es, sin haber sido procesada o alterada de ninguna manera.*

[44] *Locución adverbial latina con significado de «aproximadamente», «a grandes rasgos» o «de manera general». Utilizada para ofrecer una explicación o descripción sin entrar en detalles minuciosos.*

[45] *Tortitas muy finas de masa líquida a base de harina, huevos, leche y mantequilla, originaria de la región francesa de Bretaña. Se elaboran en una sartén o plancha plana, y pueden rellenarse tanto con ingredientes dulces como salados*

amor que amalgamaba a todos; aunque, eran los dos tan adorables, que no tenían ni un *qué decir* sobre aquella supuesta malacrianza hacia un bisnieto. Reían a carcajadas sobre esto cuando, de repente, sonó el timbre de la puerta; *Stanislav* y *Viktor* tenían llave... Además, *Stanislav* permanecería en casa de su novia durante el temporal, con lo que no llegaría hasta, por lo menos, la madrugada y así conducir después de regreso.

Alicia se acercó con cuidado a la ventana y atisbó tras la cortina para no ser vista. Un automóvil negro, parecía un *4x4*[46]...

—«¡Un *Jeep*[47]!», concluyó al vislumbrar el emblema de la marca; aunque no conocía a ningún propietario que lo tuviera.

Detuvo la respiración manteniendo la calma. Para no alarmar a nadie, sacó a *Maxim* de la habitación pidiendo a su madre que la siguiera hasta la habitación de arriba, justo la que daba al jardín trasero de la casa. Una vez allí, susurró a María que escondería a *Maxim* bajo la cama y, María, pasados exactamente cinco minutos, debería salir *a la carrera* por la puerta de atrás para llamar a su amigo del *Spetsnaz*[48] desde una cabina. Al niño, en cambio, le propuso jugar al *escondite*, ya que se negaba a dormir; la

---

[46] *Vehículo con tracción en las cuatro ruedas, diseñado para circular por terrenos difíciles.*

[47] *Marca estadounidense de automóviles conocida por sus vehículos todoterreno y '4x4'.*

[48] *Término ruso equivalente a «Unidades de Propósito Especial». Ellas conforman las fuerzas especiales de élite rusas, incluyendo Secciones militares y policiales*

abuela ya iría expresamente a buscarle.

Envalentonada, Alicia tomó su abrigo y salió en dirección al coche. Los crujidos de las pisadas sobre la nieve parecían firmes y decididos; aunque toda ella temblara por dentro. Sin prisa pero sin pausa, mantuvo el paso. Sabía muy bien lo que debía hacer...

En primer lugar, asomaría lentamente, justo el tiempo necesario para que su madre alcanzara la cabina telefónica. Debido a la tormenta, la línea de teléfono de la casa había quedado interrumpida; aunque el uso de *móviles* tampoco resultaría nada seguro. Durante su incierto corto trayecto hacia el vehículo, se encomendaba a todo lo que entendía como «santo», aferrando el crucifijo que siempre colgaba de su cuello. Estaba alerta, aunque tranquila: su madre ya habría llegado a la cabina telefónica.

Alicia se aproximó hasta los tres hombres del todoterreno quienes, a pesar de su vestimenta toda negra, aparentaban haber cumplido la treintena. Despacio y vacilantes, salieron del coche al aproximarse ella.

—¡Hola guapa! —saludó el más alto dando un paso hacia ella.

—¡Buenas noches! —contestó una Alicia intentándoles reconocer; aunque resultaba difícil nevando. De todas formas, mantuvo una distancia prudencial para tener el control de la situación.

—¿Dónde está tu marido? —resolvió éste como respuesta.

—No tengo ni idea. No suele decirnos adónde va ni cuándo vuelve... Y, si lo dice, normalmente, miente —

concluyó con una risita nerviosa para distender la situación y ganar un tiempo valiosísimo en aquellos instantes. Necesitaba estudiar a cada uno de ellos.

—¿¿¿En serio???... —masculló el hombre con una mueca de desdén. Su expresión se volvió seria, casi terrorífica.

—Y de ti... ¡¿Qué me dices?!... ¿Conoces a *Ivanych*?

—¡Claro! —respondió con voz firme y clara— Es... un amigo. ¿Os manda él?

—No exactamente..., nos manda un amigo suyo.

El motor del *Jeep* continuaba en marcha con las luces prendidas a su frente tras una cortina de copos de nieve flotando, y eso hacía que, distinguir a nadie más en su interior, lo hiciera prácticamente imposible. Prosiguió con su estratagema: el primer contacto ya estaba hecho, aunque debía ahora, averiguar el motivo de la visita; necesitaba dilatar cada segundo.

—¿Y bien?... ¡Contadme!, tenéis toda mi atención —se aventuró a forzar la conversación.

Alicia no era una mujer alta, aunque lucía guapa, sobre todo por sus ojos de color esmeralda. Sus rasgos se mostraban equilibrados y delicadamente atractivos. Su rubia melena descansaba lacia sobre los hombros, lo que sumado a una figura tallada por la práctica del ballet en su infancia, hacían de ella una mujer aún más que hermosa.

Por todo ello, era plenamente consciente de ser visualmente examinada; pero aquellos jóvenes intentaban lo contrario por no alarmarla en demasía. Ella también los contemplaba *de hito en hito*[49]. Su verdadera artimaña consistía en estudiar completamente a los enemigos, como aconsejara el militar chino *Sun Tzu* en «El arte de la guerra»[50].

De tal forma que se contempló a sí misma desde fuera, como si se tratara de una mera espectadora de una película; aunque percatándose entonces, de seguir manteniendo la sonrisa; quizá una sonrisa estúpida, pero era aquella que afloraba en situaciones límite y tensión como ésta, cuando la adrenalina hinchaba sus venas.

También recapacitó sobre aquellos *microinstantes* que parecían alargarse como los habidos en un *agujero negro*[51], tratándose igualmente de la misma sonrisa heredada de su abuelo, la cual significaba cierta salvación al procurar un tono menos siniestro del que podría haber sido. El abuelo *Nikolái*, de seguro, se encontraba a su lado velando por ella, insuflándola valor y animándola desde su propia mente:

—«Alicia, ¡puedes! ¡Podrás con todo aquello que te propongas! ¡Ten fe en ti misma! ¡Lo conseguirás!»

—¿En qué puedo ayudarles? —preguntó como si su abuelo hubiera hablado por ella.

---

[49] *Mirada fija, directa y persistente que implica observar a alguien o algo con atención y sin apartar la vista.*

[50] *Tratado militar chino escrito en el siglo V a.C. Considerado una obra maestra de estrategia y táctica, las cuales han influido en líderes militares, políticos y empresariales a través de los siglos.*

[51] *Región del espacio-tiempo con una gravedad tan infinita que nada, ni siquiera la luz, puede escapar de ella y se forman cuando las estrellas masivas colapsan al final de su vida.*

—Bueno... ¡a ver!... —vaciló quien llevaba *la voz cantante*[52] de los tres sujetos, buscando las palabras idóneas—. Resulta que representamos a nuestro amigo... Necesita entregarte un mensaje... ¡bueno, verás!... —pasó al tuteo, visiblemente nervioso e inseguro.

No confiando en su endeble parlamento, descubrió la solapa derecha de su abrigo amaneciéndole el cañón recortado de un *AK*[53], iluminado sombríamente por los faros del *Jeep*.

Nadie osó a moverse ni un milímetro, dando la impresión de haberse detenido el tiempo.

—¿Y bien?... —rompió Alicia el silencio en mil añicos como si fuera de cristal—. ¡Dadme el mensaje! —casi ordenó sin ser su verdadera voluntad, pero salió así de firme, decidido y arrogante.

Todo volvió a una congelada estática, digna de una de las mejores películas de intriga, salvo por los copos de nieve que seguían cayendo sin que nada de todo aquello pareciera importarles. El resto respiraba la certeza del peligro.

La realidad mostraba a una Alicia rezando para sus adentros sin permitir que los labios la delataran. Reunía fuerzas para que Dios la infundiera el valor suficiente hasta llegar una ayuda que parecía no desear comparecer a

---

[52] *Se designa así a quién mantiene el liderazgo o la autoridad de un grupo o situación, tomando y dirigiendo las decisiones y acciones.*

[53] *Fusil de asalto ruso muy popular y extendido por todo el mundo, debido a su sencillez de manejo, fiabilidad y bajo costo de mantenimiento.*

tiempo.

La voz del más joven rompió aquel extraño hechizo:

—Resulta que tu amigo debe dinero al nuestro y por ello nos mandó a cobrar la deuda.

—En ese caso, para empezar, parece que todos seamos amigos... ¿no? —recondujo Alicia hacia sus propios intereses.

Justo en aquel momento, un coche de la *Spetsnaz* irrumpió en la calle haciendo rechinar los frenos, cegando a los presentes con sus potentes faros y estruendosa sirena.

—«¡Llegaron! —clamó el pensamiento de Alicia desde el silencio— ¡Llegó a tiempo!»...

A continuación, todo sucedió con una rapidez inusitada. La realidad, aquella nueva realidad, la liberó a una vertiginosa velocidad desde una situación agónicamente opresora, al tiempo que se oía cargar los cerrojos de varias armas de asalto similares al *AK*.

De aquellos momentos, sólo recuerda haberse dado completamente la vuelta, y se dirigió a casa lentamente sin sentir los propios pies. Entonces comenzaron a rodar lágrimas silenciosas, surcando sus mejillas heladas y derritiendo los copos de nieve que se habían posado sobre ella desde que cruzó aquella puerta.

¡La tregua había terminado!...

# 9.- DESPEDIDAS LARGAS... LÁGRIMAS INÚTILES

En realidad, desde entonces, no hubo ninguna decisión más que tomar. Alicia estaba acostumbrada a que, casi siempre, las resoluciones trascendentales eran tomadas por su propia vida, ya fuera por las circunstancias imperantes, otras personas o, simplemente, el mismo destino, incapaz de cederla el timón de los acontecimientos. Conocía y reconocía esta sensación, por lo que era *guiada* a través de un estrecho e incierto sendero. No era posible otro alternativo, salvo el mostrado a cada momento. Convenía —como hizo— aceptarlo con fe y dar *un salto a ciegas* hacia el vacío, rogando a Dios guía y amparo.

Urgía marchar de allí. Huir donde fuera posible con el pequeño *Maxim* y *Viktor*. Trágico e irónico a la vez; pero nuevamente se mostraba el único camino a seguir porque, el divorcio no era ni siquiera una opción: si marchaba sola, *Viktor* estaría en seguro peligro de ser asesinado, ya que no disponía de recursos económicos para saldar su deuda de inmediato y, sin Alicia, no tendría acceso a ningún crédito por mínimo que fuera. En cambio, si permanecían allí, *la última visita* recibida no sería la más educada.

Por otro lado, sobraban conversaciones al respecto con el resto de la familia, ya que entre mujeres bastaba para entenderse sin palabras. Fue necesaria una sola mirada entre las tres para quedar todo *más claro que el agua*.

Debía dejar todo resuelto en menos de veinticuatro horas. Llamó al banco para despedirse, ya que tenía la suficiente confianza y amistad como para evitar tener que presentarse personalmente a dimitir. Por otro lado, tampoco convenía ser vista en público; *Ivanych tenía ojos y oídos por todas partes*, lo cual significaba la imposibilidad de realizar cualquier otra operación bancaria para retirar divisas en efectivo. En casa sólo disponían de unos dos mil dólares estadounidenses, y con ellos deberían arreglárselas, aunque su madre corriera con los gastos del viaje; incluidos traslados, hoteles, visados, seguros... María no quedaría realmente tranquila hasta verlos subir al avión rumbo a España.

Mientras tanto, Alicia preparaba las maletas y especulaba eligiendo el mejor itinerario. Ir directamente a Sevilla —como planeó en un principio—, ya no parecía tener sentido alguno. Las cuentas bancarias se encontraban prácticamente vacías, quedando exclusivamente el dinero necesario para el pago de impuestos y otros perentorios para mantener la gestoría. La empresa, bajo ningún concepto, debía quedar con saldo *en descubierto*; constituía el único salvoconducto para obtener el permiso de residencia en España de forma legal.

*Viktor* tenía el contacto de una familia conocida en Navalmoral de la Mata, Cáceres, en la provincia española de Extremadura; bendecida por ofrecer una calidad de vida tranquila y asequible, rodeada de *naturaleza virgen*, rica históricamente y con una gastronomía excepcional.

Por lo menos, les serviría como primera parada para

poder reflexionar *in situ*[54] sobre qué hacer en adelante. Así se decidió porque no podían *permitirse el lujo* de dudar o barajar otras alternativas.

Alicia se arengó para darse una orden que comenzaría a ser usual en su vida:

—«¡Alicia, respira hondo y cierra los ojos! Ahora... ¡SALTA!»

Debido al límite de peso establecido por la aerolínea respecto al *equipaje de mano*[55], ya que la premura les impidió componer un bagaje más que necesario para los tres; contaban sólo con dos maletas. En una, la ropa necesaria para los tres —en España, y más en Andalucía, no necesitarían ropa de abrigo para la nieve—; en la otra, Alicia acarrearía con una pequeña Biblia, el icono con el cual bendijeron sus padres el matrimonio y unos pocos libros de su lectura favorita.

La primera parada, obligatoriamente, debía ser el Consulado de España en *Kiev*. Gracias a Dios, allí los conocían por el intachable cumplimiento de anteriores visados a España durante los dos últimos años.

*Maxim*, al no tener pasaporte propio a sus seis añitos, estaba inscrito en los de sus padres. La pequeña mascota del niño, una monísima pekinés, *Maddy*, también viajaría con ellos. Dios sabe que sería un apoyo moral imprescindible para él, debido al drástico cambio que le sobrevendría; aunque, sinceramente, desconocía cómo le

---

[54] *Locución latina que significa «en el mismo lugar».*

[55] *Conjunto de pertenencias de un pasajerosro para llevar consigo en la cabina del avión durante el vuelo.*

iba a afectar, acostumbrado a una vida rodeada por el amor y cariño de los abuelos, amigos y profesores, quienes tanto le adoraban. Ahora ella, Alicia, debería ser todo aquello. *Viktor*, obviamente no era «el padre del año» ni de ninguno de los seis años transcurridos desde el nacimiento de *Maxim*.

Alicia no pudo evitar el agridulce recuerdo del día del alumbramiento, cuando *Viktor* se presentó en el hospital pasadas las nueve de la noche. Lógicamente, fuera del horario de visitas y, ¡cómo no!, con un alto grado etílico por haberlo festejado más de la cuenta.

Voceó por las ventanas abiertas de la habitación lo contento que estaba por el nacimiento de su primogénito, sin mostrar interés por el estado del bebé o de ella misma. Apartó de inmediato aquellos malos recuerdos y vergüenza pasada, porque no la ayudarían durante el vuelo.

Lo más difícil había sido tener que hacer algo tan cruento para ella, inimaginable aun pasara un millón de años: despedirse de la *abuela Claudia*. Ninguna de ambas se hubiera podido imaginar una vida sin la otra; aunque para su abuela había resultado doblemente difícil: el adiós a su nieta y bisnieto, quien fuera este último el portador de aquel tono de pelo tan característico y la afable sonrisa de su marido ya fallecido.

Días antes a su partida, las tres mujeres habían elaborado juntas un verdadero festín para celebrar, ante la mesa grande de casa de los abuelos, el sexagésimo noveno cumpleaños de *la abuela Claudia*, cuando nadie hubiera sospechado que pronto, la siguiente reunión familiar, se produciría bajo luctuosas circunstancias.

La mesa fue servida con un suculento y sabroso pato al horno, relleno con aromáticas manzanas del árbol favorito de Alicia, como plato principal.

Lo acompañaban una rebosante fuente de *arroz jazmín*[56], especiado con maestría ancestral y pasas. Coronaba la montaña de arroz una gran cabeza de ajos empleada para su cocción.

El resto de tan exquisita comida, consistía en innumerables tapas, ensaladas, *pierogis* de todo tipo, siendo el favorito aquel a base de *frutas de temporada*. Escoltaban el pantagruélico convite, vinos tintos, rosados y blancos, por supuesto, cosechados por ellos mismos.

Aunque el ambiente debiera haber sido altamente festivo, sobre las cabezas de los más mayores posaba un velo de profundo y agudo dolor por la partida, que prácticamente imposibilitaban contener las lágrimas.

Aun así, cada uno se esforzaba para que *Maxim*, tan perspicaz él, no pusiera atención en reveladores suspiros, tristeza en las voces o una furtiva lágrima apartada rápidamente con el dorso de la mano. Los *mayores*, uno tras otro, le iban contando lo maravilloso que sería el viaje a la soleada España, de la que tantas historias le habían sido contadas por su madre. El niño irradiaba felicidad y alegría. Corría alrededor de la mesa dando besos y abrazos a todos, sentándose en las rodillas y saltando de uno a otro mientras ladraba, tras él, la pequeña *Maddy* compartiendo

---

[56] *Conocido también como arroz tailandés o arroz aromático, es una variedad de grano largo, caracterizado por un cierto aroma a jazmín, y sabor recordando a nueces.*

igual regocijo.

Y llegó la hora para comenzar la despedida.

Realmente, fue breve y silenciosa, donde las acuosas pupilas intercambiaban profundas conversaciones, seguidas de inolvidables abrazos. Cualquier voz hubiera sido quebrada por el alma en pos de partir.

María se encargaría de llevarlos a la estación donde tomarían el tren con destino a *Kiev* y, de paso, confirmaría que *los suyos* estuvieran fuera de peligro.

Alicia no pudo resistir estar observando a través de la luna posterior del vehículo, hasta ver desaparecer a su familia allegada.

Enmarcó con la mirada el rostro de *la abuela Claudia*: aquellos preciosos y exóticos ojos de color ámbar que tanto resaltaban sobre la piel de porcelana; tenían ahora un color indefinido, oscuro y profundo. Permanecía erguida como era su costumbre, acicalada con un impecable atuendo blanco de pequeñas flores bordadas alrededor del cuello y mangas. Un delicioso aderezo realizado por su hija María, ahora mismo tan hermosa por fuera y tan quebrada interiormente.

Mientras abuela y nieta se alejaban entre sí, sus pupilas continuaban enganchadas por un invisible cordón de infinito amor. *La abuela Claudia* los bendijo desde lejos con la señal de la Cruz, rezando a la Santa Madre y a cuantos santos que sólo ella sabría...

Llegados a *Kiev*, solicitaron un visado urgente en el consulado, alegando urgencia por motivos de trabajo inmediato. Después de haber sido citados para su recogida al día siguiente, dedicaron el resto de ése a pasear por los hermosos parques de la ciudad, donde *Maxim* disfrutó *como nunca*, incluso montó en poni[57] y, en otro parque, en uno de alzada normal. Para *Maxim* la maravillosa aventura no había hecho más que empezar.

Por la tarde, decidieron visitar el Monasterio cristiano-ortodoxo de las Cuevas de *Kiev*, fundado en la primera mitad del siglo XI por el sacerdote *Illariín*[58], habitante del pueblo de *Berestova*, quien excavó la primera cueva en una colina cercana para comenzar una vida eremita. Años más tarde, en 1551, fue designado sacerdote por el legendario príncipe de *Kiev*, *Yaroslav el Sabio*. Poco tiempo después, san Antonio de *Kiev* fundó allí mismo la orden monacal que lleva su nombre, ahora bajo la denominación de Monasterio de *Kiev-Pechersk* o Monasterio de las Cuevas Lejanas[59].

En la Liturgia de la Palabra de por la tarde, el coro cantaba el salmo 140 de David:

> Líbrame, ¡oh Señor!, de los hombres malos;
> guárdame de los hombres violentos,
>
> los cuales maquinan males en el corazón;
> cada día se juntan para la guerra.
>
> Aguzaron su lengua como la serpiente;
> veneno de áspid hay debajo de sus labios.

---

[57] *Caballo de razas 'Shetland' o 'Haflinger' de poca alzada o estatura.*

[58] *Por transposición al castellano, 'san Hilarión de las Cuevas'.*

[59] *Монастырь Дальних Пещер.*

> *Selah*[60].
>
> Guárdame, ¡oh Señor!, de manos del impío;
> líbrame de los hombres violentos,
> que han resuelto trastornar mis pasos.
>
> Los soberbios me han escondido lazo y cuerdas;
> han tendido una red frente al camino;
> me han puesto trampas. *Selah.*

La Catedral de la Asunción[61], la iglesia más importante de este monasterio, símbolo de la Antigua Rus[62], se encontraba abarrotada de feligreses y peregrinos de todas las partes del mundo, como solía ser costumbre. Algunos verdaderos devotos, otros movidos por un interés puramente turístico o cultural.

Alicia intentaba concentrarse para poder seguir el texto de la salmodia, pero sus pensamientos estaban enfocados en Dios, rogándole la guiara de la mano para llevarla a donde fuera su destino y Su Voluntad.

—«Que mi oración sea respondida, Señor»... —asía

---

[60] *Aunque impreciso su objetivo real, puede aventurarse que en el contexto donde aparece, sugiere una función importante dentro de la interpretación musical y litúrgica de los Salmos probablemente una pausa o un interludio.*

[61] *También llamada 'Catedral de la Dormición', por el rito ortodoxo, siendo éste más preciso teológicamente, ya que refiere al 'dormir' o al tránsito de la Virgen María antes de su glorificación.*

[62] *Estado medieval eslavo oriental, del siglo IX al siglo XIII, ubicado en Kiev. Agrupó tribus y sentó las bases de Bielorrusia, Rusia y Ucrania.*

instintivamente Alicia su pequeña cruz de oro al cuello.

*Maxim* también llevaba otra diferente, obsequiada por su tío —y ahora padrino—, *Stanislav*, en su bautizo. Ésta era una realmente especial, elaborada en plata repujada y rematada con esmalte azul celeste. Colgaría de su cuello hasta que, cuando alcanzó la mayoría de edad, su madre le regaló otra más apropiada para un adulto.

El niño seguía la misa con la naturalidad de quien la ha vivido desde siempre. Sabía en qué momento hablar, cuándo callar, y cómo moverse entre rezos y silencios. Aun así, no dejaba de contemplar los detalles de aquella maravilla arquitectónica: la iglesia más grande que había visto en su vida.

Todos los domingos, acostumbraba asistir a la iglesia de predilección familiar, lo que suponía que, a su corta edad, ya hubiera memorizado algunas oraciones, lo cual le hacía sentirse muy importante y mayor.

Dios era el mejor amigo de su *mamá* y suyo. Cada noche, justo antes de acostarse, Dios, su madre y él mismo, se reunían para rezar brevemente. Incluso, en algunas ocasiones eran coreados por pequeños angelotes que sólo *Maxim* tenía el privilegio de escuchar.

Era su *pequeño gran secreto* compartido con su madre y *la abuela Claudia*; aunque le prometieron guardarlo y no contárselo a nadie más. Sería un pío aliciente para el rezo.

En su propia y singular percepción del mundo, también entendía ser un regalo de Dios para su madre y abuelos porque todos rezaban *mucho, mucho* por él mismo y que recuperase su maltrecha salud. Así, no volvería *a ponerse malito* nunca más.

Mientras rezaba en la iglesia, la altísima bóveda la imaginaba como una entrada directa al Cielo, donde los ángeles, sus amigos, le esperaban allí, alegres por verle.

Todo en aquella iglesia le resultaba tremendamente acogedor: los hábitos monacales, el aroma del incensario y la miríada de velas de cera de abeja, encendidas a cada paso. Obviamente, ya en el plano terrenal, no conocía a todas esas personas a su alrededor; pero, si todos rezaban al mismo Dios, su amigo, le hacía *sentirse como en casa*, «La Casa de Dios».

Aquel día se encontraba especialmente ilusionado porque, cuando terminara la misa, la abuela María le había prometido visitar las antiguas y misteriosas cuevas bajo sus pies. Le llenaba de completa curiosidad ver por sus propios ojos a los santos que vivieron en el monasterio casi mil años atrás.

—«¿Cómo serían mil años?...» —se preguntaba desde una mente de seis y todavía sólo había aprendido a contar hasta cien.

—«Entre mis cinco y seis años —razonaba para sí—, ha pasado muchísimo tiempo; pero, ¿¿¿mil años???...»

Verdaderamente, era una cifra totalmente fuera del alcance de su entendimiento y, de ahí, la curiosidad por descubrirlo.

Habían sido tantas sensaciones y prometedoras aventuras en un mismo día que, aun quedando por visitar las mágicas cuevas y justo al anochecer, le hubiera resultado algo absolutamente inimaginable en otras circunstancias.

Por más ingeniosas que fueran sus fantasías, aquella realidad las superaba largamente. *Maxim* no se acobardaba de manera fácil, más bien le excitaba bajar casi a oscuras por los estrechos pasadizos iluminados por la luz de las velas y enclaustrados en túneles, donde incluso la pequeña estatura de su madre, pareciera rozar el techo.

Como era habitual, el grupo de los cuatro estaba siendo guiado por uno de los monjes, seguido por su padre, a continuación su madre agarrándole de la mano y, cerrando la comitiva, la abuela María, quien de vez en cuando, le acariciaba la cabecita para hacerle entender que no había nada por lo que temer; ella siempre estaría a su lado.

El olor allí dentro de la cueva era muy especial: el aroma a incienso junto con el de las velas de abeja. Como en la iglesia, pero se filtraba un matiz dulce desconocido para él.

¡Era una sensación increíble! Deseaba contárselo a sus amigos para presumirles lo valiente que había sido al bajar allí de noche... aunque, seguramente, también aprovecharía para darles un susto. En sus ojos exageradamente abiertos por la emoción, se reflejaban las hileras de llamas a su paso.

¡Qué lástima que su querida bisabuela Claudia no estuviera con ellos! ¿A que ella no sabía que, justo aquí, murió *Ilia Muromets*[63]..., el héroe de sus cuentos favoritos

[63] *Héroe memorable de la épica rusa y ucraniana, conocido como un 'bogatyr', un caballero heroico medieval. Estudiosos del tema sugieren que podría estar basada en Ilya Pechersky, un monje del*

contados de memoria por *la abuela Claudia*?... En otras ocasiones los leía él mismo por las noches imaginándose como el héroe medieval al servicio del príncipe *Vladímir, el Sol Rojo*.

Una verdadera leyenda de superación personal: impedido de nacimiento a caballero guerrero que, cualquier niño de su edad conocía. Guerrero invencible capaz de derrotar a cualquier rival, ya fuera otro *bogatyr*, un gigante dragón o un ser mágico. Blandía espada, escudo, lanza, látigo y su fiel caballo *Burko*[64], capaz de elevarse hasta el cielo. Así, *Ilia* luchaba por Rusia, protegiéndola de las incursiones enemigas y todo mal.

El entrenador de *lucha rusa*[65] de *Max*, lo alentaba a identificarse en *Ilia* como medio para dirigir una vida moralmente recta y de éxito.

Por estas razones resultaba inaudito para el chico estar ante la mismísima tumba del héroe legendario. Estaba seguro de que ninguno de sus amigos podría tener una aventura como la suya en aquel día...

Al ver disfrutar a su hijo, Alicia no podía imaginar un mejor presagio para aquel viaje. Y, deseando coronarlo con un gesto de fe quiso pedirle a uno de los monjes más longevos, la bendición para todos ellos en un paso tan

---

*siglo XII del Monasterio de las Cuevas de Kiev, canonizado en 1643, conservando sus reliquias en el monasterio.*

[64] *Diminutivo de Burushka.*

[65] *También conocida como 'Sambo', «defensa propia sin armas», es un arte marcial y deporte de combate moderno, desarrollado en la Unión Soviética a principios del siglo XX, combinando técnicas de diversas artes marciales y luchas tradicionales.*

importante en sus vidas.

Comenzó por adentrarse en una tienda aledaña, donde compró un par de pequeños iconos como recuerdo. Quien atendía el comercio era, verdaderamente, el monje al que andaba buscando, por lo que le contó muy brevemente su deseo y lo significativo que sería para ellos y, en especial, para su pequeño.

¡Hete pues, la gran sorpresa que se llevaría Alicia! El monje no sólo se negó, sino que la reprendió severamente por abandonar a su país y sus propias raíces, obligando a su vástago a seguirla incondicionalmente.

Alicia quedó estupefacta, atónita... ¡ojiplática! No podía creerlo, ¿es que no habría ningún lugar en su tierra donde pudiera encontrar paz y comprensión?...

Aquello la supuso *la gota que colmaba el vaso*, reforzando su empeño en marcharse y no mirar atrás. Restaba recoger los visados al día siguiente y tomar el tren con destino a *Rostov-na-Donu*, donde obtendrían los billetes de avión para el primer vuelo.

Hubiera sido sumamente menos complicado haberse dirigido directamente al aeropuerto de *Kiev*; pero el mafioso de *Ivanych* ya sabría entonces de su huida, por lo que serían buscados por aquella salida más lógica.

Deberían asegurarse de no dejar ningún rastro.

# 10.- DONDE NADIE TE ESPERA

Alicia, *Viktor* y el pequeño *Maxim* no tuvieron contratiempos para cruzar la frontera del «Espacio *Schengen*»[66]. El punto de llegada fue el Aeropuerto de Gerona-Costa Brava. Desde allí se desplazaron a la estación ferroviaria en autobús y, a continuación, tomarían un tren con destino a Cáceres para luego llegar a Navalmoral de la Mata en otro autobús.

Lo que supuso para Alicia y *Viktor* como un viaje larguísimo y agotador, a *Maxim* le daba la impresión de estar dando la vuelta al mundo y, en parte, desde Rusia, no es que le faltara algo de razón al chiquillo.

En cuanto a ella, obviando la incómoda sensación en los tímpanos debido a las diferencias de presión del vuelo, la experiencia aventurera superaba cualquier expectativa inicial. Sin embargo, *Maddy*, la pequeña mascota de la familia, hizo gala de un mal humor impropio de ella.

Considerando ser el primer vuelo de la *Pekinés*, la supuso un descubrimiento traumático: el carácter cariñoso

---

[66] *Acuerdo fronterizo firmado en 1985, en la localidad luxemburguesa de 'Schengen', por el cual, veintisiete países europeos —salvo Irlanda y Chipre y, parcialmente, Andorra—, abolían sus fronteras internas para la libre circulación de personas; aunque, otros 'extracomunitarios' como Islandia, Liechtenstein, Noruega y Suiza; sí pertenecen al referido tratado.*

y leal para con sus dueños se transformó en independencia y terquedad, amén de llevar puesto el reglamentario bozal que, por cierto, no resultaba de ninguna utilidad. Aunque tampoco le debieron agradar las risas del pasajeros y, en especial, las de su dueño *Viktor*.

Con ello, el protagonismo al que estaba acostumbrado *Maxim* había mermado considerablemente y, siendo, por demás, el único nieto y bisnieto en la familia, centro de todas las reuniones familiares, no es que estuviera encajando bien el auge estelar de *Maddy*.

El viaje estaba trastocando ligeramente los ánimos que parecieran regirse por los husos horarios.

*Maxim* era realmente un ser *precioso*, y no sólo por su carácter, sino por haber sido seleccionado anteriormente por el *fotógrafo de moda*, sirviendo de imagen publicitaria en todos los escaparates de la ciudad de *Mariupol*. Incluso, sus profesores también le encontraban adorable, a pesar de ser un niño muy travieso y poco obediente —todo hay que decirlo—, por lo cual no tenían más remedio que quererle tal y como era. El niño, por descontado, era consciente de todo esto y lo utilizaba en su propio beneficio; aunque otra de sus singularidades era... es la sociabilidad.

Allá donde fuera hacía amigos enseguida, por lo que su inminente inicio en el colegio no era la principal preocupación de Alicia. Hablaba inglés con soltura gracias a la privilegiada educación recibida de su madre; pero ¡¿Cómo podría haber pasado por la imaginación de Alicia que su pequeño necesitaría hablar con urgencia el castellano?!... No habría problema: confiaba plenamente en las habilidades del niño.

---

Durante el trayecto ferroviario que los llevaría hasta su destino, cada uno imaginaba su propio futuro; aunque Alicia, directamente, prefería no pensar en nada; era la más pragmática de los tres.

Su mente barajaba el desconocimiento total y absoluto de lo que podrían hacer en Navalmoral de la Mata. La contabilidad pudiera parecer enrevesada y poco atractiva a ojos de otros, pero ¡era segura! Había una certeza inapelable en que dos más dos serían siempre cuatro. Los dos mil dólares estadounidenses que habían traído, aparte de estirarlos como una goma elástica, con seguridad nunca serían «cuatro» o, por lo menos, de momento...

Por eso decidió no obsesionarse. Rezaba a Dios con renovado fervor; no era sólo fe: era la certeza de que Él les mostraría el camino.

Los pensamientos más dolorosos se enfocaron en cómo iba a reaccionar *Maxim* al verse arrancado bruscamente de su entorno.

---

Llegaron a Navalmoral de la Mata al día siguiente, aunque ya de noche. Seguramente, la adrenalina ayudó a que aguantara todo el viaje sin apenas sentir hambre ni cansancio.

En la pequeña parada de autobuses les esperaba un conocido de *Viktor*, *Sergei* y su esposa *Olena*. Una pareja de casi su misma edad, residentes allí desde apenas dos años atrás. El talante del hombre se mostraba claramente más afable por la llegada de la nueva familia que el de *Olena*, quien mantenía las distancias con ella, demostrándola sutilmente su privilegiada raigambre respecto a Navalmoral y su gente.

Por el camino, acordaron con ellos el subarriendo de una de las habitaciones que supuestamente se hallaban vacías. Sería una espaciosa habitación con una cama de matrimonio, dos mesillas de noche y un armario empotrado de puertas correderas; con seguridad, ellos se habrían mudado a otra. La casa era modesta, aunque confortable. No obstante, al cruzar la puerta para acomodar las maletas en el dormitorio, notó una sensación extraña, pero no sabría definir el qué. ¿Una corazonada?...

Ya reunidos ante la mesa del comedor, cenaron una ensalada y algunos embutidos típicos de la zona, además de algo de queso curado. Siendo sabores conocidos por los adultos, no lo eran tanto para *Maxim*, quien no mostró entusiasmo alguno por el jamón serrano, por lo que le supuso la excusa ideal para *atacar* la *pizza* de jamón de *York* y queso, comprada de camino por sus padres. Aquello, en parte, sorprendió al trío y, a la vez, les culpó interiormente, ya que las *pizzas industriales* estaban prohibidas en su casa, salvo las ocasionales *minipizzas* caseras elaboradas de sabores variados por la abuela.

Si *Max* lograba terminar la cena, lo esperaba su pequeño premio: un *huevo Kínder*. Sabía que lo que más le fascinaba no era el chocolate, sino esa misteriosa sorpresa que lo desvelaba de emoción.

—«¿Cómo serían las sorpresas en España? —se cuestionó mentalmente Alicia cuando su hijo retirara la envoltura serigrafiada de *papel aluminio*— ¡Ojalá fuera un dinosaurio! —deseó con la misma ilusión que *Max*—. Así complementaría la colección que trajo en su mochila, dentro de una bolsita plástica para no perder ninguna pieza».

El chico la atesoraba con bastante orgullo. En su casa, estos huevos suponían un presente casi obligatorio por parte de quien les visitara. Y si la ocasión fuera más señalada, el completo acierto pasaba a concretarse en un juego de piezas de construcción, indiscutiblemente aquellas de la marca LEGO. Estas piezas ensamblables de colores suponían la auténtica pasión del pequeño. Disfrutaba macländolas para conseguir la composición mostrada por la fotografía de la caja para, *a renglón seguido*, desmantelarla por completo y acometer otra dictada por su imaginación sin límites.

Mientras devoraba con entusiasmo la bolsa de patatas fritas, su madre, enternecida por ese apetito que sólo tienen los niños cuando los acompaña la ilusión, completó la cena con un trozo de queso y un vaso de leche con cacao —como decía él— «sin *grumitos*». Acto seguido, pidió permiso para levantarse de la mesa y abrir el codiciado postre de chocolate. *Maddy*, como si fuera la destinataria de la sorpresa que ambos descubrirían a continuación, daba nerviosos saltos a su alrededor moviendo alegremente la colita.

Alicia le acompañó a la habitación donde pasarían la noche; estaría un ratito con él y, tras la ducha, acostarle en la cama que compartirían los tres. Casi inmediatamente, *Max* cayó vencido por el sueño y el lógico agotamiento que supone para un crío tanto viaje y tanta *aventura*. En su pequeño puño *dormiría* el nuevo compañero: un dinosaurio azul *de patas cortas, más bien gordito*[67] y, según él, de gran parecido con *Maddy*.

Casi enseguida, dormía visiblemente feliz. Alicia no pudo evitar contemplarle en silencio, sentada a los pies de la cama, durante unos merecidos momentos de absoluta paz infantil. Reparó en la oscuridad en rededor y envuelta de la extraña sensación por estar allí...

Para empezar, la habitación carecía de ventanas —detalle chocante y nuevo para ella— y, también, recaló en algo más, aunque, mejor dicho, faltaba tanto en el dormitorio como en el resto de la casa, ¿cómo decirlo?... carecían de personalidad. No había ningún detalle ni adorno que pudiera contar nada acerca de la familia que la moraba. Tampoco pudo distinguir ningún icono; extremo realmente raro y revelador, ya que, teniendo en cuenta la procedencia ucraniana de la familia, y más concretamente de la Ucrania occidental, resultaba altamente sospechoso que, siendo fieles devotos, cristianos católicos u ortodoxos —eso sería indiferente—, no dudarían en poner, al menos, uno en cada habitación.

En cambio, sobre el aparador del salón, descansaba un portarretratos mostrando engalanados a los dueños de aquella casa, junto a quienes parecieran un matrimonio: ella con un vestido celeste y él con un traje azul marino. Intentó recordar un detalle que, al llegar, le llamó vivamente la atención; aunque la prudencia y el apremio de la llegada, la aconsejaron callar: del vestido amanecían

---

[67] *Como detalle a los más curiosos, desvelaré tratarse de 'Bumpy', el bebé Ankylosaurus de la serie de animación «Jurassic World».*

unos grandes volantes que parecían flotar, lo que unido a una peineta coronando la azabache melena y el emblemático *Mantón de Manila* bordado con flores azules, no cabía duda, ahora, en tratarse de un *vestido de faralaes*[68].

Aquel detalle la sumió en otro proceso mental aún más profundo, ése que la trasladaba directamente a su película favorita: «Sangre y arena». De entonces parecía haber pasado toda una vida, *del negro al blanco* o, más exactamente: *del blanco al negro*, porque todavía no sentía la paz que tan ansiosamente había anhelado ni vislumbraba aún cómo realizar *el milagro de los panes y peces*[69]; pero con los dos mil dólares americanos que atesoraban.

Alicia regresó *ipso facto*[70] a la realidad.

—«Pero... esto... ¡es Extremadura!... —se recordó—, ¡no Andalucía!»...

Decidida, al salir del cuarto donde dormía *Max*, se dirigió al aparador y con el marco entre las manos fue a preguntarle, con absoluta inocencia, a *Olena* por la instantánea. Evidentemente, el matrimonio retratado no eran sus padres ni los de *Sergei*, aunque *a priori y* debido a sus edades aparentes, pudieran dar lugar a confundirla. Concluyentemente, mostraban rasgos andaluces.

---

[68] *Vestido típicamente andaluz, precisamente por sus volantes o 'faralaes'; aunque también se le denomina como 'traje de flamenca' o 'traje de gitana'.*

[69] *Episodio bíblico donde se relata cómo Jesús multiplicó cinco panes y dos peces para alimentar a la multitud que lo seguía. Alegóricamente, es un símbolo de abundancia y provisión Divinas.*

[70] *Locución latina que significa: «de manera inmediata».*

*Olena* se mostró orgullosa y ligeramente altiva al escuchar la sorpresiva cuestión. Sonrió displicente y explicó que fue tomada el día de su boda con *Sergei*; aunque... —aquí vino «el huevo *Kinder*» para *Alicia*—, ¡también fue el día del bautismo para ambos!, lo cual la dejó perpleja.

—Sí —continuó con toda naturalidad y Alicia fuera estúpida, al no haberlo notado—. Nos hemos vuelto a bautizar aquí el año pasado, aprovechando el evento. Leo y *Chelo*, fueron nuestros padrinos...

Alicia no tenía fuerzas ni ganas de jugar a las adivinanzas como tampoco de pergeñar alguna circunstancia lógica que pudiera explicar aquel bautizo, *rebautizo* o como quisieran llamar a eso. Viendo la cara de consternación de Alicia, prosiguió:

—Cierto es que fuimos católicos... ¡antes! —recalcó como si, su creciente soberbia, la obligase a repetirle las cosas debido a una supuesta idiotez por parte de Alicia—. Aunque, Leo y *Chelo* son grandísimos amigos nuestros... Por ello, nos ayudan absolutamente en todo, incluyendo guiarnos por *el buen camino*, y así abrazar la única y auténtica fe verdadera que existe: el *Evangelicalismo*[71]. Así que, «eso» que llevas al cuello —señaló con absoluto desprecio la pequeña cruz dorada—, es una auténtica blasfemia; ¡¿Cómo ir enseñando —y aquí su dedo índice describió una elipse en el aire, mientras su rostro enfatizaba asco— la herramienta de la muerte y tortura que mató a Nuestro Querido Cristo?!...

---

[71] *Movimiento cristiano protestante caracterizado por enfatizar la autoridad de la Biblia y recuperar el cristianismo primitivo.*

Sólo hay un nombre para describir la expresión en la que demudó Alicia: ojiplática. Aun así, mantuvo la boca sellada antes de soltar cualquier improperio.

—Además... —añadió como si fuera el *broche de oro* de una impecable actuación, salvo que impresa de una repugnancia indescriptible—, ahora somos refugiados religiosos —abrió desmesuradamente los párpados con todo el orgullo posible, mientras fruncía los labios para no dejar lugar a dudas en volver a repetirlo, dada la supuesta deficiencia mental de Alicia.

Para esta última, la tremenda energía negativa de aquellas palabras, junto con la insidiosa arrogancia aportada, la hizo sentir inmediatamente como si su cabeza terminara de ser atravesada por un rayo salido del mismo infierno. Ahora identificó aquello que le produjo malestar a su llegada... ¡Flotaba en el aire como el olor a cloaca!

Asumió la gran incomodidad de permanecer en aquella casa, inicialmente de personas tan amables dándoles... ¡¿Cobijo?!... ¡Ni Torquemada[72] lo hubiera hecho mejor!

Perpleja y atemorizada, se disculpó educadamente y retiró a la habitación para esconderse entre las sábanas, con una mano abrazada a su hijo y la otra —ahora sí— cobijando su pequeña cruz de oro. Una cruz que, para ella lo significaba todo. ¡Todo menos blasfemia! A la mañana siguiente harían por marcharse.

---

[72] *Célebre primer fraile 'Inquisidor General' de la persecución judía por parte de la iglesia española, y conocido por sus implacables e inapelables sentencias contra supuestos herejes y conversos. Su nombre se ha convertido en sinónimo de fanatismo e intolerancia. religiosa.*

En otra habitación, *Viktor*, totalmente ajeno al movimiento *sarraceno*[73] que sobrevolaba sus tres cabezas, se entregaba a *su otra religión*, descorchando ya la tercera botella de vino junto a *Sergei*, quienes celebraban el cambio de vida tan fortuito...

Por la mañana, con las maletas aún sin deshacer, se encaminaron al Ayuntamiento de Navalmoral de la Mata que, *lógicamente* —como diría *Olena*—, se encontraba en la Plaza Mayor. Allí, les dieron *de alta* en el Padrón Municipal mostrando los visados de trabajo, ambos válidos para seis meses. Preguntaron también cómo podrían encontrar una vivienda en alquiler y si aún estaban a tiempo de inscribir a *Maxim* en el único colegio del pueblo.

El crucifijo de Alicia brillaba ahora con inusitado resplandor, debido a estar acariciándolo continuamente mientras duraron las gestiones en el Consistorio. Y no fue en vano porque terminaron firmando, ese mismo día, un contrato de alquiler con una simpática familia poco mayor que ellos; aparte de haber podido inscribir a su hijo en el Centro Escolar.

No fue suerte, sino la fe humilde e inquebrantable de Alicia. ¡Nada menos!... ¡ni nada más!

------------------------

Faltaban ya pocos días para comenzar las clases, por lo

---

[73] *Alegoría musulmana, utilizada, sólo en este caso dado, como adjetivo despectivo por su extendido empleo durante la Reconquista española.*

que el matrimonio recorría resignado y al unísono de una legión de padres en la misma situación, librerías y tiendas de ropa para equipar a su hijo.

Cada vez que pagaban los libros de una u otra materia, el rostro de Alicia mostraba la misma expresión que cuando su agria conversación con *Olena*. Le parecieron carísimos, aparte de ser completamente gratuitos en su país y reaprovechables siendo de segunda mano. Pero no... ¡No estaban en Rusia!, lamentable y circunstancialmente para ellos, no lo estaban.

Después de haber solventado el alquiler, las correspondientes fianzas añadidas, las ineludibles *altas de contrato* para los suministros de agua, gas y electricidad, amén de llenar la nevera; comprendió que el dinero restante no llegaría más allá de mediados del mes próximo.

Debían... ¡Debería pensar en una rápida solución! ¿Rápida?... ¡¡¡Inmediata!!!, si no querían verse en la calle.

Por otro lado, y en el más absoluto secreto, *Max* no debería saber nada acerca de todo esto. Ya le tocarían similares cuando fuera mayor; pero, mientras, estrenaría la mochila de sus dibujos animados favoritos: «Los Simpson». Y más concretamente, los accesorios complementarios de *Bart Simpson*. Sin duda, su *alter ego*[74] proyectado.

También pensó en apuntarle a clases de tenis y pudiera continuar la rutina a la que estaba acostumbrado. Con ello

---

[74] *Usualmente, refiere una segunda personalidad o identidad de una persona, distinta de su yo original, pudiendo ser un personaje ficticio o una faceta oculta de la propia personalidad.*

resuelto, ¡un problema menos! A su pequeño no le faltaría de nada. Además, por si fuera poco, en el piso de abajo vivía una niña de su misma edad. *Rita*, se llamaba; una colombiana recién instalada en compañía de su madre. Los chiquillos se hicieron inseparables y compartirían la misma clase y curso. ¡No podía irle mejor a *Max*! o, como diría su *alter ego*: «Chanchi pirúli».

Quedaba, pues, otro asunto que resolver y de una importancia absoluta: ¿Qué podría hacer ella en Navalmoral de la Mata para tener y mantener unos ingresos constantes?... Lo cual, sumado al fundamental *handicap* de carecer por completo de capital inicial, obligación de adaptarse al horario escolar del chico y sus entrenamientos tenísticos a las afueras del pueblo; lo convertían todo en una *misión imposible*, porque esta vez ya no contaría con el apoyo de los abuelos. También necesitaría tiempo para cuidar de su marido y mantener el orden de la casa..., obviando el realizar la compra o solucionar imponderables cotidianos que toda *ama de casa*[75] conoce de sobra.

Con esto, quedaba descartado trabajar en el campo o en alguna conservera tan abundantes en Extremadura. Con calculada resignación, recordó que las cuentas bancarias rusas guardaban el dinero justo para seguir sufragando las *cuotas de autónomos* y los gastos de gestoría, ya que el resto había sido finiquitado por las deudas de su marido con *Ivanych*, por lo cual tocaba volver a empezar desde

---

[75] *Análogamente al caso anterior, me inclino por la mayoría de casos, lo cual no excluye a entregados hombres en las mismas circunstancias.*

cero.

Por otro lado, que *Viktor* buscara trabajo en el campo o en algún taller mecánico, tampoco era una opción viable: nunca se dignaría bajar del *pedestal de empresario* donde le colocó ella y su propia familia. Había venido viviendo y disfrutando de la vida sin ningún remordimiento ante María o Claudia. Además, ellas ahora estaban lejos por fin. Tampoco temía ya de *Ivanych*; por lo que Alicia debía mostrarse más dócil y sumisa, ya que no tenía dónde ir y, sin embargo, a *Viktor*, la vida continuaba sonriéndole.

Alicia sólo contemplaba una única opción plausible para salir adelante: detectar oportunidades de negocio y buscar un inversor. Comprobó que había mucha gente acaudalada en aquel pequeño pueblo de apenas cinco mil habitantes. La mayoría no trabajaba, razón por la cual comenzó su investigación al respecto y no halló una explicación razonable por el momento.

Pocas eran las empresas visibles en el pueblo. No obstante, la vida parecía discurrir tranquila, lenta y acomodada. Las mujeres llenaban sus carritos de compra todos los días, sin prisas ni agobios económicos. Todas las mañanas, después de haber dejado a los niños en el colegio, se juntaban en las cafeterías para pasar un rato despreocupado, conversando acerca de la comida que harían para la familia o de asuntos nimios del colegio de sus hijos.

A continuación, marcharían hacia el único supermercado del pueblo y, de ser martes o viernes, al *mercadillo*, donde harían acopio de alimentos y productos típicos de estas tierras, famosas por sus jamones y chacinas[76], quesos, verduras de temporada, y todo tipo de dulces tradicionales, elaborados artesanalmente como lo son las *Perrunillas* —galletas de manteca, harina y azúcar, con un toque de anís—; los *Pestiños* —dulces fritos bañados en miel o azúcar, y aromatizados con anís y sésamo; las *Flores de sartén* —dulces fritos y crujientes con forma de flor, elaborados con harina y huevo; los célebres *Mantecados extremeños* —dulces compactos de manteca, harina y azúcar, con textura suave y sabor característico—; o las *Torrijas* —rebanadas de pan empapadas en leche y huevo, fritas y finalmente, espolvoreadas con azúcar y canela. Esto y más, podría encontrarse en el *Mercadillo* de los martes y viernes...

Sin embargo, aquello que no abundaba eran familias jóvenes; pero sí gente de mediana edad y ancianos. Alicia se dedicó a este singular estudio socioeconómico buscando durante sus recorridos profesionales —ya no podrían llamarse paseos—, el tipo de negocio que encajara en aquel pueblo. Tenía muy claro que debería de estar relacionado con el comercio exterior de productos del campo, del cual tenía una dilatada y próspera experiencia, además de un don especial para detectar las oportunidades de mercado. Sí atrajo su atención la inexistencia de almacenes dedicados a la exportación directa, lo cual ofrecía un atractivo hueco comercial donde aventurarse, de nuevo, en trasegar y comerciar mercancía entre ambos países.

Siempre llevaba consigo su libreta favorita: una marrón

---

[76] *Variedad de embutidos y otros productos cárnicos que han sido sometidos a procesos de curación, secado o ahumado.*

de piel de serpiente que le regaló el dueño de una fábrica de calzado en Elche, y donde guardaba todos sus apuntes sobre comercio exterior, empezando por las básicas reglas de los *Incoterms*[77] y concluyendo por el cambio y manejo de divisas monetarias. Hasta aquí, todas sus notas eran claramente una ventaja, pero, llevar... ¡¿el qué?!, y traer... ¡exactamente la misma cuestión!

Cuando pensaba en esto, se hallaba detenida ante el enorme escaparate de una tienda de muebles. En su interior permanecían expuestos unos magníficos conjuntos de salones y dormitorios completos, nada igual a lo que hubiera podido ver hasta el momento. De repente, su mirada quedó presa de un escritorio de madera maciza, tallado a mano y de un inconfundible *estilo toledano*[78]. A su lado, con cierta dignidad señorial, era exhibido un auténtico armario *mudéjar*[79] *de época* con detalles increíbles, que también se veía tallado *a mano*.

Como hipnotizada, Alicia abrió la pesada puerta de cristal y entró a la tienda. Un señor de mediana edad, vistiendo una impecable camisa blanca y corbata gris, la saludó con amabilidad; parecía ser el dueño del negocio y, nuevamente, su intuición no la engañó.

---

[77] *Reglas internacionales que definen las responsabilidades del vendedor y comprador, gastos, riesgos, y los parámetros para la entrega y recepción de mercancía en el comercio internacional.*

[78] *Mobiliario artesanal con influencia histórica, caracterizado por la rica ornamentación como el damasquinado —incrustación de hilos de metales u otras maderas nobles, formando complicadas figuras geométricas—, o el entallado —cincelado de la arista y resaltes de la madera para crear formas y diseños decorativos.*

[79] *Sinónimo de mobiliario rústico artesanal toledano.*

Se presentó como Miguel y, según avanzó la conversación, supo que era el mayor de tres hermanos, todos ellos socios y propietarios del mismo negocio. Alicia le preguntó sin dilación por los muebles expuestos en el escaparate.

—¡Qué buen ojo tiene, señorita! —exclamó sonriente con claro halago por la pregunta—. Son muebles hechos por nosotros mismos en el pequeño taller familiar... ¡mejor dicho! —corrigió de inmediato como accionado por un resorte—, ha sido nuestro padre quien ha dedicado toda su vida al negocio. ¡Y antes lo hizo su padre y, todavía antes, su abuelo! —aclaró con máximo orgullo.

—«Es cierto —recapacitó Alicia enseguida—, Toledo es tan famosa por sus muebles artesanales como por una notable variedad de artículos labrados *a mano*, todos ellos de incuestionable belleza y calidad... ¡Y a tan sólo ciento cincuenta kilómetros de Navalmoral!, aproximadamente, una hora y media en coche» —calculó.

—¿Y qué clase de madera es esta? —se interesó con franca curiosidad.

—Principalmente, *madera de importación*... Roble americano —puntualizó ahíto de orgullo—. Sabe... señorita —entornó la mirada como si fuera a confiarla un secreto inconfesable—, es muy difícil *de conseguir* una buena materia prima para mobiliario. Debido al clima peninsular, sólo hay pinos... ¡Buenos pinos, sí!... —intercedió levantando el brazo—, pero tan altos como débiles. Una buena madera, créame, necesita de un clima frío que la haga crecer lenta y fuerte para llegar a tener un tronco ancho lleno de tantas alburas como páginas de un libro...

Hizo una pausa como si imaginara uno de los troncos aserrado por su mitad y continuó con renovadas fuerzas:

—Cierto es que... a veces, compramos *roble francés* —añadió a modo de disculpa— ¡Claro!, es más luminoso que el americano e incluso ¡fíjese lo que le digo!, hasta más bonito, pero sigue siendo un roble débil —remató con cierta tristeza.

Alicia, *zorro ártico* de las conversaciones donde debieran florecer acuerdos transaccionales, intervino sin perder su objetivo:

—¿Y qué me dices, Miguel —aquí le tuteó con naturalidad para tener su yugular más al descubierto—, del roble ruso o ucraniano del norte de los Cárpatos?... ¡o el de la misma Siberia! —apuntó sin dejarle casi respirar con la mirada encendida de una negociadora innata.

Alicia se reconocía como antaño: dando caza a la presa inadvertida. Una vez más, el destino la brindaba una pequeña ventana por donde se filtraban los débiles rayos de la esperanza. Una esperanza que podría ser su última oportunidad.

En aquel momento, sus pensamientos volaron hacia una nueva vida, exactamente el pasaporte que necesitaba ahora para poder ofrecerle a *Max* una mejor existencia. Una para él, ella misma y también para sus padres, sin olvidar a la *abuela Claudia*. Precisamente quienes anhelaba volver a abrazar y reunirse con ellos de nuevo, en torno a la añorada mesa familiar de casa de los abuelos. Su mirada era el altavoz de un pasional corazón a punto de cabalgarle fuera del cuerpo...

Justo cuando creía faltarla el aire, Miguel habló:

—Señorita, si logra usted conseguirnos las variedades de las que habla a un precio razonable, le compraríamos cuanta madera pudiera traernos. ¡No lo dude!, lo acordaríamos por escrito —reafirmó un Miguel sorprendido por el giro que había tomado la conversación— ¡Puede estar muy segura! —aseveró finalmente.

—¡Hecho! —respondió en el acto Alicia totalmente exultante y segura de sí— ¡Pronto tendrá noticias mías, don Miguel!... ¡Muy pronto! Mientras, aquí le dejo mi *tarjeta comercial*. Soy propietaria de DONEXPORT, una empresa de importación y exportación con sede en Sevilla. Se llama, como ve, DONEXPORT, con sede en Sevilla —repitió señalándole con el dedo el logotipo de la tarjeta que terminaba de entregarle y, también, para asegurarse de haberle acuñado, *a fuego*, el nombre de su empresa en la mente.

Y como quien sopla tras un pirograbado en la madera, suavizó con un:

—Gracias, ha sido un placer; pero no irá a dejarme sin la de usted ¿verdad?...

Miguel sonrió nerviosamente, hurgándose por los bolsillos de la americana, hasta dar con el buscado. Así le encantaba a Alicia cerrar los proyectos: con una segura esperanza en el corazón y una franca sonrisa en los labios.

# 11.- EL CISNE NEGRO

Parecía que Alicia tuviera un gen dominante que la indujera a pensar como una economista; aunque más podría deberse a su ascendencia directa en los lances sobre finanzas: hija de una economista, nieta de otra, y bisnieta de otros dos. Da la grata impresión de tratarse, efectivamente, de un *gen dominante*[80]. A causa de esta razón, analizaba la vida con fórmulas matemáticas y tendencias de los mercados bursátiles. No es que lo hiciera a propósito, sino que tenía la mente automáticamente programada así.

Por ello, conocía sobradamente el famoso «fenómeno del cisne negro»[81], *el horror de todas las bolsas*. Sus estragos son irremediables. No puede estarse preparado y menos protegerse de ellos...

Un año después de traer el primer camión de roble ucraniano, las cosas no iban nada mal. Aparte de Miguel, encontraron más clientes invariables en Badajoz y Toledo.

---

[80] *Herencia genética en virtud de los rasgos y comportamientos más preponderantes.*

[81] *Conjunto de eventos inesperados y gran impacto que, a pesar de su rareza, tienen una explicación racional 'a posteriori', aunque sean totalmente impredecibles antes de ocurrir. Suelen desafiar todas las expectativas y provocan consecuencias altamente significativas en diversos ámbitos como la economía, política o sociedad.*

Incluso, llegaron realizar jugosas operaciones en Madrid, esquivando algún que otro *comprador fantasma*[82], como resultó ser, llamémosle, por ejemplo, Julián Pérez. Un comercial *de poca monta* de, al parecer, uno de los almacenes de la periferia madrileña. Alicia le descubrió a tiempo. Resultaba demasiado sospechoso un pedido de madera de roble con medidas que no correspondían a los estándares habituales. Esta vez solicitó unos tablones más gruesos y cortos. Pocos saben que, en un milímetro del ancho, hay más peso que en quince centímetros de largo. Aun así, Alicia asumió un riesgo controlado y trajo madera estándar, ¡ni más ni menos que de dos metros y treinta centímetros de largo![83]

De haberle hecho caso a las medidas del *comprador fantasma*, Alicia tendría que haber desechado un camión entero, comprado y abonado, de tan valiosa mercancía...

¡Y no se equivocó! En el último momento, Julián Pérez desapareció del radar y del mapa; en su propia empresa nadie sabía nada acerca de este sujeto y menos de un pedido tan poco convencional.

Tocaba pasar al *plan B* —porque, tanto en la realidad como en las buenas películas, siempre hay un *plan B*— el

---

[82] *Conocido usualmente como mystery shopper —o cliente misterioso—, es una persona que se hace pasar por un cliente común para evaluar la calidad del servicio al cliente, la experiencia de compra y el cumplimiento de los estándares de una empresa.*

[83] *El estándar para la longitud de los tablones de roble importado, se encuentra en una horquilla desde 200 hasta 400 cm., siendo 'bajo pedido expreso' el suministro de otras medidas. Correspondiendo los anchos entre 50 hasta 120 cm, con grosores habituales de 18, 25, 45 y 60 mm.*

cual consistía en ofertar la madera al primer almacén que encontraron en pleno agosto de 2001. Con un suculento pagaré en las manos regresaron a la empresa; aunque todavía aturdidos por la situación solventada —otra vez como un *zorro ártico*—, y por el negro temporal que supondrían preguntas iniciadas por «¿Y si...?»

Descontar bancariamente aquel pagaré no fue problema para Alicia, pues contaba con la total y absoluta confianza de la Entidad de Navalmoral, abrigada por muchas otras operaciones sin incidentes. Sin embargo, aquella fina sagacidad por parte de ella, hizo correr la noticia por todo el pueblo, lo cual les granjeó la simpatía y total confianza de los lugareños.

En cuanto a la familia, el pequeño *Max* se integró perfectamente en el nuevo hábitat y, a la vuelta de tres o cuatro meses, ya dominaba el idioma como para hacerse entender con facilidad; aunque sus frases estuvieran salpicadas puntualmente de expresiones típicas colombianas, debido a su compañera de juegos.

Alicia, en cambio, sólo tomó tres clases de castellano de la mano de Julián, hijo mayor de *Chelo* y Leo, y estudiante de último curso de Filología Hispánica, en la Universidad de Sevilla. La amistad entre ambas familias se basaba en un profundo respeto recíproco sobre las inclinaciones religiosas de cada uno; aunque el citado corto aprendizaje se centró en traducciones de los poemas de *Dmitri Merezhkovski*[84], cuyos poemarios arribaron en

---

[84] *(1866-1941) Novelista ruso y promotor, junto con su esposa, Zinaída Guíppius, del Salón Literario de San Petersburgo y varias sectas del misticismo visionario.*

la maleta de Alicia. A éste se sumó Ramón Antonio Arango Valdés[85], apodado por Julián como *Simbad el Marino*.

Dada la gran complejidad de las traducciones biunívocas entre ambos idiomas —ruso y castellano—, aun siendo una tarea divertida y poco ortodoxa —a lo que se añaden las enormes diferencias entre los diametrales alfabetos, cirílico y latino—, Alicia buscaba primeramente comprender el uso de las formas verbales, lo cual derivó, casi de inmediato, en una insalvable diferencia de criterios. Así, a partir de aquel momento continuaría su aprendizaje como autodidacta, *devorando* libros de la literatura clásica española y escuchando los noticieros para afinar la pronunciación, hasta parecerla perfecta, con el acicate visual de los apuestos presentadores de Radio Televisión Española[86].

Los acontecimientos pasados parecían haberse quedado atrás para dar paso a un futuro prometedor y un presente emocionante completo de logros profesionales y personales.

Pero ya se sabe... Como citaba siempre el emperador romano Augusto: «Nihil est in aeternum»[87] y, por ello, había llegado el momento de realizar ajustes importantes

---

[85] *(1837-1859) Escritor romántico español que destacó por su obra dispersa en periódicos asturianos. De la Facultad de Derecho de Oviedo, se trasladó a Madrid para relacionarse íntimamente con los círculos literarios de entonces; aunque una fatal tuberculosis truncó su vida prematuramente.*

[86] *Internacionalmente conocida como RTVE.*

[87] *En latín, «Nada es eterno».*

en el negocio de madera, puesto que el roble ya no abundaba en Ucrania; las tierras y bosques de los Cárpatos pasaron a manos de industrias alemanas, instaladas al oeste Ucrania. De esta manera, la materia prima por excelencia, una vez transformada en tablones, se enviaba directamente a las fábricas de muebles españolas para manufacturarse como las codiciadas *cocinas de calidad alemana*; por un precio algo superior, lo que les aportaba cierto *caché*[88].

Quedaba, pues, una segunda opción, aunque mucho menos rentable: el pino. Aun así, conseguirían mantener a la mayor parte de sus clientes, pero habría que triplicar el volumen del maderamen para sólo alcanzar la mitad de los beneficios anteriores. Por lo menos, no perderían dinero siendo bastante factible. Realizadas unas pocas ventas de varios cargamentos, decidieron seguir adelante y adaptarse a la nueva coyuntura del mercado.

*Viktor* se encargaría de realizar los viajes a Ucrania para verificar la calidad de la madera, mientras que Alicia se ocuparía del resto. Nada resultaba demasiado complicado en esta rama del comercio, aparte de estar respaldados por el renombre que habían ido cultivando.

Para aquel mes de septiembre *Viktor* realizaría su primer viaje y la tarea se realizó con rapidez y eficacia. Daba la impresión que todo sería mucho más fácil de lo que pareciera en un principio; aunque no dejaba de ser: «trabajar mucho más por mucho menos». Aun así, resultaba mínimamente alentador y la hacía sentirse afortunada no dejando de dar gracias a Dios en sus oraciones por tan positivo desenlace de los

---

[88] *Con cierta exclusividad, nivel de prestigio, elegancia o distinción.*

acontecimientos.

Además, *Viktor* parecía bastante implicado en el tema, razón demás para agradecer doblemente y sentirse aún más bendecida. Alicia comenzó a pensar que, tal vez, a pesar de los horrores que provocaron este cambio en su vida, habían sido para bien.

Navalmoral no ofrecía demasiadas *distracciones femeninas* para *Viktor*. Las aguas parecían haber vuelto a su cauce. La familia no había perdido la oportunidad de recomponerse.

Realmente, lo que más le preocupaba a *Viktor* era el estrecho margen comercial que dejaba el pino. La solía comentar lo fantástico que sería tener una pequeña fábrica para secar y cortar la madera en algún pueblo de los Cárpatos. Una inversión modesta y rentable, comparada con las ventajas que supondría tenerla. Se jactaba de conocer bien el terreno y a la gente adecuada. Insistía su propuesta en alquilar un aserradero ya existente y modernizarlo en un par de semanas.

La idea cuajó, probablemente porque Alicia se embriagaba por la estabilidad familiar; pero no lo vio venir... ¡no pudo o no quiso verlo!; pero apoyó a *Viktor* financiando la operación y reservándose algo más de mil euros hasta que su esposo regresara como victorioso propietario de una pequeña fábrica.

—«¡Qué podemos perder! —se dijo ingenuamente entonces— Si la inversión no parece segura *in situ*, volverá a casa con el capital a invertir y todo seguirá igual que hasta ahora. Por otra parte —se ilusionó—, si las cosas salen bien, será un gran paso para nosotros. Al fin y al cabo... ¡¿Qué podría pasar en sólo un par de semanas?!»

¡Pues ocurrió! Una vez más, Alicia parecía haber perdido ese instinto que la había acompañado con éxito en anteriores planes de inversión. No tuvo suerte en adivinar, presentir, o prevenir a tiempo en este caso dado. Años después, aún se tacharía de ilusa, ingenua y *tontalahaba*[89] por haber olvidado *de plano* el pasado de su marido y las tragedias que les ocasionó.

Las dos semanas previstas se alargaron; aunque *Viktor* seguía mostrándose entusiasta, sustituyendo las no tan buenas noticias por «pequeños contratiempos de fácil solución», reprochándola no confiar en su criterio, olvidando que su principal residía en el gran amor que les profesaba a ella y el hijo de ambos. Sólo necesitaba que Alicia se fiara de él porque estaba decidido a conseguirlo pese a cuantas barreras se le levantasen.

Ante tal determinación Alicia poco tenía que decir, no quedándola otra que claudicar y cruzar los dedos. Nunca había visto a *Viktor* sentirse tan realizado y feliz. ¡¿Qué más podría desear ella?!

Aquellas dos semanas iniciales se convirtieron en dos meses y, después, en un tercero... Con ello, el otoño en Extremadura le pareció aún más largo, más oscuro y más gélido. *Viktor* reclamaba más dinero para terminar el proyecto y ningún *plan de viabilidad*[90] servía ya para nada. Ante la falta de fondos, pidió ayuda a su suegra María y al

---

[89] *Adjetivo coloquial despectivo que refiere una persona ingenua o crédula, torpe o estúpida, o también simple o bobalicona.*

[90] *Estudio que evalúa si un proyecto, negocio u operación es factible y rentable, analizando aspectos técnicos, económicos y de mercado.*

hermano de Alicia, *Stanislav*, quienes atendieron sus demandas: María proporcionaría dinero y *Stanislav* se desplazaría hasta allá para colaborar en el montaje de la maquinaria. Definitivamente, aquella situación distaba muy lejos de lo calculado; pero negoció el último pagaré que la quedaba, y envió el dinero, esperando el regreso de *Viktor* junto con la mercancía para las Navidades.

No quería ni podía creerlo; pero las inauditas circunstancias la superaban. Los nervios y la incertidumbre la consumían. Racionaba los alimentos para que *Maxim* estuviera bien alimentado, aunque debido a un viso lejano de fe y esperanza, guardaba en el congelador las *delicatessen*[91] que preparó para su regreso. Igualmente, sobre su mesilla de noche aguardaban los regalos del pasado cumpleaños que, como buena esposa, le había provisto por parte de todos.

Y en ello se le fue el intento, desatendiéndose a sí misma; perdiendo completo el apetito y manteniéndose las noches *en vela*... A decir verdad, pasó verdaderas estrecheces, ya que no hubo comida suficiente para ambos; aunque, *Maxim*, esta vez, tampoco se enteró de nada ¡Ella sola podría y ella sola lo conseguiría!

Corría noviembre y, con él, el cumpleaños de *Maxim* cuando *Chelo* la pregunto por primera vez si se encontraba bien...

—¡¿Porque me lo preguntas?! —se sorprendió en un alarde de teatralidad.

—¡Por nada, hija! —contestó con verdadera ternura y

---

[91] *Vocablo germánico que significa «alimentos selectos».*

preocupación— Es que estás muy delgada...

Y Alicia comprobó que era cierto porque la ropa le venía enorme.

—Es que no tengo mucho apetito —mintió por evitar seguir la conversación—. ¿Verdad que a *Maxim* se le ve muy feliz? —intentó cambiar de tema.

—¡Ya lo creo! —la siguió las aguas, seguramente por no agrandar la fosa— ¡Hay que ver cuántas tartas le has preparado, hija! ¡Qué barbaridad! —remató como franco halago.

¡Y era verdad!: sobre la mesa de cumpleaños estaban dispuestas tres enormes tartas de distintos sabores y todas favoritas de *Maxim*, quien se mantenía ojiplático al contemplarlas y decidir cuál sería la primera que probaría.

—La de chocolate y plátano es de mi parte —le explicó su madre al niño—; la de fresas es de parte de los abuelos y, la tercera, *Napoleón*, de tu padre, que está deseando volver a verte.

*Max* se lo estaba pasando estupendamente rodeado de sus amigos. Le brillaban los ojos de ilusión y resultaba patente al verlo despreocupado riéndose con sus amigos. Aquello recompensaba cualquier sacrificio porque realmente se le veía feliz.

Al día siguiente la llamó *Chelo* ofreciéndose a pasar para tomar una café con ella. El humor de Alicia no era el de sus mejores días; pero no le pareció correcto negarse a la propuesta de su querida amiga.

—¡Por supuesto, *Chelo*! ¡Ven, te espero!

Al rato sonó el timbre de la entrada y se apresuró para abrir la puerta. *Chelo* no estaba sola... Otras dos mujeres amigas de ambas la flanqueaban y saludaron alegremente con repetidos besos y abrazos. Tras ellas, asían sendos carritos de la compra abarrotados.

—¡Qué sorpresa! ¡Entrad, por favor! —invitó con el brazo extendido— ¡Pasad, chicas, no os quedéis ahí fuera! —jaleó sonriendo francamente.

Cuando vio pasar los dos carritos al interior tan cargados como para no abrocharles las solapas, preguntó entre ingenua y sorprendida por la carga a la que estaban sometidos.

—¿Es que hoy es día de mercado?...

—¡*Nooo*! —contestaron al unísono entre risas— ¡Todo esto es para ti, tonta!

Alicia quedó literalmente pasmada y ojiplática, casi sin poder articular palabra alguna.

—¡¿Qué queréis decir?! —tembló imperceptiblemente.

—Hemos pensado que... —realmente *Chelo* no encontraba las palabras precisas para evitar ofenderla— ¡Igual te vendría bien un poco de ayuda! ¿no?... —remató para no escuchar una negativa por parte de Alicia.

Esta última se sintió inmediatamente sobrecogida, preguntándose para sus adentros si tan evidente y manifiesta resultaba su delgadez. La verdad es que permaneció quieta, sorprendida, congelada mientras su último descubrimiento daba vueltas a su cabeza yendo a la velocidad de la luz.

Cuando recuperó la respiración detenida por un instante, no supo cómo reaccionar y, menos, qué decir. ¡Nunca se había visto en una situación tan embarazosa! Su mirada se encontró con los ojos relajantes de una verdadera amiga, quien mostraba infinita comprensión.

Ninguna de las tres visitantes, quiso decir nada, actuando con una naturalidad tal que pareciera haberlas encargado ella misma todos aquellos alimentos. Una vez reabastecida la despensa y llena la nevera, disculparon tomar un café con ella por evitar una conversación que podría hacer aún más bochornosa la situación, aduciendo vanales excusas.

Con los ojos brillantes a punto de rebosar, las despidió con un «gracias» que se veía directamente salido del alma, entre abrazos de despedida y los carritos vacíos; aunque partiendo llenos de humildad. Cerró reflexiva la puerta y fue a sentarse en la soledad del salón. Era el preciso momento de afrontar la realidad.

Cuando fue la hora de la merienda, *Max* no se percató de toda aquella abundancia, transcurriendo la tarde y la cena con la misma normalidad de días anteriores; aunque Alicia deseaba quedarse sola. Acostado el niño y la casa en silencio, Alicia enterró la cabeza bajo su almohada del dormitorio y lloró desconsoladamente sin freno, agradecida a Dios, al Cielo y a sus amigas, hasta quedar agotada y la venciera el sueño...

-------------------------

Apagándose una tarde de principios de febrero, con veinte kilos menos y vestida gracias a sus amigas y lo mejor que pudo encontrar en las bolsas de beneficencia de La Cruz Roja, Alicia paseaba con *Maxim* y la pequeña *Maddy* antes de dormir. El frío era absolutamente infernal, aunque no sabía si achacárselo al brutal descenso de las temperaturas o al persistente estrés y consecuente pérdida de peso. Llevaba semanas sin poder dormir durante la noche; aunque intentaba cabecear mientras *Maxim* estaba en el colegio, como un pez boqueando fuera del agua. Ni siquiera los paseos con *Max* y *Maddy* por vacías calles de Navalmoral, eran de ayuda para despejar la cabeza y, así, poder hallar algo de paz. Todo era en vano.

En la cama daba vueltas y vueltas sin encontrar a ninguno de los dos: el sueño y la paz. Tampoco resultaron los baños calientes de madrugada. No había manera de dormir y sintió asfixiarse de pura ansiedad hasta vomitar nada, como siempre. Después, para relajar los calambres intestinales, se esforzaba en tomar algo de té caliente y algo de comer, aunque fuera el único huevo duro en dos días, pero resultaba imposible. Su cuerpo rechazaba cualquier comida, agua o aire; de hecho, también abominaba de ella misma.

—«¡A ella misma! —se espetó— ¡Estúpida ilusa, lo tienes merecido!»

Un nudo de lágrimas se le aglutinó de inmediato en la garganta. ¿Qué era lo que no le cuadraba en todo esto?... ¡Qué era lo que lo que desconocía!... Los recuerdos tan grises y pesados como el invernal cielo extremeño, la nublaban con lánguida parsimonia la mente. Ya no podía estar segura si todo aquello era un sueño o una trágica realidad. La respuesta la atravesó como un potente relámpago a modo de epifanía. Faltaba una sola respuesta para esta enrevesada incógnita y ¡ahora sabía cuál era!

Salió corriendo a la calle y continuó su huida a ninguna parte sin detenerse hasta la cabina telefónica de dos calles más arriba. ¡Llovía a cántaros!, pero le aclaraba la cara y los pensamientos. Conocía ya de sobra la respuesta, sólo necesitaba escucharlos de su voz. Bajo el aguacero repiqueteando sobre la chapa, entró, y metió las pocas monedas que llevaba en el abrigo. Marcó el numero ucraniano de *Viktor*... ¡Sin respuesta!... Repitió la operación y volvió a marcarlo de nuevo... ¡¡¡Otra vez sin respuesta!!!

Las ideas se le aparecían tanto más nítidas y preclaras a cada todo sin descolgar. Consultó la hora: en Ucrania serían las once de la noche, por lo que volvió a insistir. No se apartaría de aquella cabina sin obtener respuesta...

Parece que *Viktor* también se lo pensó. Al cuarto intento respondió y se escuchó la voz alegre de su marido. Obviando las trivialidades, le lanzó la pregunta como la granada del soldado suicida:

—¡¡¡¿¿¿Quién es ella???!!! —explotó.

—¡Te juro por Dios, que no es nada!... ¡¡¡No es nadie!!!... ¡¡¡Nada significa para mí!!!... ¡¡¡NO SIGNIFICA NADA PARA MI!!! —repitió gritando desesperado.

—¿Te quedarás allí?... —pregunté con voz calma, aunque fría y firme.

*Viktor* seguía sin aprender a reflexionar cuando le pillaban en una mentira.

—¡¡¡*NOOO*!!! —gritó totalmente histérico— ¡Mañana

mismo compro los billetes! Ve a buscarme a la estación y trae a nuestro hijo. ¡Le echo tanto de menos! —mintió descaradamente.

Podría sentir el filo helado del sable cosaco sobre su garganta; el pinchazo de una puntiaguda daga amagando bajo su corazón; el ácido trago de veneno bajándole por la garganta; liberó la palanca de seguridad de una granada de fragmentación que detonó violentamente sobre el pobre alma. Los añicos de su corta vida se dispersaron en miles de fragmentos, liberándola de ella misma.

Una voz resonó a este lado de la línea, cuando colgó:

—«*Game over*[92], Alicia. ¡Ha llegado *el cisne negro*!»

---

[92] *Expresión inglesa que traduce como «Fin del juego» y es utilizada principalmente en los videojuegos para indicar que el jugador ha perdido o finalizado una partida. Usada de forma coloquial señala el fin de una situación o proyecto.*

# 12.- EL ÁNGEL DE LA GUARDA

A su regreso, *Viktor* encontró una Alicia que literalmente era *la sombra de sí misma*: delgada hasta la inanición, cadavéricamente pálida y vistiendo ropa de la beneficencia. Nada que ver con la preciosa niña de cara inocente y ojos enamorados que abandonó en un pequeño pueblecito de los Cárpatos.

Sin embargo, *Olesya* le parecía un ángel. ¡Qué decir! Le esperaba locamente enamorada, le escribía poemas y le recibía cada noche con besos cálidos y abrazos pasionales. Nunca estaba cansada ni demasiado ocupada para no poder llenar su estancia de amor y felicidad...

La diferencia entre ambas era abismal... ¡Abisal! ¡¿Quién podría comparar una preciosidad de diecisiete años recién cumplidos, con una mujer de treinta y dos y además deslucida por el parto?!

*Viktor* no estaba tan loco para dejar pasar una oportunidad como esa. Si una le aseguraba la supervivencia, la otra le daba sentido a la misma. No iba a conformarse con una sola... ¡No, claro que no! Lo supo desde el mismo día de su boda y siempre lo había tenido presente. Claro que antes era más complicado. Debía inventar historias para librarse de la mujer y su odiosa familia, pero ahora... ¡ahora todo era perfecto! Se lo merecía todo y todo lo tenía a su alcance.

Era un joven y apuesto empresario con residencia legal en España. Trajes caros y gustos sofisticados. Cualquier mujer debiera sentirse afortunada de prestarla su atención. El dinero tampoco era ningún problema porque, si quisiera, podría comprar medio pueblo y, en cualquier caso, Alicia le enviaría más de necesitarlo. Y por eso podía gastar lo que le apeteciera sin contar las monedas en *la niña de sus ojos*, aquella que le hacía sentir vivo y amado.

Claro que él era consciente de que Alicia no era mala persona, le quería y todo eso que ahora se me agarrota en la garganta; pero, ¡vamos a ser sinceros!

Su mujer ya no podía ofrecerle nada nuevo, aunque la respetaba por ser la madre de su hijo. Pero entiéndaseme bien: un hombre no debe conformarse sólo con eso. Necesita más, ¡mucho más!... ¡¡¡Muchísimo más!!!!, sobre todo si lo tiene tan fácil. Al fin y al cabo, ¿cómo iba a enterarse ella cuando les separaban más de tres mil kilómetros? Además, Alicia estaría ocupada de su hijo, la casa y el negocio.

*La pobre no tenía muchas luces*[93] para sospechar nada, siempre había sido una ingenua. Ya podría estar contenta de seguir en esa *casa de mala muerte*, en un pueblo *perdido de la mano de Dios* en los Cárpatos.

¡Y todo para qué! ¿Para dar a su familia una vida mejor?... «Ojos que no ven, corazón que no siente». Además, ¿a quién más tenía, salvo a él mismo? Su propia familia se encontraba lejos, ¡muy lejos!

---

[93] *Forma coloquial para dar a entender que alguien es poco inteligente o carece de perspicacia.*

—«¡Menuda perspectiva *—rumiaba Viktor* sin demasiado cargo de conciencia—, el soportar ellos solos las amenazantes visitas de *Ivanych*! ¡*Vaya fregado* les he dejado!, pero ha valido la pena: ¡*Salvado por los pelos*! ¡Que se fastidien todos!»

Él creía merecer todo en esta vida y, de no recibirlo *por las buenas*, tendría la poca vergüenza y menos escrúpulos para cogerlo él mismo. Si había podido dejar deudas pendientes a *Ivanych*, ¡lo demás *sería pan comido*!

Sin ir más lejos, el otro día, cuando le contaba a *Olesya* su propio pasado, ella le dio la razón en todo. No le juzgó porque con ella no tenía que sentirse culpable. Era la única que le comprendía de verdad. ¡Sin sermones! Le quería tal cual era y, para ella, como si fuera su mismo dios. Y para mantener ese aura de divinidad, *estaría a la altura* dándola cualquier cosa que ella pidiera, ¡no era capaz de negarla nada!

En contrapartida, ella también le hacía regalos para demostrarle lo agradecida que estaba. ¡Era normal!: *la niña* no había salido de su pueblo en toda la vida y él la mostraría el mundo.

De momento, todo aquello que habían planeado *salía a pedir de boca*. Consiguió convencer a su esposa de ser totalmente imperativo el adecuar una fábrica en Ucrania y... ¡ya casi la tenía! El plan parecía infalible. Regresaría a casa de su familia durante breves periodos y, así, mantener las apariencias, asegurándose al mismo tiempo de tener el dinero a su disposición, para después volver con su amada durante largas temporadas.

Para esto, el negocio le venía tan perfecto como un

guante. No haría falta que inventara ninguna excusa: «El deber le llamaba y necesitaba estar allí». ¡*Al pie del cañón* y *dándole duro*! Claro, todo esto metafóricamente hablando porque, quienes verdaderamente se esforzaban eran los trabajadores contratados allí. Como jefe sólo tenía que organizar y controlar... ¡Toda una figura del toreo[94]! ¡De dónde había salido y adónde había llegado! Sólo por ello, merecía respeto y devoción porque, no cualquiera, hubiera sido capaz de conseguirlo.

Más adelante, ya pensarían qué hacer con Alicia para que *Olesya* pudiera acompañarlo de regreso a España. Se planteaba una vida con la primera nada difícil, al fin y al cabo, era *su amo y señor*; aunque *Olesya* estaba dispuesta a dejar atrás a su familia, *enterrada* en ese pequeño y empobrecido pueblo ucraniano, a cambio de vivir en España. ¡En cualquier lugar donde ella quisiera! y, en contrapartida, ella no le reprocharía las *inocentes* juergas ni su terca costumbre a *empinar el codo*[95]. Era una de las ventajas de los quince años de diferencia que había entre ellas. ¿No es verdad?...

Un hombre ha de ser dueño de su vida y la de su familia. ¡¿Capta usted la amarga ironía, estimado lector?!... ¡En fin!, la familia no era para él lo que siempre había deseado; pero, ¡claro!, alguien tenía que cuidarle y esa era precisamente Alicia.

---

[94] *Ironía popular española que busca crear un contraste entre la supuesta grandeza y valor del matador, con la verdadera incompetencia o falta de habilidad de aludido.*

[95] *Locución coloquial utilizada para referirse al acto de beber alcohol en exceso.*

Una mujer que debía ser *de buena familia*, con dinero, negocios y contactos útiles. Por demás, su aspecto y belleza deberían ser lo suficientemente buenos como para estar siempre rodeada de pretendientes que, él mismo, se encargaría de amedrentarlos sólo con la mirada.

Pero él sería el ganador exclusivo del premio: «¡La *muñeca chochona* y el *perro piloto*!», como voceaban los feriantes de las barracas para señuelo de sus negocios.

Él mismo, quien fuera el poseedor del único boleto premiado en solitario, sólo necesitaba *armarse de paciencia* y esperar el momento oportuno. Ya no deseaba volver al estrecho e incómodo piso con su propia madre y, aunque no fueran distintos, buscaban cosas diferentes. A su madre le gustaba vivir la vida tal y como la tenía dispuesta: trabajo por las mañanas y, el resto del día, ¡*a pasarlo en grande* con sus amigas! Entre comidas y *chupitos*[96], la resultaba excitante.

Imaginaba su propio futuro de una manera muy diferente: quería... ¡¿quería?!... ¡Qué quería! ¡Debía ocupar tan merecido lugar! demostrando así a todos, no ser ningún *pringao*'[97]. Se haría respetar y llegaría a ser alguien importante; nada que ver con su familia ni su hermano mayor, *Anatoly*, quien ya abandonó aquella casa de su

---

[96] *Término coloquial para cantidades pequeñas de bebidas alcohólicas, servidas en cubiletes o en reducidos, estirados y estrechos, vasitos que deben tomarse de una sola vez. También se les conoce como 'tragos cortos' o 'shot', en su acepción en inglés.*

[97] *Coloquial y despectivamente, persona ingenua o fácil de engañar, quien sufre las consecuencias negativas por otros o, también, aquella insignificante o torpe. Su etimología viene la palabra 'pringar', es decir, 'manchar' en su connotación más negativa.*

madre. Sí: compartían la misma sangre; pero él estaba destinado a «algo grande». Para conseguirlo necesitaba una mujer como Alicia y una suegra como María, pero una vez instalado en el meollo familiar, los *pondría a todos en su sitio*. ¡Menos mal que la suegra le adoraba con verdadera devoción!, así sería mucho más fácil para Alicia.

Era precisamente ahora cuando le iba a llegar ese momento tan soñado y codiciado. Fuera ya de peligro, le tocaba recibir lo que suponía fuera suyo. ¡El mundo le pertenecía! y, con *Olesya* sería mucho más divertido y apasionante. ¿No lo cree usted así, estimado lector?...

Sólo le restaba volver a casa para *apagar los incendios*, aunque no serían para tanto. Al fin y al cabo, ¿qué podría hacerle Alicia ahora?... ¡Ya no se encontraba en condiciones de reclamarle nada!: estaba sola, sin fuerzas y con la autoestima por los suelos. *Mantenerla a raya* no sería un problema y sabía perfectamente cómo llevarlo a cabo: *mano dura* y desprecio absoluto. Eso la pondría en su sitio. Él era *el hombre de la casa* y debía obedecerle. En cuanto a María, ya no vendría más para proteger a su hija. ¡Así serán las cosas a partir de ahora!, que sepa cada una cuál es su lugar. Y, mientras, ya pensaría cómo enviarla de vuelta. Incluso, si jugaba bien sus cartas, podría hasta ahorrarse dinero: la retornaría en un camión vacío tras la descarga. Sería lo propio. *Maxim* quedaría a salvo y no le pasaría nada, como tampoco los regresaría andando. Es un hombre ya y lo soportará, como yo he tenido que aguantar a mi madre. Debe descubrir cómo es la vida realmente.

—«¡Por Dios! —exclamó *Viktor* para sus adentros al contemplarla— ¿Ésta se habrá mirado al espejo antes de venir a buscar a su marido? —la repasó de nuevo con una mirada despectiva *de pies a cabeza*—. ¿Y esa horrible ropa que la hace tan vieja?... ¡¿De dónde la habrá sacado?! Da igual, no tendré que aguantarla por mucho más tiempo; en cuanto llegue el camión con los pinos, los mando de vuelta, así, *Olesya* y yo, nos ahorraremos el drama».

De camino a casa, Alicia no emitió ni una palabra; delante del niño, no. Ella constituía su última fortaleza y, de ninguna manera, podía permitir desmoronarse.

Cuando *Max* ya dormía feliz por el tan esperado regreso de su padre, Alicia acarreó las maletas y empezó a guardar las cosas de su hijo, los libros y el icono con el cual sus padres bendijeron este maldito matrimonio. A primera hora de la mañana, deberían estar en la agencia de viajes para comprar los billetes desde Madrid a *Rostov-na-Donu*[98] o, incluso mejor, *Donetsk*, aún más cerca de casa. Telefonearía a María para que la mandara dinero urgentemente y... ¡ya nada podría detenerla! Volverían a ser una familia unida: les devolvería *Maxim* a sus abuelos y a los amigos del niño; y ocuparía su antiguo puesto en el banco donde, con toda seguridad, sería bienvenida. En suma: recuperaría su vida.

—¡Qué crees que estás haciendo! —protestó *Viktor* con tono provocador hacia Alicia.

Como respuesta, no la hubo y continuó preparando las maletas sin una mirada ni una palabra. Realmente, no le escuchó; estaba totalmente concentrada en la tarea, o eso quiso que pareciera. Cuando cerró una de las maletas, se situó a su frente y reclamándole con tono normal, aunque

---

[98] *Transliterado al castellano, «Rostov del Don».*

firme, exigió saber:

—¡¿Dónde está mi pasaporte?!

—¿Y para qué lo necesitas? —pregunto con una media sonrisa que delatara su sarcasmo.

Alicia tensó la espalda envarándola, e insistió de nuevo, cambiando el tono y enunciado de su reclamo para no permitirle otro desdén hacia su persona; lo acompañó extendiendo el brazo con la palma abierta:

—¡Mi pasaporte!

Sonó duro y tajante; pero no lo suficiente para que *Viktor* no se mofara riéndose:

—¿Es que se puede ser más tonta?... ¿No te has dado cuenta que lo cogí cuando estabas acostando a *Max*?

—¡Mi pasaporte! —repitió impasible igual que la vez anterior y sin retirar el brazo ni la mano.

—¿Y qué les vas a contar entonces ahora a los tuyos? ¡¿Eh?!...

Cambió el peso del cuerpo al otro pie para que su postura fuera aún más chulesca; pero su media risa sonaba inquieta y nerviosa. Para nada esperaba de Alicia aquel gallardo resurgimiento.

—¿Que yo soy un cabrón, tal vez? —amagó levantando la barbilla— ¡¿Eh?!... ¿Qué te he *puesto los cuernos*?... ¡¡¡MÍRATE!!! —gritó para amedrentarla— ¡¿EN QUIÉN O QUÉ, TE HAS CONVERTIDO?! ¡YO NO ME CASÉ CON... ESTO! —la señaló con la palma de la mano como si estuviera escupiéndola con sus palabras de absoluto desprecio.

Más fueron sus palabras que los gritos, aquellas que la atravesaron el pecho como obuses incendiados, causándola un dolor insoportablemente abrasador. *Viktor*, desarmado y sin ninguna otra estrategia, fue a refugiarse en el alcohol. En menos de una hora, ya estaba borracho y, lo que era peor: cada vez su talante era más agresivo. De cualquier sentimiento de culpabilidad, no quedaba ni rastro; igual suerte corrieron su comprensión y piedad. Quedaron diluidas por la bebida como manchas de pintura. De ellas no quedaba ni el menor rastro.

Tomando la botella por el gollete[99] y señalándola con el dedo índice de la misma mano, procurando mantener el equilibrio, aseveró en tono de amenaza:

—¡¡¡A mí no me deja nadie!!!

Y desató su furia estrellando la botella contra la mesa, tirando violentamente al suelo todo cuanto había sobre ella.

Alicia había vivido esta situación por años, permitiendo sólo dos escapatorias posibles para ella, mientras *Viktor* seguiría bebiendo e insultando: de quedar callada, su marido terminaría encontrando la manera de provocarla; pero, de contestarle... ¡aquello podría durar hasta *las luces del alba*!

Alicia se concentró en la búsqueda de su pasaporte, intentando no escuchar, no oír y no sentir...

---

[99] *Parte superior y estrecha del cuello de una botella, justo por debajo del resalte a continuación de la boca.*

---

Por la mañana temprano, dejó a *Maxim* en el colegio. Necesitaba realizar algunas gestiones antes de marchar; aunque no tenía aún ninguna pista de su pasaporte. ¡¿Cómo compraría entonces los billetes de avión?! El permiso de residencia no bastaba por sí sólo; de hecho, debía incorporarse a la credencial para la validez del primero. Aun así, se dirigió hacia la única agencia de viajes de Navalmoral.

Desesperada, intentó hacer entender a las dos mujeres al frente de la agencia, que había perdido el pasaporte, y era cuestión *de vida o muerte* que tomara el vuelo de esa misma mañana; pero, de no conseguirlo, su vida podría correr grave peligro. *Viktor* era impredecible cuando había bebido y, a esas horas, todavía continuaba borracho.

Por más que quisiera proteger a *Maxim*, aún no sabía cómo. ¡Ni dónde irían! La cabeza le daba vueltas y las piernas negaban sostenerla. Eran las diez y el sol brillaba con intensidad; pero, a su alrededor todo se mostraba oscuro.

Estaba explicando la urgente situación a la segunda señorita de la agencia; una chica que parecía simpática. La otra primera, aunque se mostró muy comprensiva, lamentó mucho no poder ayudarla. Incluso, si denunciaba la pérdida del pasaporte ese mismo día, tardaría otros tantos más para obtener un justificante válido para el viaje.

De repente, a su espalda, la puerta de entrada se cerró con tal violencia que a punto estuvo de quebrar los cristales de los escaparates. La respiración de Alicia se congeló de inmediato. Sabía quién era: *Viktor* se había situado tras ella.

Con *voz cazallera*[100] a causa de la desmesurada ingesta de alcohol, enunció intentando no le resbalaran las consonantes:

—Señoritas, me van a disculpar, pero mi mujer no sabe lo que hace. Está loca... ¡LOCA! —elevó la voz para inspirar mayor confianza, lo cual resultaba difícil ya que las erres y las eses, resbalaban sobre su lengua como en una coreografía de patinaje sobre hielo. Era claro que seguía tan bebido como anoche.

Por no aguantar ni un segundo más, tan humillante y bochornosa situación, en añadidura al espectacular escándalo que terminaría montando a continuación, Alicia, directamente, se puso en pie y salió por la puerta.

El dolor de la angustia y la humillación que sentía en el pecho, eran tan insoportables que la impedían seguir caminando, por lo que necesitó sentarse en uno de los bancos del parque frente a la agencia. Contra todo pronóstico, *Viktor* tomó asiento a su lado y comenzó a sollozar con las manos tapándole la cara.

—¡Perdóname!... ¡perdóname! —repetía moviendo la cabeza hacia ambos lados.

En eso, se levantó y puso *rodilla en tierra* frente a ella, buscando los ojos de su todavía mujer. Por alguna extraña y remota razón, necesitaba su indulgencia. Precisaba de su

---

[100] *Tono áspero, bronco y carrasposo de la voz, generalmente asociado al consumo excesivo de alcohol, especialmente de bebidas con alta graduación como la cazalla o el vodka.*

clemencia emanada por los demacrados ojos de la madre. Tampoco podía permitirse quedar como un villano ¡Qué pensarían los demás sobre él!

Buscaría trabajo, irían a vivir a otra ciudad, no regresaría a Ucrania, tendrían una nueva vida, él... ¡cambiaría! Fue enumerando fatuas promesas como el humo de una chimenea un día de viento; pero, bajo ningún concepto, la devolvería el pasaporte.

Como la red de un trapecista, se aventuró a gastar el último cartucho de la canana: Alicia debería pensar antes en su hijo, a quien una buena madre no querría verle crecer sin padre...

Alicia necesitaba aire. Debía respirar y no quería perecer asfixiada. ¡Sólo eso! Se acordó de los tranquilizantes que solía llevar en el bolso, y tomó dos comprimidos de una sola vez. ¡Que más daba ya, si sentía estar ya muerta!

Al día siguiente sus amigas la sacaron de casa, casi a la fuerza, con la excusa de tomar un café. Se sentía débil y rota, como una marioneta a la que le hubieran sido cercenados los hilos. ¿De dónde se supone que iba a sacar fuerzas para explicar su absurda situación actual?, ¿O, por el contrario, debería callarse?... En aquel momento significaba «La espada de Damocles»[101]. Hasta el mismo

---

[101] *La metáfora que evoca la constante amenaza y el peligro que acechan a quienes ostentan el poder o disfrutan de privilegios. Representa la idea de que la buena fortuna y posición elevada, pueden estar acompañadas de ansiedad y riesgo inminente. Por su gran interés, refiero el pasajeros original:*

instante de estar sentada entre ellas, no lo decidiría.

A *Chelo* no le hacían falta las palabras de la muchacha porque no la suponía mayor misterio: la típica infidelidad que ocurría hasta en las mejores familias. En realidad, todas ellas estaban casadas y con hijos, por lo que ninguna se otorgaba el derecho a decirla nada. Finalmente, callar se le antojó como lo más adecuado.

---------------------------

Por aquellos días, *Viktor* comenzó a trabajar de operario mecánico en una subestación de mantenimiento en una Central Nuclear, lejos de Navalmoral de la Mata. Llamaba a casa cuando el trabajo se lo permitía y *Max* estaba finalizando el curso escolar.

Las amigas de Alicia se negaban a dejarla sola en casa durante mucho tiempo, por lo que la invitaban a los desayunos, comidas y cenas familiares, y a todas las festividades que aparecieran en el calendario. Igualmente, *Max* jugaba con sus amigos y también practicaba algunos deportes.

Alicia visitaba semanalmente la consulta de un

---

*La metáfora se origina en un suceso sobre el tirano y usurpador del trono, Dionisio I de Siracusa. Damocles, un cortesano envidioso, alababa la supuesta felicidad de Dionisio. Para darle una lección, Dionisio le ofreció intercambiar roles por un día. Damocles disfrutó de lujos, pero Dionisio colgó una espada afilada sobre su cabeza, suspendida de un pelo de caballo, simbolizando el constante peligro que acompaña al poder, mostrando que la riqueza y la posición no son garantes de la felicidad, sino que conllevan responsabilidad y riesgo.*

psicólogo; aunque no encontraría —así se lo expresaron los médicos—, una cura definitiva que la erradicara el sufrimiento. María seguía con denodado interés los acontecimientos y progresos de su hija, a quien telefoneaba todos los días, desde que Alicia fue hospitalizada de urgencia por una dosis excesiva de tranquilizantes. No fue intencionado, pero tampoco del todo accidental: una señal muda de su naufragio interior. Por si aún pareciera poco, para desgracia de ambas no era posible volver a su país, ya que *Ivanych* la estaría esperando. No era de la clase de gente que permite que le ignoren, razón por la que se apropió del aserradero de Ucrania; aunque el tema de Alicia, se había convertido en algo personal: de encontrarla, no la soltaría.

Durante el siguiente verano, a *Viktor* le salió un trabajo en la otra punta de España; lejos de aquel pueblo y aquellos malos recuerdos.

Esta vez se llevaría algo más que dos mochilas: cargaron la furgoneta con el nuevo televisor de pantalla plana y la mesa de roble; aquella que encargó Alicia al padre de Miguel, aquel hombre tan simpático con quien entabló la primera relación comercial en el sector maderero. Ella misma la diseñó y él hizo realidad su sueño.

Para *Maxim* las aventuras continuaban sin descanso: en muy breve saldrían a viajar por el Mediterráneo. Realmente, su vida era tan divertida como la de *Bart Simpson*.

Cuando pasaron por Madrid, Alicia rogó a su marido que la llevara al aeropuerto. Lo pidió sin gritos ni reproches. Sólo necesitaba que la dejara ir.

—¿Y qué harás cuando *Ivanych* vaya por ti? —preguntó *Viktor* para que reflexionara— Aun habiéndonos robado la serrería, siempre pensará que le debemos algo... Ya sea dinero o... —dejó sutilmente que Alicia recordara cuando la violentaron— ¿O prefieres *su peligro* a estar conmigo?...

La providencia había vuelto a *hacer de las suyas* y su mente no pudo dejar sopesar la estrambótica posible situación. ¿Cuál sería la decisión correcta? —llegó a plantearse en el culmen del paroxismo.

Cerró los ojos y se juró volver a estar fuerte y sana. Trabajaría por ello lo que hiciera falta; se reconstruiría. Se lo debía a su hijo, a María y a Claudia. Se lo debía a sí misma.

Un pequeño hostal, enfrente del Parque Rivalta de Castellón de la Plana, les abrió las puertas, cerrando otras al pasado. Se quedarían allí hasta encontrar un piso adecuado de alquiler y al alcance de sus ingresos. También buscarían un colegio para *Maxim*. *Viktor* comenzaría en un nuevo trabajo al día siguiente.

La primera noche no la resultó nada tranquila. Las pesadillas perseguían a Alicia cada vez que intentaba quedar dormida, despertándose sobresaltada y empapada de un sudor frío que la hacía temblar como una hoja.

*Maxim* terminó por acostumbrarse a que «mamá estaba malita».

—«No pasa nada, *Mamóčka*[102], todo va a salir bien» —la susurraba acariciándola el pelo cada vez, sin llegar a

---

[102] *Variante de la expresión 'mamá', que demuestra un gran amor.*

comprender el porqué de tanto sufrimiento. ¿Acaso era culpa suya? Intentaba con todas sus fuerzas agradar a sus padres y, bajo ninguna circunstancia ser motivo de disgusto.

Precisamente, aquella noche, la siguiente a la fatídica pasada en Urgencias, se despertó al escuchar a su madre entrar en el cuarto de baño. A partir de entonces, su hijo haría de *Ángel de la Guarda* y se responsabilizaría ante sí mismo de protegerla de todo mal, cuidándola como la abuela Claudia hacía con él. Por ello la esperó sobre la cama; aunque sólo tuvieran una a para los tres y *Maxim* durmiera en medio.

Su padre roncaba desde hacía ya rato, pero *Mamóčka* parecía no tener prisa en volver a acostarse. Descendió silencioso de la cama y comprobó que la puerta del baño no estaba cerrada con pestillo. La abrió muy despacio. Su madre estaba sentada en el suelo con la mirada perdida y la cara cubierta de lagrimones. *Maxim* se percató de que guardaba algo en el puño.

—¡*Papá, papá*! —gritó asustado— ¡Corre, rápido!

Saltó sobre su madre para abrazarla y decirla lo mucho que la quería, que era la mejor madre del mundo y la necesitaba. A la fuerza, ella también requería de él: era su Ángel de la Guarda.

Al amanecer *Viktor* salió pronto a trabajar y *Maxim* asumió el rol de: *el hombre de la familia*. Debía cuidar a su madre y la pequeña *Maddy*. *Mamá*, por fin, quedó dormida sobre la cama. Se la veía tranquila... ¡necesitaba descansar!

El día parecía comenzar bien. Por las ventanas entraban los primeros rayos de sol y la ciudad despertaba lentamente recuperando su ritmo habitual. *Maxim* se acercó a la ventana para contemplar el precioso parque que tenían justo delante; aunque echaba de menos las grandes avenidas con multitud de tráfico y gente deambulando por las aceras; aquello podría recordarle la infancia en su ciudad; pero esos recuerdos pertenecían al pasado. Ya era mayor... ¡Tenía nueve años!

Se regodeó en esos pensamientos y concluyó lo bonito que le resultaba. *A renglón seguido*, besó y sopló su mano para enviárselo a *la abuela Claudia* y a María.

—«¡Ojalá estuvieran aquí!» —pensó entristecido.

La magia del momento quedó rota en mil filosos pedazos cuando sonó el *móvil* de Alicia quien, debido a tener siempre ligero el sueño, enseguida descolgó la llamada.

Guardó silencio... Podría ser María... ¡o *Viktor*!, a quien se le hubiera olvidado algo.

—¡¿Aún sigues allí?! —se escuchó sin preámbulos a la voz desconocida— *Viktor* me dijo que te ibas en el último camión...

Alicia reaccionó movida por un instinto especial, por lo que intentó alargar aquellas lacónicas palabras para identificar al interlocutor:

—¿Cuándo fue la última vez que hablaste con él?...

—¡Ayer! —respondió con convicción el joven.

La chica se asustó y colgó la llamada. El instinto

maternal la hizo buscar a *Max* con la vista, aunque fue el oído quien la guio: jugaba sobre la hierba del jardín con *Maddy*. El cálido sol de Castellón acariciaba el pelo *russy* de su pequeño gran hombre, aportándole un aura aún más luminosa y dulce a su rostro; escena que la enterneció hasta olvidar la llamada anterior.

—«Este niño merece lo mejor del mundo» —dijo para sí con orgullo.

Y sabía con total certeza que siempre sería su único y verdadero amor. Nunca le iba a dejar solo, ¡nunca! Sacaría fuerzas de donde hiciese falta para seguir adelante. Tenía un propósito de vida. ¡No le fallaría!

Sonrió con infinita ternura y, a continuación, como si su aplomo hubiera invocado a la magia blanca, la oscuridad de su interior comenzó a disiparse. La luz del sol parecía invadir todos los rincones de su ser, y su mente se iluminó con una claridad inusitada.

¡Podría hacerlo!, ¡conseguiría cualquier objetivo que se marcara! Cerró los ojos por un instante y permitió que el velo de la paz interior la vistiera

—«Dios mío —imploró alzando su pequeña cruz dorada, testigo fiel y silencioso de todas sus batallas—, dame serenidad para aceptar lo que no puedo cambiar, valor para enfrentar lo que sí, y sabiduría para reconocer la diferencia. Te lo ruego, Señor: muéstrame el camino.».

# 13.- ALGORITMOS

—«Dios mío, dame serenidad para aceptar las cosas que no puedo cambiar, coraje para hacerlo con las que pueda, y sabiduría para reconocer la diferencia.» —rezó Alicia sosteniendo entre sus dedos la pequeña Cruz dorada, testigo silencioso y leal de sus batallas.

La ciudad de Castellón de la Plana parecía haberles acogido con los brazos abiertos. El clima y la meteorología, así lo indicaban a diario.

El aire se respiraba impregnado de aromas a vegetación frondosa, transportados sobre las brisas veraniegas que, a su paso por entre las hojas, robaban el del dulce azahar de los naranjos plantados a lo largo de calles y avenidas.

¡Qué diferencia con Navalmoral! ¡Aquello sí que era una población vibrante! Sólo con verla, se la sentía viva y dinámica. Iluminada por un sol radiante sobre el lienzo azul de su cielo mediterráneo, el paisaje transmitía alegría y vigor. Así decidió sentirse a partir de entonces.

Madre e hijo daban juntos largos paseos por muchos de los barrios, deteniéndose en algunas cafeterías para tomar algo. Ambos se mostraban inseparables, disfrutando de *charlas de café*[103], sociales u otras sin importancia; por ello, conocieron muchas personas: gente nueva o con la que hubieran coincidido anteriormente o en otro lugar; gente alegre y amable, aunque a menudo no entendieran todo lo que les dijeran, debido a no dominar del todo el castellano, ¡menos aún el valenciano!, que se hablaba en las tres provincias que, esas sí, las aprendieron enseguida antes de terminar la tercera conversación: Valencia, Castellón y Alicante.

Por descontado, la lengua valenciana, *el valencià* —cómo les enseñaron a pronunciar correctamente, haciendo sonar la «c» como «s»—, les sonaba como una lengua romance fascinante que surgió en época de la Reconquista con Jaime I, «El conquistador», siendo privilegio exclusivo de las élites durante el período medieval.

Y no sólo el idioma lo hallaron diferente, sino también la gastronomía, influenciada por muchas otras culturas, principalmente la árabe y pueblos que habitaron la región desde antaño. En general, todo les parecía mucho más ameno, a ellos, recién llegados, como si fueran a cambiar un libro por otro nuevo, más interesante y lleno de agradables sorpresas.

Solían comenzar su itinerario matutino por la ancha y soleada Avenida de los Capuchinos, conectada por la plaza de la Paz a la calle Mayor. Desde el nuevo piso que habían alquilado, había apenas alrededor de quince minutos hasta el ayuntamiento y el Mercado Central; aunque siendo el

---

103 *Conversaciones informales, relajadas y triviales que se dan inopinadamente en cualquier ambiente social, usualmente mientras se disfruta de una taza de café o una copa.*

mismo recorrido inicial todos los días, la caminata nunca parecía igual a la del día anterior, ya que siempre encontraban algo nuevo que ver para probar y divertirse.

No es que la relación marital hubiera cambiado mucho, pero Alicia decidió dedicar todo su tiempo y fuerzas a construir su propia identidad, teniendo como únicos recursos la educación recibida y el carácter tenaz y valiente de los cosacos. No volvería a ser aquella del pasado, pero se había propuesto convertirse en la mejor versión de sí misma. Las cenizas de rescoldos y lágrimas no iban a poder solucionar nada ahora. Primaba una actitud positiva, mente racional y ganas. Unas ganas enormes de salir adelante.

Era todo cuanto poseía, por lo que cerró, *bajo siete llaves* y para siempre, la caja de los recuerdos. ¡Todos!, los buenos y los malos. Cualquiera de ellos la causaban dolor. El pasado había dejado de existir para ella, siendo ya una reliquia de ruinas y escombros.

Ante ella, sólo el presente existía con un decorado de incierto futuro tras de sí. Ya no tenía ni había nada más que perder; en cambio, todo por ganar, como un jugador empedernido que acude al casino, con el poco dinero robado a su propio almuerzo, para enseguida jugarlo todo a un solo número. Así era realmente su vida: se lo jugaba todo.

---------------------------

A los pocos días de haberse establecido en el piso, Alicia advirtió un anuncio tras el escaparate de una tienda de moda femenina, solicitando una costurera para realizar los propios arreglos de las clientas habituales.

Tanto su madre María como *la abuela Claudia*, siempre procuraron que Alicia adquiriera conocimientos de todo tipo de labores de costura que una joven pudiera necesitar a lo largo de su vida.

No todo se ciñó al arte y la filosofía; privaba ahora *sacar partido* de las aptitudes manuales aprendidas. Junto con estas habilidades la inculcaron dos cosas:

La primera es que no había ninguna ocupación denigrante, sino humilde, tanto más para realizarla con orgullo.

La segunda era que nada en esta vida llega «caído del Cielo», pues tras ello, si no oración y sacrificio, sería producto de la determinación. Un camino por el que, por supuesto, debía contar con la nula ayuda de su marido.

La edad de la dueña de la tienda era coetánea[104] a la suya; aunque, ejerciendo de jefa, siempre parecía seria, estricta y exigente, vigilando que las otras dos empleadas cumplieran sus órdenes *al pie de la letra*.

Llegaron al acuerdo de dos euros y cuarenta céntimos por prenda, independientemente si se trataba de *coger* algún bajo o variar la prenda en dos tallas arriba o abajo.

Disponía de una máquina de coser *de segunda mano*. La trajo *Viktor* como presente de uno de sus viajes. Nunca hubiera imaginado lo útil que iba a resultarla en el presente.

A diario, arreglaba hasta dieciséis prendas antes de ir al

---

[104] *RAE: «De la misma edad» o «contemporánea».*

supermercado a comprar alimentos para preparar la cena. Trabajaba en equipo con *Max*, quien haría las veces de su repartidor personal, recogiendo y llevando ropa a la tienda.

Los vecinos, cuando le veían correr por la calle y emanando aires de suficiencia al compartir responsabilidades laborales con su madre, le sonreían y animaban obsequiándole con alguna golosina. De por sí, ya era un chico sociable y muy educado. El orgullo de su madre y, *despierto* como era, al poco tiempo amplió su propio negocio, haciendo lo mismo para otra tienda más. No era mucho trabajo, pero lo pagaban algo mejor.

Al lado de una de las dos tiendas, se ubicaba el gimnasio, propiedad del *casero* de Alicia: Juan Leo. Éste era un joven amable y dispuesto en ayudarles a todo lo que estuviera en sus manos. Todos los días coincidía con Alicia y veía a *Max* en otras tantas más veces, haciendo el mismo trayecto una y otra vez, saludándoles con la mano acompañada de una sonrisa.

Tenía a Alicia por una mujer seria, trabajadora y muy responsable, aunque muy bonita y con una figura envidiable. Su aspecto nacía natural, no como el de las mujeres que se cuidaban y dedicaban tiempo a ello. Como Juan Leo la apodara para sí: «Un diamante en bruto».

Por supuesto, desconocía la historia de su familia y los motivos que la habían traído hasta allí, pero detectaba no verla sentirse segura ni protegida, sino, más bien «una amapola solitaria florecida entre las rocas». Así se consolidó su imagen cada vez que la viera.

Por demás, hablaba con educación y su dominio del castellano resultaba sorprendente para el poco tiempo que residía en la Península.

—«¿Qué le habrá pasado?... —se preguntaba observándola de lejos— ¿Qué esconderán esos preciosos ojos tristes y sonrisa amable?...»

Nunca la oyó hablar mal de su marido; pero, de manera instintiva, se vio obligado en adoptar el papel de «hermano mayor». Desde entonces, le tomó la palabra de encontrar una hora al final de la tarde para llegarse a su gimnasio. Por supuesto, no tendría que pagar nada ni tampoco su pequeño, cuando se alistó a las clases de *taekwondo*[105]. Juan Leo aprovechaba el tiempo que pasaba Alicia en el gimnasio, realizando *ejercicios de cardio*[106] o paraba donde las máquinas expendedoras para invitarla a zumo, yogur o fruta. Ése era el pacto íntimamente secreto al que se había obligado con Alicia.

Un día la oyó explicar al novio de su encargada, los entresijos del comercio exterior, y la diferencia entre una especie de roble y otra, deduciendo que, si sabía sobre el tema, no iba a ser por su oficio de costurera... ¡Había algo más!, pero con él, parecía no tener ningún interés en conversar sobre el tema. Decidió no preguntarla acerca de cómo había adquirido esos conocimientos.

Mientras tanto, Alicia había encontrado un trabajo más para los fines de semana, exprimiendo al máximo las veinticuatro horas de los siete días de cada semana.

---

[105] *Arte marcial de origen coreano, donde se desarrollan especialmente las técnicas de salto.*

[106] *Aquellos destinados a elevar la frecuencia cardíaca y respiración, para mejorar la resistencia física.*

Los viernes subiría a un pequeño pueblo en las montañas, al que se llegaba mediante una larguísima y sinuosa carretera. El destino: un enorme hotel con vistas espectaculares, perfecto para la celebración de bodas, bautizos, comuniones y eventos de empresa. Desde Valencia hasta Tarragona, las reservas se efectuaban allí con muchísima antelación.

Su colocación era de camarera; desde las siete de la mañana para preparar los desayunos en dos enormes salones con muebles antiguos y pesadas cortinas azules; hasta las... Por desgracia, no había una hora precisa para finalizar la jornada, ya que, tras los desayunos debían arreglar y disponer los salones para las comidas y, posteriormente, para las cenas. Sólo podía permitirse un breve momento para comer.

—«Hasta el último cliente» —les tenían dicho los jefes.

Los propietarios, eran un matrimonio adinerado, con una suculenta herencia proveniente de la familia de Josefina —la dueña—, y gestionada por su marido, Antonio —el otro dueño, claro está—. En total, eran necesarios siete camareras, dos cocineras y tres jardineros, para que el negocio funcionase y fuera rentable; aparte de ofrecer un servicio «im-pe-ca-ble» —como exigía Antonio, para no dejar dudas entre sus empleados.

Por lo que llegó a oídos de Alicia, el matrimonio tenía una pequeña mansión en Benicasim, con vistas al mar, piscina, dos criados y tres perros. También tenía el matrimonio tres hijas que cursaban carreras diferentes en la Universidad de Castellón.

La mayor de las hermanas, Elena, estudiaba

«empresariales» y, dado que tenía los exámenes finales *a la vuelta de la esquina*, acarreaba con sus libros hasta algún lugar del hotel donde le era más fácil concentrarse.

La verdad, no era muy buena en la resolución de expresiones algorítmicas[107], pero Alicia le recordaba a sí misma cuando la observaba mientras componía los manteles y servilletas a juego con las cortinas. Elena, apoyada en una de las columnas del salón, ya casi preparado para recibir las ciento veinte personas de una Comunión, murmuraba un texto del libro de algebra financiera, gesticulando con preocupación y desesperación. Se acercó a ella cuando hubo terminado con las mesas.

—Tal vez pueda ayudarte. Ha pasado mucho tiempo desde la última vez, pero puedo intentarlo.

Elena, sorprendida, aunque aliviada de contar con ayuda, la mostró el problema propuesto del libro negándose a ser resuelto.

Con calma, lo leyó, evocándola sus propias clases y aquel excéntrico profesor de Matemáticas de la universidad. Los conceptos adquiridos y algún problema similar, florecieron su memoria selectiva.

En breves instantes, ante la sorpresa de Elena, el problema estuvo resuelto, explicándola, paso por paso, el significado de cada ecuación. Ambas se alegraron: Elena por haber superado su temor a los algoritmos; Alicia por constatar que algo de su vida anterior, aún le era útil.

---

[107] *Conjunto ordenado y finito de operaciones matemáticas que permite hallar la solución a un problema dado.*

La jornada del sábado estaba llegando ya a su fin; aunque no podía dar un paso más. Los pies se quejaban de tanto subir y bajar escaleras corriendo desde la cocina y cargada con cuatro platos a servir o recoger. Especialmente, debía ser muy cuidadosa con las tambaleantes bandejas de cristalería, ya que un tropiezo podría costarle el sueldo del día entero.

Dos compañeras rumanas estaban terminando de abrillantar los suelos y sólo faltaba extender manteles limpios sobre las mesas, doblar cuidadosamente las servilletas y disponer, ordenadamente, cristalería, cubertería, y los platitos con pequeños envases plásticos de mantequilla y mermelada.

Una vez fuera terminado, todas las chicas tendrían que irse a dormir a sus ínfimas, frías y húmedas casitas, con paredes «adornadas» con cajas de enchufes colgando y cables sueltos como tentáculos de peligrosos pulpos. El clima de las montañas no parecía al mediterráneo: resultaba imposible *entrar en calor* durante la noche, debido al frío y a la humedad.

Todas —sin excepción— acumulaban un hambre feroz, ¡pantagruélica![108], ya que entre su hora de comida y cena, pasaban demasiadas horas trabajando a un ritmo frenético. Por descontado, quedaba absolutamente prohibido tocar la comida sobrante de la cocina, ya que estaba destinada a los tres perros de los dueños. Pero, algún panecillo que otro

---

[108] *Relativo al gigante 'Pantagruel', uno de los personajes de las cinco grandes novelas publicadas en 1532 por François Rabelais, donde se le conoce por tener un hambre y sed desmedidas; además de ingenio, buen humor y su lealtad hacia sus amigos.*

lograba escabullirse bajo más de un delantal, para ser comido a la noche entre las húmedas mantas de sus camas.

Al día siguiente, después del desayuno de las siete, a todas les esperaba una reprimenda. Los dueños las habían hecho formar una fila de vestidos azules y delantales blancos, para reprenderlas seriamente a causa de no haber sido bien limpio el segundo salón. De su milimétrica revisión se encargaba la dueña, antes de servirse el primer turno de desayunos.

También, deberían haber limpiado la piscina y mobiliario exterior, así como repasar las sillas de las terrazas exteriores y jardines. No era propio de aquel establecimiento permitirse un descuido de tal calibre.

Josefina agarró la fregona y enseñó a las trabajadoras cómo debía fregarse el suelo correctamente. La fila de muchachas guardaba silencio con los ojos clavados al suelo y nadie se atrevía a abrir la boca. El marido, mientras tanto, amenazaba con sancionarlas en el sueldo de repetirse el incidente e, incluso llegó a mencionar la palabra «despido».

De repente, se escuchó un llanto silencioso, apenas audible para distinguirlo; pero, a continuación, rompió en un llanto desconsolado. ¡Se trataba de Alicia!

El dueño guardó silencio al desconocer la verdadera causa. Todas dirigían sus miradas hacia Alicia, mientras ello aumentaba su vergüenza al no poder reprimir su propio lloro.

Ni siquiera ella misma hubiera sabido dar una respuesta a aquel desenfrenado diluvio de lágrimas; si era debido a lo grotesco de la situación o por añorar los algoritmos...

Recordaría este día como «el día del suelo sucio y cervezas frías», las cuales sirvió, a la hora del almuerzo, a todos los empleados de las sucursales bancarias de una primera entidad en el sector.

¡Ésta era su vida actual!, y nadie tenía culpa en ello...

Lo mejor sería concienciarse y comenzar a estudiar algo. Le anduvo *dando vueltas* al asunto durante el regreso en autobús, llevando el sueldo de fin de semana en el bolso.

Ya encontraría el tiempo y la forma a partir del siguiente septiembre. *Max* empezaría las clases en el colegio de Ribalta y *Viktor* seguiría con los turnos en Tierra Atomizada, lo cual, la permitiría ajustar los horarios repartidos entre los trabajos de costura; pero no...

¡¡¡No volvería estar en la fila de las malas limpiadoras nunca más en su vida!!!

A partir del lunes, buscaría dónde podría estudiar la carrera de Administración de Empresas y Contabilidad; esta vez, bajo el Plan General de Contabilidad española.

*Viktor* tampoco quiso quedarse atrás cuando Alicia le contó sus planes, ya que, desde siempre, sentía complejo debido a los estudios de su esposa. Decidió formarse como Técnico de Instalaciones Petrolíferas.

La verdad, había muchas plataformas petrolíferas diseminadas por todo el mundo y se ganaba bastante dinero trabajando en ellas; y no un salario mínimo por convenio del sector cerámico en la categoría de peón. Razón por la cual, sólo uno de ambos podría estudiar con el dinero que llegaba todos los meses a casa.

Nuevamente, volvió a prevalecer la mentalidad cosaca y adquirieron un carísimo curso de cinco volúmenes, sobre Normas Básicas de Seguridad en plataformas flotantes, instalaciones eléctricas en las mismas, protocolos de mantenimiento y cuantas áreas tocantes al asunto.

En cuanto a las aspiraciones de Alicia, una vez aprobados los exámenes de acceso, entraría a estudiar en un Centro de Formación Profesional gratuito y auspiciado por la Comunidad Valenciana.

A partir de ese momento, tras hacer la cena y ayudar con los deberes de *Max*, el tiempo quedaría ocupado en resolver ejercicios contables propuestos en la academia. Las clases comenzaban a primera hora de la mañana, terminando cerca de las dos de la tarde. Era momento para los quehaceres domésticos, a los que continuaban la costura y los arreglos hasta la hora de dormir su hijo. Terminadas las oraciones, *hundiría la nariz* en los libros de texto hasta que el agotamiento no la permitiese continuar.

Sin embargo, las ganas de estudiar de *Viktor* pronto se desvanecieron como el humo en un día ventoso. La *comía las entrañas la rabia* de haber malgastado tanto dinero en aquellos carísimos volúmenes y el curso a distancia.

Quizá, por puro despecho económico, Alicia se atrevió a cursarlo en nombre de su marido, de tal manera que obtuviera un Título que, tal vez nunca le sirviera de nada.

Pero como bien decía María, su madre: «Los conocimientos *no pesan* y, en esta vida, nunca se sabe». Esto último ya era habitual para Alicia, quien, desde luego, no lo sabría en esta vida. Pasado un año, recibieron el certificado a nombre de *Viktor*, cómo Técnico de Instalaciones Petrolíferas.

En cuanto a Alicia, realizó los dos cursos en un mismo año, demostrando a los profesores un sólido conocimiento en la materia, ahora enriquecido por el Plan General Contable, por lo cual, con los términos de finanzas aprendidos en castellano, ya se encontraba preparada para jalonar un peldaño más hacia un futuro mejor, en busca de la tan deseada estabilidad e independencia.

*Max* estaba muy orgulloso de su madre, y María no terminaba de dar crédito a lo escuchado a su hija sobre sus pequeños-grandes logros.

Lo que también sí se convirtió en una realidad, fue la imposibilidad para acudir al gimnasio; pero...

¡Estaba segura que, a cada tema le llegaría su momento!

# 14.- CENICIENTA

Alicia era conocedora de que Castellón de la Plana era famosa, entre otras cosas, por ser epicentro de una gran tradición cerámica.

Prácticamente, en cada familia castellonense había alguien trabajando en el sector y, aquel año, estaba siendo especialmente productivo para los fabricantes de azulejos.

Las plantas fabriles —más de doscientas—, repartidas entre las poblaciones de Castellón, Villarreal, Alcora y Onda; constituían la fuente principal del sustento de muchos hogares. Por lo cual, no era de extrañar que Alicia intentara colocarse en alguna de aquellas fábricas. La verdad, fácil no se le presentaba por no tener experiencia previa en el sector y, por más que repartiera cartas con su extenso *curriculum vitae*, nadie parecía estar interesado en sus conocimientos ni aptitudes.

Quedaban total e igualmente excluidos los puestos en la Administración del Estado y departamentos comerciales. Tampoco la admitirían como recepcionista en ninguna empresa. Los responsables y entrevistadores de los respectivos departamentos de Recursos Humanos, leían con cierta incredulidad el amplio, denso y variopinto *dossier* de Alicia, porque les era difícil entender que una economista, con experiencia bancaria y negocios propios de importación y exportación, estuviera buscando una colocación por debajo de sus capacidades. Ante la duda y el resquemor, muy educadamente, la descartaban porque aquello no tenía sentido alguno para ellos.

Lógicamente, sus tres idiomas, que facilitarían en mucho la Atención al cliente —sobre todo extranjeros—, tampoco la servían para promoverse al puesto de recepcionista, ya que la consideraban sobrecualificada para servir cafés en reuniones de Dirección.

Cuando Alicia se dio cuenta del craso error que estaba cometiendo, inmediatamente cambió su currículo, mutilando lo que tanto esfuerzo e ilusión le habían costado. El nuevo *curriculum* sólo presentaba a una sencilla y básica trabajadora. Aceptaría cualquier puesto y, a partir de ahí, demostraría sus ganas de trabajar y, poco a poco, su ingenio y conocimientos, como si se tratara de un regalo desenvuelto por partes.

¡Y esta vez funcionó! Consiguió un empleo en una fábrica cerca de Alcora, a realizar en su línea de esmalte. Tres turnos diferentes con los fines de semana libres y, ¡por fin!, un contrato laboral *por cuenta ajena*[109] ¡Y a su nombre!. Era todo lo que deseaba.

Tener que desplazarse diariamente hasta la fábrica, a treinta kilómetros de casa, no le parecía un gran trastorno, ya que su marido continuaba trabajando en otra, sita en un Polígono Industrial a escasos minutos de donde la habían contratado.

---

[109] *Acuerdo por el cual, una persona cualificada se compromete a trabajar para un empleador, siguiendo sus directrices y recibiendo un salario a cambio.*

Tal vez tuvieran la suerte de coincidir en los turnos para utilizar un mismo coche.

Y así, sin más, Alicia abría un nuevo capítulo a estrenar de su vida. Ya no tendría que dividirse entre tres trabajos, las labores de la casa, arañando minutos de otras ocupaciones para poder dedicárselos a su hijo, sus deberes y entrenamientos. Podría volver a organizarse y llevar un ritmo de vida «normal»... ¡Justo, lo que tanto deseaba desde hacía años!

El primer día resultó ser algo estresante: la gran velocidad de la Línea de Esmalte, hacía parecer imposible la manipulación de los azulejos, aún calientes tras la primera cocción, aunque no lo suficientemente rígidos como para poder manejarlos con soltura. Si se le caía alguno, directamente se convertía en barro al mezclarse con el agua de las balsas bajo la cinta.

En cuanto a la decoración, los esmaltes cambiaban durante el mismo turno: primero había que recubrirlos con engobe[110], para después aplicar el color de base. Seguidamente, por medio de varias pantallas y según el diseño de cada pieza, se aplicaba el color. De ahí, pasaban a disponerlos sobre grandes bandejas que eran transportadas mediante un elevador, hasta un enorme horno que les daría su segunda cocción. Finalmente, pasaban a clasificación y embalaje.

Rafael, se llamaba el encargado de la Sección de Esmalte, y era de Figueroles, un pueblecito de la comarca

---

[110] *Suspensión líquida que se aplica a objetos de barro antes de cocerlos, posibilitando poder conferirles una superficie lisa y vidriada; base de los efectos decorativos, texturas y acabados únicos.*

de Alcalatén, a unos veinticinco kilómetros. Un joven responsable y estricto, aunque educado. Al entrar Alicia a su equipo, supo que debería ayudarla a encajar en aquel entorno, ya que la joven claramente desentonaba con el resto, tanto en su forma de hablar como en su peculiar manera de permanecer callada, que al encargado le parecía suspicaz: siempre seria, como queriendo memorizar sesudamente cada dato, consejo o indicación relacionados con las tareas asignadas. *Rafa* —como todo el mundo le llamaba—, era extremadamente puntual y siempre estaba pendiente de poder corresponder a las ganas de aprender el oficio, por parte de la nueva integrante del equipo. La enseñaba absolutamente todo lo que debía saber con grandes dosis de paciencia, estando permanentemente pendiente de ella durante los primeros días.

Al cabo de tres semanas, Alicia ya se manejaba *como pez en el agua*. ¿Sería cierto aquello dicho sobre una acción que, repetida veintiuna veces, se convierte en un hábito?...

Se desenvolvía perfectamente al ritmo de la cinta, ajustando las pantallas para estampar el color, recolocando piezas para evitar que se cayeran de ésta y, también, controlando la densidad del esmalte y quedara uniformemente distribuido sobre la superficie de los azulejos *en bruto*. Pronto se acostumbró a los turnos nocturnos que acaparaban de diez de la noche, a seis de la mañana.

Por suerte, podía contar con la ayuda de una mujer originaria de Moldavia, *Irina*, que ahora vivía con ellos. Terminaba de llegar a Castellón, pero no había tenido la buenaventura de encontrar un piso que pudiera pagar. Era quince años mayor y parecía una buena persona, aunque lloraba por las noches, intentando atenuar los sollozos contra la almohada. Sus hijas habían quedado al cuidado de su marido, un denodado empresario de *Kishinev*. Ella no había tenido más remedio que emigrar al extranjero para, de esta manera, poder ayudar a su esposo a levantar la empresa con un empleo bien remunerado.

A decir verdad, había muchas extranjeras en Castellón en la misma situación. Moldavas, ucranianas, rumanas o búlgaras, todas ellas trabajando lejos de casa y realizando un enorme sacrificio por sus familias.

Era la orgullosa mujer de un *exitoso propietario* —según palabras de la propia *Irina*— de una empresa, dedicada a la construcción; aunque, realmente fuera ella quien mantuviera a toda la familia. Una situación —por desgracia— bastante común entre las emigrantes, por lo cual, no sorprendía en demasía la conmiseración de Alicia. ¡Cosas más extrañas se han visto!

Aquí, en España, las historias de las extranjeras, esencialmente, parecían estar todas *cortadas por el mismo patrón*; aunque cada desgarradora separación tenía sus propios detalles particulares, por lo cual, cada situación pasaba a ser singular.

Alicia estaba contenta por tener una *nueva amiga* —como gustaba en tildarla—, porque, *sabe Dios*, cuánto se necesitaban la una a la otra. *Max* estaba bien cuidado por ella y el pequeño enseguida desarrolló un cálido afecto hacia «su nueva tía» —como así la adoptó.

Tanto a Alicia como a *Viktor*, les daba apuro y cierta vergüenza, pedir una *aportación mensual*, a cambio de ceder una habitación a la desdichada mujer, porque su situación aún era de lo más inestable. Por lo tanto, acordaron que ayudaría con las tareas domésticas y también velaría por *Max*, además de llevar y recogerle del colegio. ¡Un fantástico acuerdo para todos!

La vida para Alicia parecía haber vuelto a *tomar color*, transcurriendo felizmente la infancia del pequeño entre el *cole*, clases de *Taekwondo*[111] y las típicas travesuras con sus amigos.

Ahora, como de costumbre, salía con su madre, bien temprano cada mañana de sábado y antes de amanecer *Viktor*, para dar un paseo por la ciudad. Momentos que aprovechaban para contarse las anécdotas de la semana, confidencias y disfrutar inmensamente de la mutua compañía. Solían detenerse, ya por costumbre, en su cafetería favorita de la Calle de Enmedio donde, invariablemente, se desayunaban con un zumo de naranja recién exprimido —en vaso grande para él—, y un *café americano* para ella; a lo que acompañaban con una porción de riquísima *coca*[112] de tomate, su preferida. Aquello constituía un *ritual sagrado* para ambos. ¡Gozaban intensamente de la feliz libertad procurada por aquellos momentos!

El nuevo trabajo se acomodaba a Alicia y ésta a él; todo marchaba bastante bien y *Rafa* estaba satisfecho con su

---

[111] *Arte marcial de origen coreano, que desarrolla especialmente las técnicas del salto*

[112] *Torta plana, similar a la 'pizza', con base de masa de harina de trigo y diversos ingredientes dulces o salados, elaborada al horno; típica de Cataluña, Comunidad Valenciana e Islas Baleares.*

labor. Tenía la certeza de no haberse equivocado al contratar *aquella rusa*; su instinto no le había engañado: había resultado ser un *buen fichaje*. Nunca la vio en torno a la *máquina del café* que se encontraba al otro extremo de la nave, porque traía de casa un pequeño termo. En añadidura, el tiempo de sus almuerzos suponían la mitad de tiempo que el de sus compañeros. Era claro tomarse su trabajo muy en serio.

Tampoco faltaban las rencillas laborales sin importancia, sobre todo con Carmen, su compañera y encargada de la segunda Línea de Esmalte. La actitud de Alicia claramente la molestaba:

—«Si *la novata* —razonaba con maldad—, es la que marca el ritmo de trabajo en la cinta... ¡incluso los tiempos para el almuerzo! —recordó cuando volvía al trabajo con la boca aún llena— ¡¿En qué posición me deja ella como superior directo que soy suya?! —se preguntaba Carmen cuando la carcomían los celos laborales— ¡¿Quién se habrá creído «esa»?!... ¡Una estúpida inmigrante! ¡Eso es lo que es! ¡Vienen aquí a quitarnos el trabajo!»

El temor de Carmen estaba fundamentado en que, al llevar casi un año en el mismo puesto y faltar menos de dos meses para firmar su contrato laboral como *indefinido*, podían *echar al traste* sus aspiraciones para serles concedida —junto a su novio— la hipoteca de un piso nuevo en Figueroles, para casarse justo después. Tal vez, hasta incluyeran los gastos de la boda. El tema iba más allá de lo puramente laboral. Para ella estaban en juego ambos futuros: el propio suyo en la fábrica y el de su matrimonio que ya comenzaba a verlo como «posible matrimonio». Era claro que Carmen luchara por ellos *con uñas y dientes*.

Una de las noches del relevo nocturno, comenzó tranquila y sin las inevitables averías, usuales en mecanismos funcionando las veinticuatro horas del día. Alicia ya había adquirido una envidiable destreza con el manejo de piezas del formato mediano, no tan fácil de perfeccionar; sobre todo en operaciones tan largamente repetitivas que requirieran constante atención para evitar, en la medida de lo posible, fallas de manipulación que, a la larga, ocasionaban sensibles pérdidas a la fábrica. Ajustó los cabezales y puso la cinta en marcha para aplicar a las baldosas un bonito color marfil con vetas marmóreas. Precisamente, un nuevo modelo que había tenido mucho éxito en la última feria y generaba desde entonces, importantes pedidos de los clientes. ¡*Se vendía como churros*!

Entonces, Carmen se le acercó con una *inocente* sonrisa para ofrecerla *un valiosísimo consejo* a su nueva compañera: le recordó, no sólo la importancia de reducir el número de piezas que terminaban en las balsas de agua, sino que igualmente debía hacerse en el cajón de la elevadora mientras las bandejas subían y bajaban al horno. También añadió que todo lo que cayera en la balsa debía ser recogido con una pala y desechado en enormes cubos hasta el contenedor de residuos.

Alicia asintió, agradeciendo a su compañera el consejo. A continuación, tomó la pala y un cubo para comenzar con la nueva tarea. Un rato después, cuando iba ya por la mitad, llegó *Rafa*. La observó y se quedó pasmado.

—¿Qué se supone que estás haciendo, Alicia? —preguntó aproximándose curioso y sorprendido.

—Limpiar la balsa... —respondió diligente ante la obviedad—, ¡qué va a ser! No te preocupes, no me queda mucho, enseguida vuelvo a la cinta —intentó tranquilizarle a la vez que aceleraba las paladas.

—Y... ¿por qué?, si puedo preguntar? —añadió aún más intrigado.

—Pues porque no lo había hecho hasta ahora y se han acumulado demasiadas piezas rotas. Se han mezclado con el agua y ¡mira que desastre! —confesó con cierto cargo de conciencia en el tono y en el rostro.

*Rafa* no pudo más que carcajearse ante el desconcierto de Alicia. Se hallaba pringada de barro, *de pies a cabeza*, sosteniendo una pesada pala que superaba su propia altura. La expresión de ella al oír las risas no era de las más afables; había estado peleando con el barro y, como mínimo, resultaba pesado y desagradable. Cuanto más se reía, mayor era el enfado de la muchacha y, cuando el primero recuperó la compostura, se aproximó a ella y la tomó por los hombros, quitándole la pala de las manos. Alicia continuaba atónita y desconcertada.

—¿De dónde ha salido tan brillante idea?... —preguntó con tono cómplice.

—Me lo dijo Carmen. Yo no sabía que era algo habitual en la fábrica y no le había prestado mayor atención anteriormente. Lo siento —añadió contrita—. Tranquilo, a partir de ahora, lo haré, al menos, una vez cada dos días, justo mientras se cambian los esmaltes.

—¡Ay, hija mía! —se conmovió *Rafa*, al descubrir la chanza de la que había sido objeto Alicia—. Las balsas no se limpian a mano; lo hace una maquina especial una vez a la semana, aunque tampoco los deja *como una patena* como has hecho tú. Desde luego... ¡te esmeraste! acompañó con una risita a su asombro revestido de sincero halago.

—Carmen te ha hecho una *novatada*, quiero suponer... ¡Anda!, ve a ducharte que ya casi estás terminando el turno.

Aún con todo, la profesionalidad de la chica seguía *a flote* y aclaró referente al turno de trabajo:

—Aún me queda media hora para vigilar el cajón de la elevadora y recoger las piezas que caigan al suelo. —añadió elevando la voz mientras se dirigía hacia la celda donde subían y bajaban las bandejas con los azulejos recién esmaltados.

Antes de que *Rafa* pudiera decir o hacer nada, Alicia ya se encontraba dentro, recogiendo piezas rotas y vigilando la plataforma de la elevadora que descendía a un metro del suelo. *Rafa* gritó:

—¡*La madre que te parió*!, ¡Sal de ahí! ¡¡¡Rápido!!! —gesticulaba con ambas manos mientras corría hacia ella.

Alicia, atónita y asustada, se detuvo de inmediato.

—¿Que ocurre?

*Rafa* abrió deprisa la puerta de la celda y la sacó fuera sin miramientos.

—¿Por qué te has metido ahí? ¡Sabes lo peligroso que es! ¡¡¡Podrías haberte matado!!!

Alicia no contestó, pero la agitación y pánico de *Rafa*,

buscaron su objetivo. Carmen se encontraba a unos tres metros tras ellos. La fulminó con una mirada nada halagüeña y la encaró visiblemente disgustado:

—¡¡¡¿¿¿También idea tuya???!!! —gritó con el rostro enrojecido; aunque no esperó respuesta. Marchó marcando sus iracundas zanjadas, antes cometer cualquier acto del que pudiera arrepentirse.

Unos instantes después, Alicia se fue al vestuario, imaginándose las consecuencias de lo que terminaba de ver, dudando entre reír o llorar; pero, el turno de noche, el de esa noche en especial, desde luego, había sido productivo.

Tras ducharse y cambiarse de ropa, salió al exterior. Su turno había concluido. *Viktor* la esperaba fuera y se mostraba sonriente:

—Hola, tengo una sorpresa para ti. ¡Te va a encantar!

—¡Cuenta, cuenta! —le animó Alicia— Hoy he tenido, literalmente, una jornada de barro, pero ya te contaré después —anunció eligiendo finalmente reírse de sí misma. ¡Dime!

Hoy he visto un anuncio en el periódico —anunció mientras giraba la llave de contacto del automóvil—. Una gestoría de Castellón necesita un auxiliar administrativo con experiencia, así que me he acercado por allí. Está al final de la Avenida de Valencia. Los dueños son una pareja de más o menos nuestra edad. Les hablé muy bien de ti, tus estudios y experiencia. Parece que les gustaría hacerte una entrevista... —dejó la última palabra en el aire, como si se tratara de un juego de prestidigitación.

—¡En serio! —exclamó Alicia, quien no daba crédito a lo que habían escuchado sus oídos. Era la primera vez en muchos años que *Viktor* se preocupaba por ella— ¡¿Cuándo?! —preguntó impaciente.

—Mañana a las nueve de la mañana. Te da perfectamente tiempo para arreglarte después del turno —contestó.

Al día siguiente, diez minutos antes de la hora fijada, Alicia ya se encontraba frente a la puerta de la gestoría. Bajo el brazo llevaba una carpeta con toda la documentación que creyó necesaria: DNI, permiso de trabajo, certificados y títulos académicos, incluso cartas de recomendación de antiguos jefes que solicitó en su momento.

Estaba muy nerviosa, ¡¿cómo no?!, si no sabía muy bien qué contar sobre sus estudios y experiencia laboral; pero, su *Via Crucis*[113] anterior con la búsqueda de empleo, le dictó omitir la carrera universitaria y los emprendimientos internacionales; por lo que se redujo al título de Formación Profesional en Gestión Administrativa, y una carta de recomendación escrita personalmente por *Tica*, la directora del Centro, halagando sus conocimientos y provecho.

Gracias que la directora era española, los términos en los que se hallaba escrita la recomendación, lucían un

---

[113] *Sufrimiento personal intenso y prolongado, similar al camino de dolor que sufrió Jesús cargando con su propia cruz. Metafóricamente, refiere una serie de dificultades, pruebas y sacrificios que alguien debe soportar con resignación.*

impecable castellano.

Alicia, gracias a las muchas conversaciones mantenidas en la terraza de los desayunos, la permitieron manejarse dialécticamente con bastante soltura durante la entrevista. También puso de relieve sus conocimientos sobre nóminas y contratos, así como de asientos contables.

La exposición de la aspirante fue impecable, cosa que a *Mariló*, su futura jefa, le hizo caer bien enseguida y a su marido, Federico Plá, un reputado gestor castellonense que también se hallaba presente en el despacho.

Ambas manos estrecharon la de Alicia en señal del acuerdo. Comenzaría un periodo de dos semanas *a prueba*, para ver cómo se desenvolvía en la oficina, conviniendo que acudiera unos días por la mañana y otros por la tarde, para poder compaginarlos con los preceptivos días establecidos por ley en la transición entre empleos.

No obstante, el instinto femenino de *Mariló* la llevó a asegurarse:

—Bienvenida, Alicia, pero... ¿seguro que podrás aguantar este ritmo?

—¡No lo dude! —contestó sin vacilación alguna.

Tal cual transcurrieron aquellos quince días y, cuando terminaba el turno de noche en la fábrica, corría a casa para quitarse los *polvos arcoíris* bajo la ducha que se habían adherido al cabello y piel.

Feliz, inmensamente feliz de su suerte, representaba bajo el chorro de agua:

«Y ahora..., damas y caballeros, presenciaremos cómo

una esmaltadora se convierte en... ¡un redoble, por favor, maestro! Se convierte en... Nada más y nada menos que en... ¡¡¡Una gestora, señoras y señores!!!»

Y comenzaba a aplaudir esparciendo la espuma que tenía sobre las manos.

Como la mismísima *Cenicienta*, se puso el vestido nuevo adquirido *aprisa y corriendo* para la ocasión, unos ligeros retoques de maquillaje y, tal que la guinda de un pastel, unas sutiles gotas de su perfume favorito: *Tresor*[114], regalo de *Irina* por su cumpleaños.

Como una verdadera *princesa de cuento*, *Cenicienta* partía feliz y sonriente para cruzar la ciudad, caminando hacia su merecido *Palacio*: la gestoría.

---

[114] *Icónico perfume femenino de la firma 'Lancôme', lanzado en 1990. Se caracteriza por su aroma floral oriental, cálido y romántico, con notas de rosa, albaricoque, melocotón y vainilla. Se trata de una fragancia clásica y elegante, símbolo del amor y la feminidad.*

# 15.- EL REENCUENTRO

El trabajo de la gestoría le proporcionaba un enorme placer... Quizá «enorme placer» no sea el término más adecuado para referirse a labores contables y gestión de nóminas, pero bien que las disfrutaba: con verdadera ilusión de «volver a casa». ¡Por fin podía dedicarse a su vocación y profesión! —ahora sí, con todo el orgullo del mundo, podía decir que era contable.

Tres meses después, la aumentaron el sueldo sustancialmente; había demostrado su valía sobradamente y mantenía una relación cordial con los compañeros de trabajo. En realidad, se sentía valorada por los dueños del despacho.

Con el tiempo, la relación profesional fraguó en una bonita amistad: *Mariló* la hacía partícipe de algunas confidencias propias, y Federico, análogamente, delegaba en ella más y mayores responsabilidades.

Por lo general, la clientela —más de cincuenta empresas de varios sectores—, era muy amable con la nueva chica recién incorporada. Poco a poco, Alicia fue recuperando la fe y la confianza en sí misma. No pasaba día sin dar gracias a Dios por tanta gentileza para con ella.

Su vida tornó significativamente mucho más tranquila y organizada, pudiendo permitirse soñar y hacer *planes de futuro*. El primero lo dedicaría a su añorada familia, a quienes, algún día, volvería a besar y abrazar, ya que la casa parecía un remanso.

En otros aspectos, *Max* crecía feliz. Había hecho muchos amigos y se interesaba por otras aficiones, como haber heredado la pasión de su tío *Slava* por la lectura, como lo fueron los reconocidos títulos, «El arte de la guerra» de *Sun Tzu*[115] y «El libro de los cinco anillos» de *Miyamoto Musashien*[116].

Definitivamente, el legado de la cultura china y japonesa le originaba profunda devoción por la lectura. Quizá, el honor de los samuráis y su espíritu guerrero, le recordaran a los cosacos. Alicia no podía ser más feliz con el hecho de la continuación de su hijo por la senda familiar, convirtiéndose así en un asiduo lector con especial interés por la Historia y la Filosofía.

Como consecuencia colateral, ahora, los tradicionales paseos matutinos con su madre los fines de semana, inevitablemente desembocaban en la librería Plácido Gómez, en busca de alguna joya literaria. ¡Eso sí, por supuesto!, después de haber pasado por su cafetería favorita para tomar su acostumbrado desayuno. ¡Hay cosas

---

[115] *Tratado militar chino escrito en el siglo V a.C. Considerado una obra maestra de estrategia y táctica, las cuales han influido en líderes militares, políticos y empresariales a través de los siglos.*

[116] *Compendio clásico sobre estrategia samurái que, a través de cinco capítulos que exploran los cinco elementos —Tierra, Agua, Fuego, Viento y Vacío—, enseña principios de disciplina, percepción y adaptabilidad; aplicables tanto al combate como a la vida cotidiana. Hoy por hoy, sigue considerándose como una obra de gran relevancia en referencia al planteamiento de estrategias y el desarrollo personal.*

que nunca debieran cambiar!... Ésta era una de ellas.

La biblioteca personal de *Max* comenzó a formarse igual que un fondo cultural, propiedad de alguna institución bancaria ejerciendo el mecenazgo, donde no faltaban magníficas ediciones ilustradas sobre el Antiguo Egipto, una singular biografía sobre Alejandro Magno y sin faltar las interesantísimas réplicas de los cuadernos de *Leonardo da Vinci*, entre otros.

Regalarle un ejemplar algún libro de su interés, en formato especial para coleccionistas, junto a una gran caja de construcciones Lego, se convirtió en costumbre cada Navidad y por su cumpleaños. Especial mención merece el espectacular estuche, de «El arte de la guerra» en edición limitada, el cual continúa ocupando un lugar preponderante en sus anaqueles.

El niño crecía curioso, educado y bastante empático; aunque, para disgusto de su padre, ambos tenían muy poco en común. *Viktor* procuraba no provocar grandes terremotos en el matrimonio, pero seguía siendo una persona de difícil trato, tanto para su mujer como para su hijo y, su adicción al alcohol, lo agravaba.

Sólo Dios sabe qué le movía a *empinar el codo* cada vez que se le presentaba la ocasión y, de no haber alguna, se la inventaba. El tema empeoraba debido a la creciente agresividad cuando había bebido demasiado y, cualquier excusa, le valía para *liarla*, lo cual convertía la convivencia en algo extremadamente difícil de asumir.

Tampoco servían para nada, suplicar que lo dejase o poner límites a su adicción. El maltrato psicológico arraigó en la familia durante largos años; aunque, la situación *era la que era* —según tradición cosaca—, y habría que adaptarse a ella de alguna forma. ¡Claro que tenía algunos momentos de lucidez!... Le llevaban al remordimiento, pero duraban bien poco y fueron cada vez más escasos.

Alicia recordó uno de ellos: fue durante una conversación tomando café en «Di Roma», una acogedora cafetería frente al Mercado Central de Castellón, justo en la Calle Mayor.

*Viktor*, después de una de las habituales borracheras, seguida de bronca, con sus ya, insalvables insultos y violencia. Al día siguiente solía invitar a su mujer para dar un paseo y le compraba una rosa. Se sentaban en la mesa de café manteniendo una y otra vez la misma cansina conversación sin solución. Él se arrepentía y lamentaba; ella fijaba la mirada en el infinito porque... ¡ya no podía más!, cada vez la mermaban más las fuerzas y la esperanza, pero siempre le pedía que mantuviera a *Max* al margen de las disputas conyugales de ambos.

Pero, aquella vez hubo algo nuevo en sus disculpas: admitió lo que nunca antes tuvo valor para reconocer:

—Eres una buena persona, Alicia —comenzó—. Y también una buena esposa, guapa y lista... —a continuación, tras una pausa, como si se le atragantasen las palabras, su rostro demudó— Pero yo... Yo tengo mucha oscuridad dentro —concluyó fijando la vista en la rosa de turno que descansaba sobre la mesa de la terraza.

Alicia, hace ya tiempo, comprendió que las personas no cambian; mejoran o empeoran, disimulan o mienten, pero no cambian en esencia. El caso de *Viktor* lo tenía asumido. Ahora, ella necesitaba un tiempo de calma para poder recomponerse y recuperar fuerzas. Nada ni nadie debía perturbar la frágil paz conseguida con tanto esfuerzo.

Un hecho que vino a reforzar este propósito fue el mensaje de texto que la envió María. Extremadamente conciso, pero ampliamente revelador:

«¡*Ivanych* ha muerto!».

Durante todos estos años, desde que inmigraron a España, Alicia vivía con un miedo atroz en el cuerpo. ¿Qué ocurriría si la encontraba?... Ella sabía que los hombres de *Ivanych* hicieron más de un viaje a España para poder encontrarla.

La buscaron por Sevilla, Toledo y Madrid. Intimidaban a María —su madre—, con amenazantes visitas para sonsacarla alguna pista sobre el paradero de su hija. Se apropió de la casa donde abusó de Alicia y también del aserradero en los Cárpatos; pero no le bastaba con ello... ¡La quería a ella! ¡Su obsesión por Alicia era enfermiza!

Pero, ahora, gracias a Dios, él ya no estaba. ¡Había desaparecido de la faz de la Tierra y, con él, su constante amenaza y peligro!

En una de las llamadas a su hija, María le contó todos los pormenores:

*Igor*, un joven deportista y gran promesa de la lucha libre, era hijo de *Ivanych*; aunque no quería saber absolutamente nada de los oscuros negocios de su padre; no como su hermana menor que esa sí que era un caso perdido desde su niñez; había seguido los pasos de su padre, como si fuera un músico al interpretar una partitura llamada «padre».

Pues este tal *Igor*, habitaba la casa que Alicia y su familia abandonaron *a toda prisa* para huir a España. Una espaciosa vivienda de seis dormitorios.

Como decía, si bien *Igor* llevaba una vida *decente* entregada al deporte. No así *Ivanych*, quien —hasta donde se sabía—, controlaba negocios de contrabando de tabaco y alcohol de toda la ciudad, lo cual, lógicamente, le surtía de enemigos tan despiadados como él, acechando la menor oportunidad para arrancarle un trozo del suculento pastel.

Desconociendo los detalles, se enteró de que una noche, *Igor* había sido asesinado por dos balazos a quemarropa: uno en el corazón y otro, definitivo, en medio de la frente.

Su madre, la «esposa oficial» de *Ivanych*, *Lyudmila*, no pudo soportar la pérdida de su hijo y trazó un plan para vengar su muerte. *A ojos de ella*, su marido era el único culpable y puso en marcha su particular *vendetta*[117]. Durante los siguientes meses fue añadiendo unas gotas de veneno al té verde que, de costumbre, tomaba *Ivanych* diariamente, hasta que la dosis acumulada en su sangre acabó con su vida. No hubo investigación policial. El codicioso y cruel mafioso resultaba una continua *molestia*, tanto para las Fuerzas del orden, como para el resto del hampa de *Mariupol*, por lo que resultó ser «un crimen perfecto» que fue archivado con premura ni preguntas.

Todo esto se lo contó la reciente viuda a María, un día que apareció en casa de esta última. Quizá la hubiera hecho partícipe de este macabro hecho, en reconocimiento del daño infringido por el finado a la familia de María; aunque

---

[117] *Italianismo que significa «venganza», derivada de rencillas entre personas, familias, clanes o grupos rivales, con resultado mortal.*

la hizo jurar no contárselo a nadie, salvo exclusivamente a Alicia, por entenderlo como una extensión de su disculpa.

En consecuencia, *Lyudmila* nunca fue juzgada.

Durante la escucha del suceso narrado por su madre, Alicia no pudo pronunciar palabra. Se encontraba totalmente abrumada por la noticia; aunque, por otra parte —cuando pudo reflexionar mínimamente—, cayó en cuenta que, la amenaza sobre ella y su propia familia, había cesado para siempre. Ya podría viajar para abrazar a su madre y seres queridos; pero también tenía por cierto que el *karma*[118] devolvía lo sembrado con creces. Aun así, no se compadeció lo más mínimo. Alicia ya no tenía piedad por nadie y ni siquiera, por los hijos inocentes de los villanos.

La sombra que perseguía a Alicia durante los últimos años había desaparecido para siempre.

-------------------------

Pronto tendría vacaciones y estaba preparando su primer viaje a Mariupol desde su llegada a España. Las emociones la brotaban explosivas en forma de risas y lágrimas. *Max* estaba aún más eufórico: ¡tenía tanto que contar a los abuelos! Y Claudia tampoco podía creer que al fin sus plegarias hubieran sido atendidas.

Antes de marchar, compraron regalos para todos. La alegría era más que un sentimiento invadiendo sus

[118] *En algunas religiones de la India, energía derivada de los actos de un individuo durante su vida, la cual condiciona cada una de sus sucesivas reencarnaciones hasta alcanzar la perfección.*

corazones: ¡Podía palparse en el aire!

Al aterrizar en el Aeropuerto Internacional de *Borýspil*[119], se apresuraron para pasar los controles, recoger el equipaje y salir corriendo para abrazar a María y *Stanislav*, quienes, por su parte, hicieron aproximadamente mil kilómetros en coche para ir a recogerles al aeropuerto y traerlos a casa.

Verdaderamente, cuán difícil resulta encontrar las palabras justas para describir encuentros tan añorados que, no sucediendo a menudo, quedan fotográficamente *grabados a fuego* en la memoria. Pasarían muchos años más; pero, aquella tarde de agosto, hasta el último detalle, incluso el olor de cada uno, siguen acompañándola cada vez que rebusca en el pasado.

Como el viaje para todos había sido bastante cansado, decidieron pasar la noche en un hotel cercano al aeropuerto, para temprano del día siguiente, dirigirse llenar de besos y abrazos a la *abuela Claudia*. Ni María ni Alicia consiguieron dormir: estuvieron hablando toda la noche entre ellas, salvo los momentos en silencio con los ojos anegados de lágrimas. Cerca del amanecer, Alicia quedó profundamente dormida, descansando la cabeza sobre las rodillas de su madre.

De camino, detuvieron el trayecto para pernoctar en un *hotel rural*[120] y dedicaron el día a disfrutar de un paraje

---

[119] *Aeropuerto más grande de Ucrania, a unos 29 km al Este de Kiev que recibe la mayoría de vuelos internacionales.*

[120] *En Rusia, no existen 'Paradores de Turismo' propiamente dichos. ya que se trató de una iniciativa exclusivamente del turismo en España. Sin embargo, Rusia cuenta con una gran cantidad de hoteles*

espectacular: bosques y prados congeniaban con el azul del cielo, acompañados del trino de los pájaros. Todo aquel paisaje devolvía a Alicia una profunda alegría de vivir. Pensaba que, tal vez, los reveses de la vida habían tenido algún sentido: ¡ése!

Sin embargo, para *Max* los recuerdos se mostraban distintos. Recordaba perfectamente su infancia en *Mariupol*, pero los años transcurridos en España, bastaron para estar desconectado del país donde nació. Aunque no tenía mayor importancia: se encontraba con su abuela e idolatrado tío; y, en el espacio de unas pocas horas, con la *abuela Claudia*.

María sorprendió a todos con dos grandes cestas sacadas del maletero del coche, conteniendo el almuerzo que, dicho sea de paso, era digno de zares. Incluso trajo un mantel de seda blanca bordada, para vestir la enorme mesa de madera del hotel. ¡El banquete estaba servido!

Había desde frutas de su propio jardín, *pierogis* preparados por ella misma, caviar de esturión, hasta deliciosos embutidos de elaboración propia. Tampoco podía faltar un vino tinto espumoso, *Brut Cabernet Sauvignon*, de Crimea, favorito de ambas, que había sido servido —sólo a las mujeres—, en delicadas copas de cristal tallado. También hicieron presencia los dulces que recordaba *Max* de su infancia, así como regalos y más regalos. ¡Era como estar en el Paraíso!

Aquellos fueron unos momentos muy bonitos de la vida, que anidaron para siempre en nuestros corazones;

---

*históricos y edificios emblemáticos que ofrecen alojamiento de alta calidad.*

para, cuando suceden agrios pasajeros o se siente sólo y perdido en la oscuridad, salen a relucir como ángeles que evaden de los malos recuerdos y las sombras.

Las dos semanas siguientes de vacaciones en la casa de los abuelos trascurrieron tremendamente deprisa. La familia, reunida como en tiempos pasados y ante la mesa grande del jardín, tenía ahora un nuevo miembro: una preciosa niña, la hija de *Stanislav*, Olga; aunque todos la llamábamos *Olguita.*

Era un *sol de niña*, ¡Y se parecía tanto a Alicia de pequeña!... *Max* estaba muy orgulloso en calidad de *hermano mayor*. La pequeña, desde su nacimiento, había estado escuchando las historias narradas por la *abuela Claudia*, acerca de su tía Alicia. ¡Por fin la conocía personalmente! Por otro lado, *Max* no se apartaba de *Stanislav*, mientras *Olguita* revoloteaba, cual mariposa, alrededor de su tía. Se habían hecho inseparables: dormían, jugaban, y en la mesa, se sentaban una al lado de otra. *Olguita* depositó en ella todos sus inocentes secretos a *su Ángel* —como así llamaba a su tía.

¡Ya eran cuatro mujeres en casa, ahora!

Pero... bien sabido es que la felicidad no dura para siempre y el día de regreso se acercaba acechante. Por ello, las alegres conversaciones sobre la mesa, a menudo se interrumpían por tácito y entristecido silencio. Las mujeres descendían las miradas para esconder furtivas lágrimas y los niños podían percibir el desconsuelo flotando en el ambiente. Unos instantes que cesaban cuando volvían a oírse las risas de nuevo, desapareciendo melancolía como por arte de magia. No querían desperdiciar ni un momento;

ya habría tiempo después para llorar la despedida.

Llegado el día, Alicia vio a Claudia ante la puerta de la casa; espalda erguida, como de costumbre, y llevando un bonito vestido blanco, bordado con flores azules que le había confeccionado María para la ocasión. Sus pupilas ámbar, anegadas de lágrimas, con una única e inevitable pregunta:

¿Volverían a verse?...

## 16.- ¡*EUREKA*!

A la vuelta de vacaciones, ya en España, Alicia encontró una nota sobre su mesa de la gestoría:

«Necesito que me busques un esmalte metálico. A ver si en Rusia lo tienen.

Julián.»

No se sorprendió por el contenido de la misiva, habitual en amistades y conocidos, para preguntarle acerca de las oportunidades de negocio con Rusia; aunque, *a priori*, desconocía si fuera posible encontrar tal esmalte. No estaba muy al tanto sobre estos productos. Suponía que directamente habían asociado su anterior empleo en la fábrica de azulejos con el esmalte; pero, ¿por qué no intentarlo?, al fin y al cabo, no perdía nada con indagar.

Al rato, se dirigió al despacho de su jefe:

—Federico, ¿podrías proporcionarme más detalles sobre esta nota? —aludió alzándola entre los dedos.

—Poco sé más, Alicia. Cuando estabas de vacaciones, vino Julián y me comentó algo en referencia al proyecto de una fábrica de esmaltes. Al parecer, están desesperados por desarrollar un acabado para una línea de azulejos que imite el metal lo más parecido posible. Por lo que puede verse, sus experimentos no han dado resultados satisfactorios. Lo mejor es que hables directamente con él. Dijo que vendría mañana.

Julián Gómez era uno de los clientes más peculiares e importantes de la gestoría. Tenía una empresa unipersonal[121], pero su volumen de facturación era bastante elevado, lo cual no desentonaba con sus horarios tan *flexibles*, manteniendo una serie de numerosos contactos de gente verdaderamente importante. Alicia colegía que hacía las veces de intermediario. Sabido de todos es el dicho empresarial: «Comprarás y venderás, pero nunca fabricarás».

Aquel mismo día de su regreso, había propuesto una comida a los compañeros del despacho. Alicia había traído para todos algunos detalles de su viaje a Rusia: cajas de bombones de chocolate rellenos de cerezas; otras de ricas galletas de mantequilla y, por supuesto, *matrioshkas*[122] de todos los colores; aunque, las rojas, por antonomasia, son las más tradicionales, comparadas con las azules o verdes que también trajo.

Ya terminada la jornada laboral y, por consiguiente, también la comida de agasajo; de vuelta a casa. Pensaba en

---

[121] *Organización empresarial en la cual, una sola persona figura como propietario, siendo exclusivo responsable de todas las operaciones del negocio.*

[122] *Llamadas también 'Muñecas rusas', están torneadas en madera, siendo cada una lo suficientemente grande como para albergar dentro la de tamaño inferior. Datan del siglo XIX, simbolizando la maternidad y tradición familiar. Decorativamente, representan mujeres campesinas y personajes de cuentos, siendo un referente de la cultura rusa.*

lo feliz que estaba siendo y lo mucho que le gustaba trabajar en aquella gestoría; cuando recordó la nota de Julián. Cuanto más pensaba en ello, más intrigada estaba. Realmente, resultaba un halago que hubieran pensado en ella.

Al día siguiente, justo antes de la hora de la comida, llegó Julián entrando con su propia llave de la puerta. Se alegró de encontrar a Alicia en su mesa.

—Tu nota me ha quitado el sueño —bromeó ella saludándole con dos besos cuando se levantó.

—Entonces... ¿he de recompensártelo con una comida? —entendiendo que Alicia lo había logrado— ¡Vamos!, así te lo explico todo con detalle.

Al ver que ella no contestaba de inmediato, sonrió a medias.

—¿Trato hecho? —invitó Julián con la palma abierta en dirección a la puerta de salida.

Comieron en el restaurante chino que había frente al despacho. El dueño —¡cómo no!— también engrosaba la cartera de clientes de la gestoría, por lo que el trato fue bastante afable y familiar.

Mientras esperaban los platos encargados, Julián anduvo explicándola cómo y por qué había llegado el asunto a sus manos.

—En la provincia hay tres grupos muy importantes dedicados al sector cerámico —inició—, quienes, a su vez, suministran al resto de empresas. Obviamente, la competencia es más que feroz. ¡Un reducto de pirañas! —sonrió con una mueca al utilizar la hipérbole.

—Los tres llevan varios años intentando desarrollar un esmalte metálico de alta duración para sus baldosas; pero, aunque atractivo, ninguno de ellos lo ha conseguido: ni la durabilidad ni un proceso mínimamente rentable. Cualquiera de ellas ha obtenido una pila de fracasos en todos los ensayos.

Alicia prestaba tanta o mayor atención como cuando les explicaban algún procedimiento en la fábrica de azulejos.

—Si supieras cuál ha sido el montante de cada laboratorio durante estos años... ¡Hablo de docenas de millones de euros, Alicia! ¡¡¡Cada uno!!! —aquilató abriendo desmesuradamente los ojos mientras su dedo índice parecía empeñado en atravesar la mesa por sí solo— ¡Y nada!... ¡No hay manera!

Julián cambió su agresiva postura por otra que no llamase tanto la atención, ya que parecía una pelea verbal entre cónyuges. Miró a ambos lados y bebió un sorbo de agua. Ahora, ya con la espalda apoyada sobre el respaldo de la silla, continuó:

—¿Entiendes de verdad lo que está en juego?... El primero que toque la *cucaña*[123] se lleva el premio. Un premio... ¡*de los gordos*! ¡¿Comprendes?!

—Te explicas, Julián... te explicas —respondió ella, sin que su jefe notara la fina ironía implícita: «¿Comprendes?» es algo que sólo se dice a los tontos, pero optó por dejarlo pasar y centrarse en recabar más información. Pero ¿qué

---

[123] *Competición rural y tradicional de gran dificultad, donde los participantes intentan trepar por un poste vertical engrasado, con el fin de alcanzar un premio situado en su extremo.*

tienes tú que ver en todo esto? Si me baso en tu propia facturación, deduzco que estás metido en negocios de construcción; no en los cerámicos... ¡Y menos en fabricación! —apostilló—. No veo lógica.

—Bueno, —vaciló su voz—. ¡Ya sabes cómo funciona esto! Uno conoce a gente... Y esta gente a otra gente... Y esa gente a otros... ¡En fin!, que el mundo es un pañuelo.

—¿¿¿Entonces no es para tu empresa??? —preguntó totalmente extrañada, queriendo saber para quién había comenzado las gestiones en realidad; pero, al parecer, Julián no estaba dispuesto a revelar el secreto.

—No exactamente —retomó *el hilo de la cuestión*—. Pero, si lo consigues, te presentaré a la persona quien me pidió la averiguación.

—¡¿Y por qué Rusia?! ¿No se os ha ocurrido buscar en otros países?... —contraatacó insistiendo en llegar al *meollo del asunto*.

—Por lo que sé, los italianos están igual que nosotros. O sea: ¡nada!; aunque todo el mundo sabe que, en la antigua URSS había muchos laboratorios de todo tipo y no todos los avances técnicos y descubrimientos han salido a la luz. ¡Válgame Dios, Alicia, sois famosos por vuestros inventos! A lo mejor, con algo de suerte... —dejó la posibilidad en el aire como quien compra un boleto de lotería.

—¡A ver, Julián! Te expongo: el asunto parece realmente muy serio y digno de concienzuda reflexión. Dejame pensar e indagar a mis contactos —maniobró hábilmente para darse cierta importancia—, y te digo algo —resonó con eco la última palabra, al estar apurando la taza con té de jazmín.

—De acuerdo, ¡cuento con ello! Gracias.

---------------------------

La petición de Julián *hacía aguas por todos lados*[124]. Contrariamente a lo que había dado a entender, no sabía con exactitud, el qué y ni dónde, podría encontrar aquella información. Si el peculiar esmalte no existía hasta el momento y, en añadidura, las empresas más importantes del sector habían gastado verdaderas fortunas sin éxito alguno... ¡¿qué opciones podría tener ella?!

Otro aspecto que la incomodaba era el desconocimiento de para quién tenía que hacer realmente las gestiones. Le daba la sensación de que había demasiada gente involucrada *en busca del tesoro*. De momento, todo eran preguntas y ninguna respuesta. ¡Mal comienzo!

A decir verdad, para una apasionada amante de los retos como Alicia, el asunto la atraía cada vez más, como los seductores ojos de una hurí[125]. Aquel reto la había desafiado internamente y se propuso ganarlo.

Finalmente, acordaron que Alicia *tantearía el terreno*

---

[124] *Expresión coloquial con el significado de que algo se encuentra en muy mal estado, con graves problemas manifestándose por todas partes, como un barco lleno de agujeros y entrara el agua sin control.*

[125] *Según la religión musulmana, cada una de las bellísimas mujeres creadas como compañeras de los bienaventurados en el* 'Yanna' *o Paraíso.*

y, si encontraba alguna pista, se lo haría saber.

A partir de aquel día, pasó las noches buscando cualquier información que pudiera arrojar algo de luz sobre el tema. Visitó las *páginas Web* de las mejores fábricas de cerámica en toda Rusia, pero no halló nada igual o semejante a lo buscado. Sí bien era cierto que algunas poseían piezas ornamentales, bañadas en oro o plata, aunque a precios desorbitados y con la limitación de ser exclusivamente limpias con agua y jabón neutro, frotado con una esponja suave.

Y cuanto más estudiaba los informes de los laboratorios publicados en *Internet*, mayor era su empeño en encontrar aquel *Santo Grial*[126]. Tampoco halló nada en las páginas de las mejores universidades de Estados Unidos, Alemania o Italia. Traducía interminables ensayos comparándolos entre sí, con la esperanza de encontrar alguna pista. Aquello era como estar en el *Laberinto de Dédalo*[127] y tener en la mano el hilo de Ariadna, pero sin conocer si estaría el *Minotauro* atado al otro extremo ni adónde la conduciría. Rendirse nunca había sido propio de ella. ¡Era cuestión de orgullo y amor propio! ¡Debía hallar la respuesta!

Mientras tanto, aprendió muchísimo sobre tipos de

---

[126] *Cáliz utilizado por Jesucristo en la Última Cena, convertido en una mítica leyenda enriquecida por la tradición cristiana medieval, la cual lo ensalza con José de Arimatea, de quien se dice haber recogido en ella la Sangre de Cristo durante la crucifixión.*

[127] *El Laberinto de Dédalo era una intrincada construcción de la mitología griega para encerrar al Minotauro. El héroe Teseo logró adentrarse en él y matar al Minotauro, gracias al hilo proporcionado por Ariadna, hija del rey Minos.*

esmaltes, compuestos químicos de elevado punto de fusión o materiales refractarios, procesos de vidriado y colorantes como el óxido de hierro, el carbonato de cobre o el carbonato de cobalto. Se sumergió de cabeza en este apasionante mundo de alquimia y piroquímica[128] buscando, nada más y nada menos, que la *Piedra Filosofal*; aquella que convirtiera un simple azulejo en metal. Las madrugadas se convirtieron en cortas e intensas. Ya ni siquiera sentía cansancio al sonar el despertador a las siete de la mañana, después de haber dormido escasamente un par de horas.

Julián la preguntaba de vez en cuando, pero no podía darle una respuesta satisfactoria. No había podido descubrir El Santo Grial, aunque sí la razón por la que fuera pozo de inversiones millonarias.

Alicia comenzó a gastar sus últimos cartuchos. Su tío, que vivía en Moscú, era un renombrado químico y colaboraba con las mejores universidades del mundo. Se alegró muchísimo de la llamada de su sobrina preferida Desde que nació, la había llamado con ternura: *la niña de mis ojos*. Ambos mantenían una relación relativamente muy cercana.

Conversaron largo rato sobre esto y aquello; de las familias y lo rápido que estaba cambiando la situación en Rusia; de la fantástica que era la cocina mediterránea y, cuando se terminaron los temas vanales, Alicia entró con el estoque —siguiendo el símil taurino cuando el torero entra a matar—: le preguntó si podría informarla acerca del

[128] *Rama de la química que estudia las reacciones químicas ocurridas a altas temperaturas.*

enigmático esmalte metalizado.

—«Así, *a voz de pronto*, no se me ocurre nada, cariño —respondió intentando hacer memoria—. La única vez que traté con recubrimientos metálicos, fue para un programa gubernamental para la industria aeroespacial. Me encargaron desarrollar una tela especial para los trajes de los cosmonautas. Debería ser extremadamente resistente y, a la vez, ligero y flexible. Probamos a recubrir con titanio una especie de tela de neopreno. Así contado, parece fácil; ¡mucho más que explicarlo!, pero salió bien. Aunque he de decirte que, sobre azulejos, *no entiendo nada de nada*, querida».

—«No te preocupes tío. Muchísimas gracias. De todas formas, he disfrutado de nuestra conversación. Dale un beso muy fuerte a la tía y a mi prima. Diles que tengo muchas ganas de veros a todos. A ver, si para el año que viene, nos vemos por vacaciones».

Se despidió con miles de besos y colgó la llamada.

Alicia quedó profundamente intrigada por aquel proyecto aeroespacial —¡nada menos!— en el cual participó su tío. Ya tenía una dirección plausible a la que poner rumbo. Decidió documentarse mejor y buscó las referencias de los estudios realizados en el marco de aquel programa.

*Internet* y la *Perestroika*, allanaron el camino mostrando infinidad de artículos sobre los ensayos citados por su tío, así como los resultados obtenidos. Parece ser que obtuvieron grandes logros.

—«¡Enhorabuena, tío!» —se jaleó, orgullosa de su

ancestro.

Por lo que pudo entender de todas aquellas memorias fue que el titanio ofrecía los mejores resultados; aunque restaba una cuestión fundamental que no la dejaba tranquila: ¿Cómo sería posible recubrir una tela de titanio para que sea ligera y flexible?... Aquello, desde luego, carecía de todo sentido. Escribió en el *buscador*: «recubrir superficies con titanio» y, automáticamente, aparecieron decenas de artículos en ruso, inglés y alemán, con un denominador común desconocido: «PVD».

Parecía que *Ariadna* había dado un fuerte tirón al hilo, cambiando el campo de las Ciencias Químicas al de la Física. El asunto merecía un ligero reseteo[129].

—«Así que ahora Física, ¿no?» —ironizó Alicia con humor; aunque, en parte, muy sorprendida.

Lejos de sentirse alejada de la fabricación de esmaltes, acometió el tema por puro interés intelectual. Como decía Aristóteles en su obra «Metafísica»: «...el saber por el saber, es la forma más elevada de conocimiento».

Así pues, aprendió que «PVD»[130] era un tipo de recubrimiento donde se vaporizaba un material sólido en el vacío, para pasar a depositarlo sobre la superficie de una pieza. Según las conclusiones de los *dossiers*, parece ser

---

[129] *Símil informático consistente en el acto de restablecer un dispositivo electrónico o sistema a su estado inicial predeterminado, implicando el borrado de datos o programas para solucionar problemas técnicos y devolver el dispositivo a su funcionamiento original.*

[130] *Siglas inglesas correspondientes a «Physical Vapor Deposition» —en castellano: Deposición Física de Vapor.*

que estos recubrimientos, prácticamente moleculares, mejoraban ostensiblemente la durabilidad, apariencia y funcionalidad del conjunto de una pieza. ¡¡¡Que cosas!!!

De ahí, se adentró en la emergente materia de la *nanotecnología*[131] como la Alicia en el País de las Maravillas. Todo resultaba nuevo y muy emocionante.

—«¡Así que era cierto que con esta tecnología del titanio se podría vaporizar incluso sobre una tela sintética!» —se dijo triunfal.

Buscó fotografías de respaldo y no pudo creer lo que veían sus ojos: la pantalla del ordenador mostraba cientos de imágenes de objetos fabricados en plásticos, metales, vidrios, cristales... ¡¡¡Todos estaban recubiertos por una finísima capa de titanio, tan perfecta y brillante como si se tratase de un bloque de metal pulido!!! Superficialmente, sólo podía apreciarse metal, independientemente del material donde se hubiera depositado la película.

—¡¡¡EUREKA!!! —gritó Alicia en el silencio de la madrugada— ¡Ahí estaba: el *Santo Grial*!

¡Lo había conseguido!

Su primer impulso fue ir a despertar a *Viktor* para darle la buenanueva, pero sabía que nada de esto sería de su interés. Bastante molesto estaba ya con ella durante los últimos meses, viéndola con la cabeza metida en el ordenador, imprimiendo o releyendo informes que poblaban cualquier espacio de la casa, con gráficos y

---

[131] *Estudio, diseño, creación, síntesis, manipulación y aplicación de materiales, dispositivos y sistemas funcionales a través del control de la materia a 'nanoescala', es decir, a nivel atómico y molecular.*

fórmulas que, a su entender, no servían para nada.

Por lo tanto, se guardó para sí misma la emocionante alegría y se acostó feliz del logro de su empeño. Por supuesto, al día siguiente, llamaría a su tío para darle la noticia.

La pequeña pista encontrada durante la noche resultó ser, no un soplo, sino un vendaval de esperanza que abría mastodónticas oportunidades, tanto técnicas como económicas.

Deseaba terminar la nueva jornada laboral para retornar enseguida sobre sus investigaciones. Las siguientes noches arrojarían aún más luz sobre el tema, no permitiendo *rincones oscuros*.

Así, descubrió que el procedimiento también era empleado para aumentar la dureza y durabilidad de herramientas de corte y taladro; cuchillos y piezas vitales de motores porque las hacían durar muchísimo más. ¡Incluso, las alas de los aviones estaban recubiertas de titanio!

No solo era extremadamente resistente y útil, sino sencillamente espectacular. Aunque nada, absolutamente nada, se había escrito sobre su posible aplicación cerámica o en esmaltes.

—«¡Desde luego —se dijo— es difícil encontrar un gato negro en una habitación a oscuras, sobre todo cuando no está ahí; pero, éste, lo tengo entre las manos!»

Cierto era que la industria cerámica aún no estaba tan desarrollada en Rusia como en España o Italia, y las tecnologías soviéticas eran importadas de Europa; aunque, por otro lado, Rusia era pionera en materia aeronáutica, precisamente donde se originó este recubrimiento, obviamente con otros fines.

Tal que así, de repente, Alicia se encontró ante un vasto *Océano Azul* lleno de infinitas posibilidades. En cuanto al asunto que motivó su investigación, sólo quedaría fusionar ambas ramas de la industria en una sola. Y fue lo que se propuso hacer.

A continuación, el resto de las investigaciones se centrarían en averiguar qué tipo de maquinaria sería necesaria; dónde poder conseguirla; a qué precio; realizar pruebas materiales correspondientes; calcular la productividad y costes de producción.

Para ella resultaba bastante fácil, al fin y al cabo no era la primera vez que se veía en las mismas. Precisamente, su tesis final de la carrera universitaria trataba sobre eso.

Por descontado, era plenamente consciente de que la información que obraba entre sus manos debía tratarse con suma discreción: todo lo que sabía y había descubierto, podría convertirse en un *know-how*[132] de altísimo valor económico e igual demanda.

.

Silente, hasta marzo del año siguiente, dedicó todas las noches y fines de semana a una única tarea: labrar su

---

[132] *Vocablo inglés que refiere conjuntamente el conocimiento práctico, habilidades y experiencia acumulada necesaria para realizar una tarea o proceso de manera eficiente. No se trata sólo de conocimiento teórico, sino de cómo aplicar ese conocimiento a situaciones prácticas.*

futuro.

Este solitario trabajo en secreto, duró casi un año, hasta que tuvo en sus manos las primeras muestras de cerámica recubiertas con titanio, gracias a un laboratorio aeronáutico de Moscú. Su *carrera de fondo* no terminó ahí, sino descubrió que, añadiendo una determinada cantidad de nitrógeno a la cámara de alto vacío, donde se realizaba el proceso, el aspecto del titanio asemejaría oro, pero mucho más resistente y duro.

Claramente, tenía en sus manos la Piedra Filosofal.

¡Pura alquimia!

# 17.- ¡JAQUE MATE, CABALLEROS!

En aquel momento, Alicia aún no era consciente de hasta qué punto el descubrimiento cambiaría su destino, el de ella y el de muchas personas más. Sabía, sin atisbo de duda, que oportunidades como aquella sólo se presentan una vez en la vida. Sentía que la Providencia la conducía hacia un destino incierto, pero lleno de promesa. Sólo debía seguir el plan que Dios había preparado para ella con total entrega y fe.

Parecía activarse todo a su alrededor: recibía ingentes llamadas telefónicas día y noche, numerosos correos electrónicos y visitas. La gente involucrada en el asunto estaba expectante. Los laboratorios rusos no tenían ni idea de con qué fin estaba desarrollando el proyecto esta joven y, en España, aún más desconocían por completo sus fuentes de información sobre una tecnología tan novedosa. Sólo ella era consciente del titánico trabajo realizado para el hallazgo. Y así debía seguir hasta el momento.

Cuando todos los cabos estuvieron atados, Alicia poseía *el alfa y omega*[133] de un tesoro extremadamente codiciado. Había llegado el momento de sacarlo a la luz.

---

[133] *Primera y última letra del alfabeto griego, en el sentido de principio y final.*

Llamó a Julián para comunicarle estar lista para la reunión que esperaba. Suponía que, tal y como lo habían acordado, también asistiría un representante del equipo de investigación de alguna relevante empresa de cerámica o esmaltes. Julián estaba muy animado.

—¡Te ha costado!, ¿eh?! —la jaleaba en confidencia por el pasillo que desembocaba en la sala de reuniones— Pero, al final... ¡lo lograste! ¡Bien hecho!

—¡Si tú supieras!... —respondió Alicia con alivio.

Aquello la había supuesto como si hubiera gestado un bebé durante nueve largos meses, justo el tiempo empleado.

Finalmente, el *dossier* se hallaba listo para la presentación. Contenía resultados con los ensayos más variados: pruebas de resistencia mecánica, comportamiento ante la corrosión, niebla salina, temperaturas extremas y agentes químicos. Todos los parámetros obtenidos superaban con creces las expectativas deseadas. Hasta entonces, nadie había visto nada parecido. No se trataba de un esmalte imitando metal; sino un metal por sí mismo, puro, dispuesto en una *nanocapa* fusionada con la superficie cerámica, creando así, una materia nueva y desconocida hasta ahora en el despiadado imperio del azulejo.

Alicia comunicó a su familia que habían sido invitados a una *cena de negocios*. Le parecía más correcto ir acompañada de su esposo e hijo para, así, evitar cualquier malentendido. También necesitaba demostrarle a *Viktor* que sus reuniones tras las jornadas de trabajo, habían sido puramente de negocios. Con ello, quería poner fin a sus insidiosas sospechas e insinuaciones. *Viktor*, por mucho aplomo que imprimiera a su persona, acarreaba un profundo complejo de inferioridad. Tal vez, causa de sus adicciones y comportamiento autodestructivo; pero inadmisible *a todas luces* que siguiera pagándolo con *Max* y con ella. ¡Y por ahí no! Por ahí ya no iba a pasar más. Le había proporcionado todas las oportunidades *habidas y por haber* para gestionarse la vida con algún buen propósito, pero nada había servido hasta ahora. Y, desde luego, ya no iba a permitirle que la impidiera alcanzar el suyo propio.

Para la cena, Julián había elegido un prestigioso restaurante ubicado en Ronda Magdalena, famoso por su variedad de pescados y mariscos. En la entrada al salón principal, como guardianes del negocio, se emplazaban dos enormes acuarios con cangrejos, langostas y bogavantes. El *maître* les condujo hasta una mesa ya dispuesta, en la que Julián, como buen anfitrión, aguardaba expectante. Alicia se aproximó con una sonrisa triunfal. Por puro protocolo, fue invitada a ocupar el asiento junto al de Julián.

Casi inmediatamente al intercambio de saludos, les fueron mostrados distintos ejemplares de pescado y marisco al arropo de hielo picado, sobre espectaculares bandejas.

—Siempre me alegra verte, *señorita* —la comentó

mientras esperaban la comanda[134]—, y en especial, hoy. ¡Tenemos que celebrarlo a lo grande! Me has hecho sufrir durante nueve meses... —bromeó.

—Espero estar a la altura —sonrió Alicia en respuesta—. Creo que no conocías a mi esposo *Viktor* y a nuestro hijo *Max*. Tal vez les convenzas del porqué me has tenido recluida durante todo este tiempo.

Con preocupante extrañeza inocente, fingida, Alicia observó:

—Sólo veo cuatro cubiertos... ¿No va a venir nadie más?

No, mejor así —se apresuró Julián a informarla—. Sé que te gustan las ostras y me he tomado la libertad de pedir dos docenas para ir abriendo el apetito. Las acompañaremos con este espléndido *champagne* de tu marca favorita —hizo una seña al *maître* para que dispusiera en ser mostrada y descorchada. Alicia asintió halagada por el detalle.

Dos camareros impecablemente uniformados sirvieron las copas. Julián se levantó de su asiento para pronunciar un breve y emotivo discurso, sobre la importancia del hallazgo de Alicia, ensalzando lo agradecido que se sentía con ella por haber cumplido lealmente su palabra.

---

[134] *Anotación, escrita o digital, utilizada en establecimientos hosteleros para registrar y transmitir los pedidos de los clientes al personal de cocina.*

Alicia *le seguía el juego* en aquella —de lo que ya *se estaba oliendo*— grotesca pantomima, sonriendo despreocupadamente mientras por su mente iban desfilando, una tras otra, cuestiones:

—«¿Por qué estamos solos?... ¿Y la persona de la fábrica de esmaltes?... ¡¿Agradecimientos por haber cumplido mi palabra?!... ¿A qué viene esta cena tan cara?...»

Aún no conocía las intenciones de Julián, pero intuyó que, al final de la velada, iba a encontrarse con una sorpresa.

Y de nuevo, no se equivocó. En resumen, la cena era básicamente un regalo hecho por Julián, a cambio del *dossier* completo con toda la información y ensayos, recopilados por ella durante nueve meses. Él, a su vez, ya lo haría llegar a su contacto para continuar la implantación del producto en el mercado.

En pocas palabras, la ofrecía dos docenas de ostras por conseguir una tecnología por la cual, los demás habían gastado millones sin éxito alguno.

Al principio, no quería creer que aquello fuera realmente *en serio*. Repasaba mentalmente todas las largas noches en busca de pistas; los cientos de artículos traducidos de varios idiomas; llegar una y otra vez a callejones sin salida para, luego, volver empezar de nuevo; viajes por toda Rusia reuniendo conocimientos como si se tratase de las perlas dispersas de un collar roto. Y, ahora que tenía la joya completa en sus manos... ¿¿¿Le daban dos docenas de ostras a cambio???... ¡No podía ser real!

Apenas probó el *champagne*, ya que prefería mantener la mente despejada, analizando la situación mientras charlaba y sonreía despreocupadamente.

—Y tú... ¿qué sacas tú de todo esto, Julián? —le preguntó casualmente al hombre que ya andaba tan achispado por las copas como su marido.

—¡No te lo vas a creer! —contestó orgulloso—. Me ofrecieron acciones de la nueva planta que se encargará de fabricar el esmalte que descubriste —continuó acariciando la pieza de cerámica que brillaba con reflejos plateados sobre la mesa—. ¡Que belleza! —concluyó.

—No es un esmalte, Julián —corrigió bastante seria—. Se trata de un nuevo material, y no de una aplicación sobre un azulejo como si fuera un esmalte corriente. No tiene nada que ver con un pigmento tradicional que pudieras ver en alguna fábrica. De hecho, no existe aún nada en el sector que pudiera asemejarse. Ya no te hablo de España, sino del mundo entero.

—Yo no entiendo nada acerca de esto. Ya sabes que no soy del sector —rio vacilante a causa del *champagne*—. Sólo debo entregar tu *dossier* al «gran jefe» y firmar ante notario mis acciones.

Parecía que de verdad no le importaba nada en absoluto *el qué* ni *el cómo*. Estaba embriagado por las copas, y por la idea de ocupar pronto un sitio privilegiado ante la gran mesa de socios corporativos, pertenecientes a una reconocida firma.

¡Aquello era tremendamente surrealista! Una cosa era entregar un bebé en adopción, y otra muy distinta, dejarlo en manos de alguien, cuyo único interés fuera elevar su *estatus social*.

—El hecho, Julián, es que —retomó la conversación—, entregarle el *dossier*, así sin más, no tiene sentido alguno para nadie —le aseveró con voz firme. Ni siquiera para ti, aunque no te lo creas.

Alicia dejó pasar un par de segundos para permitir que el comentario esquivara las burbujas y llegara a su cerebro.

—La información contenida en el *dossier* —prosiguió— es prácticamente el borrador de una nueva patente. No hay ninguna fórmula química que pueda reproducir el resultado. Se trata de todo un proceso, uno desconocido hasta ahora en este sector y sólo fue empleado en la industria aeroespacial, requiriendo de maquinaria especial, materiales como titanio para fabricar los cátodos, alta tecnología para crear plasma y hacer que el titanio penetre en la cara superficial de la baldosa. Todo eso para obtener el resultado que ves. ¡Se precisa de ingenieros y técnicos preparados en la materia! —remató acervando la importancia del último comentario—. Dime, Julián, ¡¿Dónde piensas que vas a conseguir todo eso?!

La expresión de Julián demudó de un segundo al siguiente con el interrogante: «¿Y ahora qué hago yo?», escrito sobre la faz.

—Lo mejor que puedes hacer, si quieres alcanzar tu propósito —suavizó el tono como si una abuela aconsejara a su nieto imberbe con un consejo ancestral, apoyando suavemente la mano sobre el antebrazo de Julián—, es preparar una reunión formal con el máximo responsable del proyecto. Te prometo que defenderé tanto tus intereses como los míos, y lo sacaremos adelante para el bien de... todos —remarcó para subrayarle el egoísmo mostrado con las acciones citadas—. Aunque necesito ser partícipe de ello. Y no te preocupes: no te dejaré de lado con dos docenas de ostras y *champagne* como obsequio —ironizó arañándole la cara con sus palabras—. Piénsatelo. No todos somos iguales.

*A renglón seguido*, se levantó de la mesa y, con la mirada, reclutó a *Max* y a *Viktor* quien no necesitó más para levantarse sin más. Conocía bien esa mirada; pero en aquel campo, jugaba como equipo visitante.

Alicia sacó la cartera del bolso y se dirigió al *maître* para abonar la cuenta.

A los pocos días, recibió la llamada de Julián invitándola a la primera reunión que ella misma había sugerido.

—«...Ahora, Julián —terminaba la llamada—, *sin trampa ni cartón*», y colgó tras advertirle.

Los siguientes acontecimientos se produjeron con bastante celeridad. Asistió a varias reuniones más; unas con gente distinta, otras juntos y también por separado. Absolutamente todos, sin excepción, intentaban sonsacarla cualquier pista que pudiera desvelar el misterio tan bien atesorado, aplicando sutiles —y las no tanto—, técnicas de negociación. Claramente, Alicia ya *conocía bien el paño*, sabía lo que decía y lo que se la dijera, empleando términos técnicos que ellos desconocían.

Hablaba con total soltura sobre las inmejorables propiedades y altas prestaciones del producto. Tenía todo el prospecto comercial y publicitario al completo dentro de su cabeza, dando a entender a cualquiera que nadie más *entraría en juego*, si los intereses de Julián y los suyos propios estaban totalmente asegurados.

Finalmente, en aquella primera reunión, llegaron a un acuerdo justo para todos:

Constituirían una nueva sociedad donde ella y Julián aportarían el *know-how*, valorado en cientos de miles de euros como capital social; el resto de accionistas lo harían en efectivo. Igualmente, Alicia se encargaría de hacer fabricar en Rusia la maquinaria necesaria y la traería a España. A la nueva nave de la planta invitaría a cualificados ingenieros y técnicos rusos para proyectar, realizar el montaje y la *puesta en marcha* de la planta. Por pura y necesaria precaución, en su momento, hizo firmar acuerdos de confidencialidad a todas las partes vinculantes, tanto en Rusia como en España, ahora no habría filtraciones de espionaje industrial. Esta vez nada iba a salir mal: ella era la única responsable en dirigirlo absolutamente todo.

Durante el mes próximo, ella misma redactaría el *contrato de compraventa* respecto a los derechos de patente, incluyendo el suministro de materia prima, maquinaria y piezas de recambio. Contrato que sería vinculante a la *escritura de constitución* de la nueva empresa y, con esto, la proveería no sólo de las acciones de la futura fábrica, sino un cuantioso capital que proporcionaría, a ella y a su familia, la tan deseada y necesaria estabilidad económica, de la mano de una anhelada libertad.

Al terminar la jornada laboral en la oficina, se apresuró para llegar pronto a casa. Mañana sería un gran día. El día que iba a suponer un punto y aparte para lanzarse a una nueva vida. Sentía que la bendición divina estaba con ella. Todo salía bien y estaba a un paso de conseguir una realización personal tan profunda que, por mucho que lo hubiera soñado, jamás la habría imaginado así.. Estaba realmente feliz... ¡FELIZ, CON MAYÚSCULAS!

Iba corriendo a casa para repasar por enésima vez el contrato. No quiso arriesgarse a llevarlo a ningún bufete de Castellón: los abogados de sus futuros socios estaban presentes en cada reunión, mientras ella se representaría sola a sí misma. No conocía a muchos en la cuidad, pero no podía ni debía confiar en nadie para este tema. Tampoco podría ofrecer nada a cambio. Sólo era una chica a quien la fortuna estaba sonriéndola. Su apellido no era relevante y, menos, un marido de *alta cuna*. Era *Alicia Namber*, sólo eso.

Al acercarse a la puerta de entrada a su piso, escuchó la música a todo volumen y unas risas desternillantes. Entró y encontró a *Viktor* con un amigo del trabajo sentados delante de su ordenador. Al verla, se quedaron pasmados. Parecían inquietos y nerviosos. Se hizo un silencio sepulcral cuando Alicia apagó el aparato.

—*Viktor*, ¡que pasa aquí!

—¡Nada! —intentó soslayar con una *risita nerviosa*. Daniel, mi amigo de la fábrica —añadió señalándole. Sabe mucho de informática... ¿sabes?... y hemos decidido limpiarte el ordenador para que trabajes mejor...

Su *risita nerviosa* tornó en otra aún más nerviosa. Empezó a sudar. Su compañero de trabajo parecía congelado por algún ingenio extraterrestre. Al acercarme a inspeccionar la pantalla del *portátil*, *Viktor* añadió extendiendo los brazos hacia el ordenador, culpándolo como si acabara de llegar.

—Pero, no sé lo que pasó y se ha borrado todo... ¡de repente! —insistió como un niño negando haber entrado a la despensa, haciéndolo con la boca llena de chocolate.

—QUÉ HABÉIS HECHO..., ¡¡¡¿¿¿EL QUÉ???!!! —gritó sin poderlo evitar.

El corazón de Alicia cabalgaba al galope como un cosaco en plena demostración de sus habilidades equinas, pareciendo fuera a salírsele por la boca abierta.

—«¡No es posible! —se decía murmurando, mientras sus dedos parecían interpretar una pieza de Wagner al teclado informático— ¡*Nooo*! ¡No, Dios mío!, ¡Ahora no!»

El tal Daniel salió de la casa *como alma llevada por el diablo*, entre estúpidas y entrecortadas disculpas a medias mientras se acercaba a la puerta principal. *Viktor* estaba *rojo como un tomate*. Era claro que ambos habían bebido en exceso y, por la *risita*, probablemente también fumado.

El disco duro estaba en plena operación de *reseteo* y limpieza total.

Alicia no se le ocurría decir nada más que mereciera la pena. Se encontraba furiosa, ¡furiosa de verdad!... ¡¡¡Extremadamente colérica!!!

Le odiaba con todas las fuerzas. Levantó la mirada y, al observar su cara atontada por la bebida y la droga, su mano abierta se desató como el brazo de una catapulta en dirección a su rostro. La bofetada fue tan violenta que le escoció la palma de la mano.

—¡¡¡POR TODO!!! —exclamó histriónica.

Plegó el portátil y recogió el cargador, antes de levantarse para encerrarse en la habitación de trabajo. Quedaban escasas horas para intentar repararlo. Gracias a sus conocimientos en la materia, comenzó por aislar los archivos y documentos de importancia. Parecía que el mismo *Othar* y su jinete Atila, hubieran pateado el *disco duro*.

Con el contrato no hubo suerte: se encontraba gravemente dañado y, las quince páginas que la aseguraban a una nueva vida, aparecían en la pantalla como un galimatías en ASCII[135] y jeroglíficos sin sentido.

Pasó toda aquella noche reescribiendo el contrato para tenerlo listo para la reunión de la mañana temprano. Gracias a Dios, no había perdido la capacidad fotográfica ni la nemotécnica de cuando redactó el contrato. Se acordaba casi de memoria, de todo el texto, ahora ya no por intercesión Divina —que también—, sino por haber estado repasándolo continua y mentalmente. ¡Nada podía quedar mínimamente inconcluso!

La Notaría del centro de la ciudad, les había citado para las nueve en punto de la mañana. Consultó su reloj y recapacitó en que ya habría tiempo en dar rienda suelta al resto de la rabia contenida. Ahora tocaba permanecer entera y concentrada. El futuro de su hijo y el suyo propio, dependían de ello.

Al ser también obligada la presencia de *Viktor* en el despacho del Notario, ya que aún su matrimonio se encontraba en *Régimen de gananciales*[136], le despertó de su borrachera, obligó a *adecentarse* y salir con ella por la puerta.

Alicia, vestía un impecable traje negro de corte moderno. A juego, unos atrevidos zapatos de *tacón de aguja*. Éste último era dorado, vestigio de la primera

---

[135] *Código numérico que representa letras, números y símbolos para que las computadoras puedan entender y mostrar texto. Su función principal es la de asignar un valor numérico único a cada carácter.*
[136] *Sistema económico matrimonial donde todas las ganancias y bienes obtenidos durante el matrimonio, son comunes a ambos cónyuges en un cincuenta por ciento.*

colección de moda que compró en Elche.

Una carpeta conteniendo lo que prometía ser el resto de su vida y familia, la escoltaba asida bajo el brazo cuando entraron en la sala de espera de la Notaría. Los demás futuros socios la contemplaron admirados: lucía regia, de paso tranquilo, pero decidido. Era claro que la esperaban más a ella, «su majestad» que aguardar a que el notario los recibiera.

Allí estaban todos los empresarios de la élite del sector cerámico de España. Carlos Romero, «El gran jefe». Heredero de la multinacional fundada por su tío y de una verdadera fortuna patrimonial, era quien más la inquietaba. Tenía tanto poder y capital que podría comprar lo que quisiera y a quien quisiera; además de ser *un lince plateado* —esto se debía a su pelo completamente cano—, y sobradamente curtido en negociaciones de alto nivel. Claramente, Alicia se hallaba con una enorme desventaja. Y, aunque aparentaba amabilidad hacia ella, sabía que se le retorcían las entrañas por verse obligado a *repartir el pastel* con «esa niñata muerta de hambre», como juraban sus ojos por el brillo, a pesar de una ensayada y conseguida sonrisa social. En cuanto al resto... ya los conocía largamente a todos. Fieras por fuera, *corderitos* por dentro.

Como si estuvieran en un *besamanos*[137] de Palacio, fue saludándolos personalmente, uno por uno. En ese momento, una empleada de la Notaría les dio paso al despacho principal, con lo cual, el sucinto acto

---

[137] *Ceremonia protocolaria de la realeza, en la cual se acude a besar la mano del rey e inmediatos familiares, en señal de adhesión.*

protocolario se vio interrumpido de inmediato, justo cuando hubiera sido el turno de Romero, quien se levantó «casualmente» a pocos centímetros de ella, en un acto teóricamente intimidatorio. Nadie advirtió el gesto.

Aparentemente cortés, sonrió y la cedió el paso con la mano; pero sin inclinar la cabeza ni en un milímetro de urbanidad.

Cuando el notario les dio lectura pública de las escrituras en cuestión, enunció a los presentas la pregunta de rigor:

—¿Están todos de acuerdo, damas y caballeros?...

Y cuando su mirada terminó de escrutar en orden los rostros que tenía ante sí, añadió:

—¿Procedemos a firmar, entonces?

—¡No! —quebró el silencio la voz de Alicia.

Un petardo valenciano hubiera pasado más desapercibido que aquella tajante negativa. Nunca mejor dicho, las pupilas de Alicia funcionaron como potentes electroimanes respecto a las demás y, cuando estuvo segura de mantener la máxima atención, añadió más suave, aunque con la misma decisión:

—Quisiera añadir una cláusula en la escritura de constitución de la sociedad —aclaró, ante las reacciones de estupor, curiosidad, intranquilidad y atención del resto.

Se la ocurrió así: ¡sin más! Quizá guiada por su *Ángel de la Guarda* o, tal vez, había sido un puñetazo sobre la mesa del abuelo *Nikolái*; pero la idea surgió como un relámpago entre aquella reunión cargada de electricidad estática.

—Usted dirá, señorita *Namber* —invitó el notario reponiéndose de la tensión del momento que todavía producía *arcos voltaicos*[138] entre los asistentes.

—La cláusula que necesito y a la que me refiero, señor notario —continuó Alicia clavando su mirada en los perspicaces ojos de Carlos Romero—, trata sobre la imposibilidad de realizar cualquier ampliación del capital social sin el ochenta y uno por ciento de los votos societarios a favor.

Realmente, la maniobra de Alicia resultaba, como mínimo, magistral: las acciones de los cinco socios estarían repartidas equitativamente, esto es el veinte por ciento cada uno. De los presentes en la sala, Alicia no conocía bien a ninguno, salvo a Julián; pero, después de la humillante cena, era en quien menos depositaría su confianza. Por otro lado, era consciente de que *la voz cantante* la llevaba Romero y... ¡todo sea dicho!: había dado un doloroso codazo a su propia familia; la misma que había invertido millones de euros en el proyecto que estaba a punto de llevar a cabo, fundando su propia empresa a espaldas de su tío. Poniendo esto sobre la mesa ¡¿Qué no

---

[138] *Descargas eléctricas luminosas o 'relámpagos' producidos por la proximidad de dos electrodos con diferente carga eléctrica y empleada para generar luz de alta intensidad.*

haría para librarse de ella misma?!... Romero la necesitaba. Eso era cierto, pero igualmente lo era no quererla como socio. La única opción viable para resguardarse accionarialmente de Romero, era evitar cualquier ampliación de capital promovida por él.

Alicia permanecía de pie, tras su alegato.

—Procedan al cambio de la escritura —se oyó la voz ronca de Romero, a lo cual, los otros tres componentes, asintieron sumisos.

—¡Enhorabuena, Alicia! —se giró ostensiblemente hacia la chica, con rabia disfrazada de sarcasmo.

Media hora más, tardaron los pasantes del despacho, en poner sobre la mesa del notario, la escritura de constitución reformada.

Después de vuelta a ser leída por el fedatario, pasó a ser firmada por todos. Una vez estuvieron esperando el ascensor en el descansillo, Alicia los miró de hito en hito. Su mirada resultaba completamente triunfal, en la que se podía leer sin duda:

—«¡Jaque mate, Caballeros!»

# 18.- LA MONTAÑA RUSA

Los años siguientes transcurrieron muy de prisa para Alicia. Con la venta de tecnología y maquinaria, ganó dinero suficiente para asegurarse una vida tranquila y la de su familia. También pudo revitalizar la empresa de exportación e importación, dedicándose en exclusiva a los negocios. *Max* continuaba con sus estudios y entrenamientos de *Taekwondo*, logrando un nivel superior con el nuevo color de su cinturón. La verdad, el chico demostraba algo más que talento en el milenario arte marcial y, respecto a su madre, los paseos matutinos de los fines de semana, continuaban siendo esos momentos especiales que recordaría durante toda su vida, a los que imprimían charlas más largas y profundas. Observaba y aprendía de los negocios de su madre como si se tratara de otra disciplina deportiva, viéndolos prosperar de cerca y prestando atención a cada diferente trato comercial como si fueran nuevas llaves de su deporte. Las propias estrategias de la empresa acaparaban su interés.

Algunas veces, Alicia tenía algún revés que otro, pero se cuidaba bien de guardarlo para sí misma. *Max* todavía era un adolescente descubriendo el mundo y *Viktor*... ¡Ay, *Viktor*!, los asuntos de su esposa le eran completamente indiferentes mientras tuviera sus propios recursos asegurados.

—«Mientras la vaca siga dando leche»... —se decía mientras *bebía del maná.*

Aun así, *Max*, para la sorpresa y asombro de su madre, la daba algún que otro consejo durante los paseos matutinos, los cuales ofrecían una óptica diferente y novedosa, realmente útiles para afrontar problemas que su madre intentaba disimular, aunque esto resultara prácticamente imposible. Su analítica atención a problemas casi imperceptibles, era inaudita y de gran ayuda, como si desvelara la décima jugada siguiente sobre el tablero de ajedrez que, en suma, eran las negociaciones de su madre.

Por otra parte, su propia educación prosperaba más allá de lo esperado para un niño de su edad. Ahora leía más y, en consecuencia, su comprensión sobre todo lo que le rodeaba, avanzaba en consonancia, lo que le procuraba un mejor y mayor trato con los adultos; aunque las relaciones con otros niños de su edad, respondían a las usuales, divirtiéndose como cualquiera de ellos.

Sin embargo, el colegio claramente le aburría. No le parecían útiles los conocimientos que podían ofrecerle, ya que se hallaba inmerso en materias más apasionantes para él, como lo eran la lectura, Historia, Filosofía, Psicología y todo aquello relacionado con el enigmático mundo del cosmos. Las estanterías de su habitación seguían abarrotándose de nuevos libros que iban en aumento, además, del propio orgullo de *saber por saber*. Paralelamente, procuraba complementar la selecta biblioteca con singulares ejemplares para coleccionista, cada vez que se presentaba la oportunidad.

*Viktor*, en cambio, continuaba en la misma línea, aunque ahora con más recelo hacia su mujer. Ella era una exitosa y respetada empresaria, además de los reconocidos logros conseguidos sin contar con él, por lo que su propio orgullo masculino estaba herido. En consecuencia, escalaron las discusiones diarias, adornadas con reproches por el estatus económico y social, conseguido por ella mientras *Viktor* mantenía el mismo puesto de trabajo como mecánico en la planta de áridos.

Situación que la llevó con el tiempo a guardar con mayor celo sus emociones, de manera que no influyeran en su trabajo. Esta filosofía era útil durante los días laborables; pero se derrumbaba como un castillo de naipes al llegar los fines de semana y festivos. La discordia se adueñaba de la casa y, a menudo, *Viktor* descargaba su frustración sobre el más débil: *Max*; a quien no perdonaba su afición a la lectura y mucho menos la gran complicidad con su madre. Tampoco se esforzaba en mejorar las situaciones: ni la suya ni la del resto. ¡Era perfecto tal y como era! y, de ponerlo alguien en duda, lo llevaba directamente a un cadalso de insultos y *violencia doméstica*.

Era precisamente por ello, la causa de las *escapadas sabáticas*: madre e hijo gozaban mutuamente de una *bendita paz*, mientras el *macho alfa de la casa* dormía plácidamente, tras su última y habitual borrachera; aunque el regreso al hogar siempre supondría una incógnita.

Más de una vez, Alicia se planteó seriamente el divorcio

y no resultaba tan fácil como cabe esperar. Durante aquellos años, los casos por *maltrato familiar* eran más que comunes. Como si se tratara de una epidemia, los Informativos escupían dantescas noticias sobre homicidios y cruentas lesiones graves. Por ello, tanto más complicado era encontrar apoyo y protección al respecto.

Cuando la situación en casa se volvió insostenible, Alicia acudió a la Unidad de Violencia Doméstica, acompañada de su hijo. Ambos eran víctimas de una violencia que ya no tenía justificación. La solución aportada era tan peliaguda como el propio escenario: si el niño testificaba contra su padre —situación ya de por sí, grotesca para una mentalidad cosaca—, la intervención de los Servicios Sociales sería obviamente inevitable, siempre y cuando se ajustaran a los parámetros contemplados por la Ley y con unas consecuencias más malas que buenas.

No siendo completamente así, no valía con presentar, «en el mejor de los casos», un parte médico de lesiones, sino que había que esperar a que el médico forense de cada juzgado donde recayera la denuncia, emitiera su propio informe. Huelga comentar que debido al normal colapso de los Órganos Judiciales, podrían transcurrir un par de meses entre el acto denunciado y las exploraciones médicas. Lapso lamentable que, desgraciadamente, acabó con la vida de muchas mujeres. Como en todas las monedas, también existía un anverso: concurría un gran número —aunque bastante menor— de hombres maltratados. Decididamente, no eran noticia y, por ello, la atención sobre ello quedaba deliberadamente diluida.

España era un país de tradición machista: ¡¿Cuán razonable era presentar un marido golpeado y ultrajado diariamente por su mujer?!... «Ojos que no ven, corazón que no siente», reza el dicho popular.

De tal manera, mientras *Max*, Alicia o ambos, no llegaran con lesiones producidas por un arma —ya fuera *blanca* o *de fuego*—, el planteamiento del problema podría *dormir el sueño de los justos*[139], es decir, más bien nunca.

Aún más, resultaba prácticamente imposible demostrar el *maltrato psicológico*, en el cual intervenían más profesionales judiciales de la Medicina, con la consiguiente mayor dilatación temporal, aun aportando testigos...

Alicia se encontraba atrapada en una *ratonera* y ya no podía contar con la ayuda de su propia madre, María, ni de la *abuela Claudia*. Tampoco sería solución abandonar España y renunciar a todo cuanto la había costado *sudor y lágrimas* en lograr. Así sólo ganaba *Viktor*, ya que seguían casados en *régimen de gananciales*, descontando el gran perjuicio que ello causaría a su propia reputación como empresaria que, sin duda, abocaría a una segura ruina en todos los aspectos.

Como última, extrema y, por desgracia, única solución, volvieron a departir en aquella conocida mesita del «Café di Roma» donde, como siempre, volvía a descansar sobre

---

[139] *Expresión bíblica —Proverbios, 4 14-19—, utilizada comúnmente para calificar una gestión o problema que, deliberadamente, se ha olvidado y resulta de ingrata resolución.*

ella la solitaria y sempiterna rosa roja.

Alicia planteó una serie de puntos que deberían cambiar de inmediato. Ya no tenía energías suficientes para gobernar dos empresas, ocuparse de la educación de *Max* y llevar la casa, mientras él gastaba el dinero en juergas con los *amigotes*, por no citar a las supuestas «amigas»...

En contraste, *Viktor* adujo sentirse incómodo ocupando un rango inferior al de su mujer porque, *a ojos de los demás*, no estaba bien visto ser un *mantenido*. Tal vez, si ella le consiguiera un respetable puesto de trabajo en la nueva fábrica, estaría dispuesto a cambiar y, por consiguiente, influiría positivamente en la familia.

¡¿En qué estaría pensando Alicia cuando aceptó aquella descabellada propuesta?! Quizá, *se aferrara a un clavo ardiente* y no sepultar definitivamente el propósito del Icono recibido de las manos de sus padres: la familia. ¿Cabria la remotísima pizca de fe en que, personas como *Viktor* aprendieran de sus propios errores?...

La incógnita la fue respondida bastante tiempo después, mientras anduvo aquel seguro camino hacia el infierno.

A un año vista tras haber instituido la nueva fábrica, convocó a los socios para presentarles al nuevo director técnico de Producción: su esposo, *Viktor*. A quien previamente había preparado para dicho puesto, explicándole detalladamente la tecnología desarrollada, así como también le organizó un viaje a Rusia y sufragó los ingenieros y técnicos, quienes le aleccionaron en las prácticas sobre el manejo del reactor de titanio. De todas formas, tuvo la prevención de cuidarse frente a cualquier imprevisto irresoluble para *Viktor*. Para ello, su marido contaría con un equipo de profesionales quienes se desplazarían desde Moscú para ayudarle.

Y así planteó y dispuso su inmediato futuro empresarial y familiar: despejando la siempre incógnita de su envidioso marido.

Lógicamente, a Romero no le hizo mucha gracia aquella maniobra de intrusión familiar, por lo que disimuladamente situó *un topo*[140] en la planta de producción. Dadas las circunstancias, a Carlos no le quedaba otra: Alicia era su socia, proveedor y la conocedora de la alta tecnología que, hasta entonces, no tenía parangón, por lo que aceptar a su marido supondría sólo «un mal necesario».

Mientras Alicia estaba dedicada a las importaciones de todo tipo de mercancías valiosas —empezando por otras tecnologías punteras, maquinaria de todo tipo, y terminando por el acero transportado en barcos para ser distribuido de norte a sur por toda España; la nueva fábrica iba creciendo, aunque más lentamente de lo esperado.

La razón era, banalmente en principio, sencilla: a los inicios de la empresa, incluso antes de llegar la maquinaria para el montaje de la línea productiva, ideó vender toda la producción en exclusiva a una *fábrica de tercer fuego*, como así se denominan aquellas dedicadas a la decoración

---

[140] *Persona de total confianza utilizada para espiar algo o a alguien, de manera encubierta.*

final de baldosas para grandes industrias cerámicas y, aunque no eran muy numerosas en el sector, todas querían destacar en novedades y bajos precios. El acuerdo, lamentablemente, resultó muy precario, ya que el precio pactado fue bajísimo y no acordaron pedidos mínimos. A ella le afectaba en el sentido que, de no cubrir —para ella, sí— el volumen mínimo para realizar el recubrimiento con titanio, la facturación total no alcanzaría ni para sufragar los gastos. Literalmente; «estaban vendidos».

Alicia no supo nada de dicho acuerdo hasta que la fábrica comenzó a servir los primeros pedidos. Ya entonces, tuvo una acalorada discusión con Romero al respecto. La solución para salvaguardar el total de la facturación, pasaba —gracias a que Alicia era ahora su socia y, además, con el dominio de la tecnología—, por abrir una línea de exportación a través de su empresa. Legalmente, no supondría ningún problema y, de paso, ayudaría a la fábrica a desplegar todo su potencial.

Por tal motivo, Alicia se responsabilizaría del desarrollo de nuevos diseños, viajes comerciales, participación en las ferias mundiales más importantes del sector, todo ello *por su cuenta y riesgo* y sin la colaboración de los cuatro socios restantes, con tal de atraer mayor clientela y consolidar la cartera de pedidos, siempre y cuando los precios estuvieran acordes con la línea de crecimiento fijada. Tampoco exigió un precio preferencial a la hora de encargar el recubrimiento en su propia fábrica, ya que no le parecía ecuánime respecto a los demás socios.

Realmente, el plan funcionó y comenzó a dar sus frutos: la fábrica adoptaría el tercer turno diario en tan sólo unos pocos meses, para satisfacer el aluvión de pedidos llegados desde todas las partes del mundo donde, previamente, Alicia en persona había viajado obteniendo importantes contratos.

Así, estaría presente antes de cualquier flete del producto, verificando cada caja, cada *pallet*[141] y cada contenedor. La mercancía que llevara su nombre, no tendría ni el más mínimo defecto; su propia reputación se hallaba en juego.

Al final de la cadena comercial, por Navidad, los clientes comenzaron a mostrar un vivo interés por el novedoso acabado. Formulaban toda clase de preguntas, solicitaban muestras, miraban, inspeccionaban y volvían a sopesar. La inmensa mayoría terminaba comprando. Los diseños les eran irresistibles.

Y la razón no era otra que el inmenso disfrute de Alicia asacando interesantes texturas, diferentes terminaciones y formatos novedosos. Su mente era una incuestionable asociación creativa respecto a un diseñador de moda. Consecuentemente, su inspiración voló en aquella dirección: acudió a los principales desfiles de los diseñadores más renombrados y, por supuesto, a la Feria Textil de Milán, eje de la moda porque, al fin y al cabo, no había tanta diferencia entre *vestir* espacios y vestir

---

[141] *Plataforma conformada por tablas de madera, para almacenamiento y transporte de mercancías, cuyas medidas se encuentran estandarizadas.*

personas. Fueron cruciales el buen gusto y estilo refinado para atraer cada día más clientes. Y de esta forma tan poco ortodoxa para un mundo de y para hombres, inició el éxito de sus propias colecciones.

Tampoco quedó al margen el desarrollo de «su tecnología». Experimentaba variando temperaturas, tiempos de recubrimiento, introducía o sustituía diferentes tipos de gases en el proceso y, en suma, aprendió a convertir el titanio en aleaciones de atractivos colores; prácticamente toda la gama del arcoíris.

Su primera parcela de exhibición —y la que recuerda con más cariño por la expectación que pudiera ocasionar—, sucedió en la Feria de Cevisama[142]. Fue, la suya, la firma más visitada en todo el evento. Tal fue el éxito que la noticia se publicó en todos los medios y prensa de Castellón. La invitaron a realizar varias ponencias explicando, de forma amena, las peculiaridades de una tecnología tan puntera; nacida de la industria aeroespacial para aterrizar en la industria cerámica.

Por si fuera poco, nunca olvidará la visita, allí mismo, del propietario de la mayor fábrica de producto cerámico ¡del mundo!, acompañado de un equipo completo de técnicos y diseñadores, esperando, educada y pacientemente, a que Alicia terminara de atender a unos

[142] *Importante feria internacional celebrada anualmente en Valencia, España, de finales de febrero a principios de marzo; y es considerada como una de las más prestigiosas del mundo, abarcando desde el diseño, materiales, tecnología y soluciones para la industria cerámica, el equipamiento de baño y la piedra natural.*

conocidos arquitectos. Para su asombro y regocijo, antes de proceder a las oportunas presentaciones oficiales, aquel revuelo de profesionales la ovacionó durante largos minutos, de pie y delante de toda la Feria, en reconocimiento a su talento y tesón —como expresara con cariño y respeto *Mauro Vandini*: «esta pequeña gran mujer»—. Aquello supuso *un antes y un después* para Alicia: no sólo había descubierto una de las mayores revoluciones recordadas en este sector, sino que había conquistado y clavado su bandera en un mundo propiedad de hombres y sus imperios cerámicos.

Como le dijera el abuelo *Nikolái*: «Ten fe en ti misma, persevera y llegarás».

Y como suele pasar en las mejores películas, cuanto más brilla la protagonista, más oscuras son las intenciones del antagonista; Romero, en este caso. No la aguantaba ni soportaba su éxito.

Pero... ¿Quién era ella para ser su rival?, o mejor dicho: ¿Qué había hecho ella para despertar en él un odio tan encarnizado? Él, quien era sobrino del más poderoso de la industria nacional; él, quien como joven y ambicioso empresario con patrimonio millonario, había cursado su carrera en Londres entre algodones y lujos; él, quien no podía soportar que una simple inmigrante, y para más colmo ¡una mujer!, le *hiciera sombra*. Debido a su necedad, nunca tendría el valor suficiente para decírselo en persona. ¡No! Era demasiado cobarde para aceptar sus propias limitaciones. Sus maneras apuntaban ser algo más arteras: intentaría seducirla, embelesarla como un encantador de serpientes, para luego, inocularla su ponzoñosa treta traicionera y, finalmente, acabar con ella.

Por eso había cruzado kilómetros hasta Castellón para sorprenderla durante su habitual desayuno en su ya, *otro despacho*: el «Café di Roma». Justo cuando subían la persiana y enchufaban la alargada cafetera, produciendo momentáneamente ruidos ensordecedores con el vapor, aunque cotidianamente entrañables. Sabía que Alicia paraba allí todas las mañanas y no llegaría a su despacho más tarde de las ocho y media. Buscaría por todos los medios su amistad para ir conquistando finalmente su confianza. Necesitaba imperiosamente anidar en su cerebro para descubrir todo cuanto ella supiera; cómo, cuándo y dónde, para poder vaticinar cualquier idea que ella pudiera tener... Pero, con lo que no había contado era el ascendente cosaco de Alicia. El mismo que la ataba de por vida a la fidelidad marital, la absoluta entrega maternal, todas ellas con un profundo sentido del honor y la lealtad para con los suyos.

Y cuando los sibilinos planes no obtuvieron los frutos deseados, cambió de estrategia, lo cual Alicia no tardó mucho en percatarse...

Intuía, desde hacía tiempo, la ponzoña impregnada en las amables palabras y cuidadas maneras de Carlos Romero, por lo que se hallaba prevenida y pertrechada de las armas necesarias para defenderse llegado el momento. Su fino instinto la mantenía constantemente alerta ante cualquier señal de peligro que no se hizo esperar:

La revelación la llegó a través de un cliente de Moscú.

*Mijaíl* era propietario de una fábrica de azulejos quien conoció a Alicia y su producto, en una de las ferias del sector de la capital rusa. Fueron los fructíferos negocios entre ambos los que consolidaron una leal amistad. Cada vez que *Mijaíl* debía viajar a España, por descontado, se alojaría en el espacioso chalet, con vistas directas a Peñagolosa —el pico más alto de la provincia de Castellón—, que Alicia y *Viktor* habían adquirido recientemente, siendo mérito de ella el estilo, la elegancia y el refinamiento, tanto del mobiliario como de los marmóreos revestimientos, donde su gusto por el arte quedó ensalzado con una colección de lienzos de sus pintores favoritos. Las visitas recibidas eran agasajadas con enormes bandejas de marisco fresco, en las cuales no podía faltar la debilidad gastronómica de *Mijaíl*: mejillones al vapor, escoltados con el mejor *champagne*.

Aquel preciso sábado *Mijaíl* la puso en conocimiento de haber recibido un sorprendente correo electrónico de Carlos Romero donde, con todo descaro y deslealtad, ofrecía una rebaja del diez por ciento en todos sus productos, con la artera intención de soterrar a Alicia fuera del mercado ruso. Como prueba fehaciente de la artimaña, la reenvió el correo citado, el cual concluía en su origen como; «Atentamente, Romero».

Lejos de pillarla desprevenida, no pudo evitar acusar aquella puñalada traicionera montando en cólera. Iracunda y casi fuera de sí, conversaba con *Mijaíl*:

—«¿Es que acaso no tiene ninguna vergüenza?... ¿Acaso no fueron también para Romero los beneficios del dinero, ¡de mi propio bolsillo!, que gasté para recorrer distintos países y ferias, para imprimir lujosos catálogos y para el envío de muestras solicitadas por la clientela?... ¡¿De verdad piensa que puede arrebatarme mis propios compradores de una manera tan sucia y vil?!... ¿O, de otra manera, me devolverá..., salvo el tiempo, eso con toda seguridad no va a poder ser; todo lo que he invertido para conseguir los mejores compradores para la fábrica?... ¡¿No tiene ya suficiente con lo que le pago por fabricar el producto?!... —ya desahogada, añadió con profundo dolor— No soy capaz de dar crédito a tan tamaña traición»...

Al ser sábado, tanto *Viktor* como *Max,* se encontraban en casa, habiendo presenciado la conversación.

—¿Qué vas a hacer, mamá? —intervino *Max* cuando colgó la llamada, mostrando una gran preocupación por la seriedad del asunto—. No deberías hacer nada *en caliente*... Por favor... —suplicó con esa mirada sincera que sólo un hijo sabe poner en un ruego desesperado—. Tranquilízate, lo primero; piensa y, después, actúa en consecuencia.

Aquellas palabras de *Max* fueron providenciales y llevaban razón. Hacía falta *tener la cabeza fría y el pulso firme*. No podía permitirse el lujo de cometer una imprudencia por un despecho. Eso era realmente lo que Romero buscaba en ella. Ahora sería su lengua bífida la que sisearía antes de asestar la mordida letal. Para la furia de una cosaca no había salvación.

Durante el domingo pergeñó su estrategia: el lunes, al

día siguiente, llamaría a Romero por la tarde y con calma. Hablaría abiertamente con él, pero no le desvelaría quién la puso al tanto; seguramente, el mismo correo había sido recibido por el resto de la cartera rusa. Quería contemplar en persona, la cara del avaricioso socio y escuchar de sus labios la explicación a este atropello.

En la tarde del lunes, Romero, por descontado, lo negó todo, soltando una ráfaga interminable de mentiras que tableteaban, una tras otra, como la canana de una ametralladora.

—«¡¿Pero cómo puedes pensar eso de mí, mujer?! —se defendió de inmediato— ¡Soy incapaz de hacer algo tan cruel y estúpido! Eres mi socia... tienes el dominio de la tecnología... mi proveedor y, además, mi mejor cliente. Eres ¡mi amiga!, al fin y al cabo —mintió teatralmente—. ¡¡¡¿¿¿En serio eres capaz de pensar eso de mí???!!! —remató su histriónica actuación—. Alicia, en sustitución de una merecida ovación por tan perfecta y creíble representación, le miró al fondo de sus pupilas y sonrió:

—«Por supuesto que no lo creo, mi querido amigo».

La copia impresa del correo electrónico con el cual pretendía hundirla Romero, continuaba plegada en su bolso. La representación letal de Alicia sería aún más gloriosa y ovacionada. Romero no la iba a olvidar mientras viviera...

# 19.- EL SOL SIEMPRE BRILLA SOBRE LAS NUBES

Tras los últimos acontecimientos, Alicia tenía claro que, tarde o temprano —más temprano que tarde—, su asociación con Romero *tenía los días contados*.

Desvincularse de la empresa conservando las acciones, no sólo le parecía poco ético, sino también imprudente: no confiaba en él y sabía que no la facilitaría el acceso al capital.

Realmente, la situación no era la que ella hubiera deseado desde el principio, pero... ¡cada uno es como es! y más en el caso de Romero, que siempre quería más. Hablo de un millonario. Uno de esos... ¡Bien!, quizá con el falso patrón de *hecho a sí mismo*, aunque por debajo de su fortuna personal e imperio cerámico, moraba un verdadero cementerio de empresas y empresarios, zancadilleados artera y personalmente por él. Llegados a este punto, me gustaría realizar una aclaración:

Las empresas no son más que «seres impersonales», «entidades» —si lo prefiere mejor así—, al servicio de individuos *de carne y hueso*. Estimado lector, piense en ellas como unos alicates cualesquiera, por ejemplo. ¡Son sólo una herramienta! Precisamente, quienes hacen las empresas grandes o pequeñas, productivas o improductivas, éticas o no, son las personas —o la persona— que mueven sus hilos de marioneta y, siguiendo con el símil, la marioneta de una vaca que dé, o no, leche. Por lo tanto, una empresa ¡cualquiera! es fiel reflejo de su *amo y señor*.

De vuelta a la historia, Alicia no estaba dispuesta, bajo ningún concepto, a entregar los frutos de su propio trabajo ni el control del patrimonio empresarial a Carlos Romero. No obstante, Alicia mantenía una actitud *políticamente correcta* y no volvió a mencionar el lamentable intento de Romero por echarla, y más de aquella execrable manera, del mercado ruso. Pero ¡no!; no lo había olvidado y ni mucho menos perdonado, tan sólo necesitaba preparar una retirada digna. Ella era una mujer práctica y diligente, de las que no pierde el tiempo restante en lamentos ni insultos.

Por esta razón, aprovechó el tiempo para desarrollar la tecnología que permitiría recubrir otros materiales, como moldes de prensa o cuchillas de corte para así, aminorar los costes de producción del azulejo. Asimismo, realizó investigaciones y pruebas necesarias enfocadas a la industria automotriz, ofreciendo una mayor duración en piezas con desgastes críticos debidos al rozamiento. La «Piedra Filosofal» del titanio no la falló: los ensayos habían sido espectaculares, por lo cual, su aplicación abría un vasto mercado de posibilidades, redundando en infinitas oportunidades de mercado.

Por lo tanto, resultaba obvia su completa entrega al

continuo desarrollo de esta tecnología y, al mismo tiempo, no descuidar «su queso[143]», diseñando nuevas colecciones que no hacían sino aumentar la clientela. Por descontado, quedaba claro no poder confiar en sus socios. Más que claro, ¡cristalino! De no ser por esa *bendita* cláusula, «soplada» por su abuelo *Nicolai* el día de la firma de la Escritura, Alicia sería *un cero a la izquierda.*

Contrariamente a este deseo societario, y no teniendo compensación alguna en una fábrica que presentaba pérdidas, tuvo la habilidad de preservar e incluso aumentar el capital social.[144]

Tanto *Viktor* como *Max* la aconsejaron abandonar esta sociedad y fundar su propia fábrica, lo cual la permitiría desarrollar todo el potencial de la nueva tecnología, y no estar al continuo acecho de una *puñalada por la espalda.* Mientras se lo pensaba o, mejor dicho, lo planeaba sigilosamente, redactó y registró dos patentes más.

Leal a su propio plan, buscó una nave con una

---

[143] *Alusión a la obra: «¿Quién se ha llevado mi queso?», de Spencer Johnson (1998), siendo una breve parábola donde, a través de la historia de dos ratones y dos 'personitas' buscando queso en un laberinto. El foco de la trama se centra en las diferentes reacciones de las personas ante un cambio inesperado en sus vidas, y la gran importancia de volver a adaptarse, no perdiendo el primer trozo, y encontrar el 'nuevo queso', identificados como éxito y felicidad, principalmente.*

[144] *Aportaciones de todo tipo a una sociedad mercantil, realizadas por los socios, a cambio de títulos de propiedad o acciones sobre la misma. Resulta obligatorio por Ley, como garantía real ante los acreedores.*

estratégica situación y contrató los ingenieros necesarios para iniciar la actividad industrial de inmediato. Trajeron maquinaria desde Rusia para concretar una producción mayor y más potente.

Acorde a su ética personal, no llevaría consigo ningún cliente de la fábrica anterior. ¡No era tan mezquina!; conseguir nuevos clientes la abriría nuevas puertas con nuevos diseños. Esta vez, *Viktor* solamente viajaría para comprobar la maquinaria, ¡nada más! Ella misma se responsabilizaría de contratar un equipo altamente cualificado para la *puesta en marcha* de los aparatos, así como del total de las gestiones bancarias y aduaneras.

Y sólo entonces, *ni un día antes ni un día después*, comunicaría a Romero la venta de sus propias acciones para continuar ella sola por su camino. Lo cual —suponía—, le alegraría enormemente, al fin y al cabo, era eso lo que él buscaba desde hacía demasiado tiempo. Así, lo citó una mañana en «El café di Roma», sin ninguna excusa en concreto. Allí mismo, tiró de la anilla de la granada que le supondría la noticia de su retirada del negocio. Aunque no se lo esperaba ni por asomo, el regocijo por *haberse salido con la suya* era bien patente sobre su rostro. Lo que desconocía Romero era tratarse de una *granada de retardo*.[145]

¡*Dicho y hecho*! Aquella primavera de 2006, nació el

---

[145] *Tipo de granadas bélicas que, una vez activadas, hacen explosión pasados unos segundos determinados.*

proyecto más importante de su vida: «Felicity»[146].

El nombre era debido a expresar perfectamente sus sentimientos al abandonar la fábrica de cinco socios, en una sola palabra: felicidad, emoción y plenitud.

Registrada formal y legalmente, *levó anclas, soltó amarras y tendió el trapo*[147]. A partir de ahora, sería «ama de su destino y capitán de su alma», parafraseaba para sus adentros el célebre poema «Invictus» del inglés *William Ernest Henley*, compuesto en 1875. La identificaba a la perfección: *un canto a la libertad y a la resistencia humana en los momentos más difíciles de la propia existencia.*

Asunto plenamente materializado al cabo de los pocos meses, cuando todo estaba dispuesto para pulsar el «botón de Inicio».

La popularidad de Alicia continuaba aumentando, dado que se trataba de una mujer al mando de una fábrica provista de la tecnología más puntera, y una de las razones por la cual, seguían llegando a diario nuevas visitas a la fábrica. Todo el mundo quería descubrir su secreto, por lo que ingenió el ardid de separar las oficinas de la entrada a la nave, mediante un enorme portón corredero, de manera que el enigmático reactor de alto vacío que convertía los ladrillos en oro, quedara oculto.

---

[146] *Traducido literalmente del inglés, «Felicidad».*
[147] *Nombre por el cual la náutica también refiere las velas o velamen.*

Para mostrar nuevos diseños y celebrar reuniones con los clientes, utilizó el mismísimo cubículo ferial que la acompañó en aquella memorable feria de cerámica en Valencia. Renovó los diseños por otros aún más espectaculares, y encargó una enorme mesa de labradorita[148] negra con incrustaciones de oro fabricadas por ellos mismos. Impresionaba a cualquiera y conformaba su mejor tarjeta de presentación.

La producción y el reconocimiento de la nueva firma, literalmente, se disparó. El contraste entre la alta tecnología aeroespacial y los exquisitos diseños de Alicia, atraían el vivo interés de todo el mundo. La verdad, *se encontraba en su propia salsa*. Trabajaba *de sol a sol*, fines de semana y festivos y *Viktor* ya manejaba la maquinaria con más soltura. Ambos, formaban un buen equipo de trabajo. Nada importaba mientras el trabajo por vocación no fuera trabajo... ¡Y nunca lo era!

Pero la atenuación del brillo de Felicity llegó con la brutal irrupción de la crisis económica del 2008. ¡Justo cuando comenzaban a cosechar los primeros frutos del colosal trabajo e inversión!. Tras la caída de la *industria del ladrillo*, como una ficha de *Dominó*, fue detrás el sector cerámico agonizando a cada hora transcurrida.

Las grandes y pequeñas plantas cerraban, unas detrás de otras; los impagos se multiplicaban exponencialmente y,

---

148 *Mineral iridiscente que presenta un fenómeno llamado precisamente labradorescencia, cuyo singularidad irradia destellos metálicos en tonos azules, verdes, dorados, naranjas o incluso violetas, dependiendo del ángulo de la luz.*

en consecuencia, los embargos devoraban sin piedad hasta las fortunas e imperios más grandes. Al frente de estos, casi en su totalidad, la *primera fila* había sido relegada por las segundas generaciones, compuestas por los herederos de los fundadores del sector, habiendo llegado a la gerencia sin excesivo esfuerzo, ya que sus antecesores familiares ya habían sufragado el valor de las naves y maquinaria ya amortizadas, además de contar con una importante cartera de clientes. Aun con todo, muy pocos consiguieron no perecer en el Diluvio.

Sin embargo, contra todo pronóstico, Felicity no cerró sus puertas ni un solo día, aguantando estoicamente las veinticuatro horas a plena producción y sufriendo los cañonazos de los muchos impagos de los clientes, como si se tratara de una batalla naval de *todos contra todos*. Reinaba el desconcierto y el recelo económico; pero, la imaginación de Alicia para la tesorería, quien encontraba soluciones *hasta debajo de las piedras*, mantuvo a flote la nueva firma con sorprendente habilidad y agilidad contables. Navegaban sobre un mar de ruinas empresariales.

Pusieron en juego absolutamente todo su patrimonio para seguir produciendo; aunque muchos conocidos y amigos de Alicia quedaron arruinados, perdieron sus fortunas o fueron descaradamente estafados por otros.

Algunos huyeron del país, otros buscaron... incluso la muerte. ¡Fue terrible! Tanto, que se consideró como la crisis más grave desde *La Gran Depresión* de 1929. Muchos de ellos no tenían ni la más remota idea de la existencia de LEHMAN BROTHERS[149] y el fulminante papel, a todos los niveles y aspectos, que jugó habiendo sobrevalorado el mercado inmobiliario. Caerían legiones generacionales por el precipicio. ¡Un auténtico *Cisne Negro*!

Alicia no necesitó ni un día más, para darse cuenta de que España tardaría años en recuperarse mínimamente. Seguir fabricando para los pocos clientes que naufragaban agarrados a endebles tablas en aquel desastre, suponía directamente un suicidio económico.

Otras estrategias más imaginativas, apuntaban en ir proveyendo los mercados de Europa Oriental y Asia; aunque su propio instinto centró su atención en la demanda transalpina. Italia tenía un reconocimiento mundial en el sector cerámico y en sus diseños considerados vanguardistas. Y, aunque sus precios eran un treinta por ciento más caros que aquí, no la llevó mucho tiempo analizar las oportunidades que podría ofrecer la ítala región de Emilia-Romaña, al norte del país.

Como en otras ocasiones, detectó los fabricantes más potentes, estudió sus líneas de producto y reflexionó sobre lo que les podría ofrecer. Felicity contaba con el valor añadido de tener una tecnología única y aún desconocida

---

[149] *Influyente firma financiera fundada en 1850 en Estados Unidos que llegó a convertirse en un pilar fundamental de 'Wall Street', pero colapsó el 15 de septiembre de 2008, debido a cargarse de hipotecas de alto riesgo, 'subprime', y falta de liquidez, o que provocó la mayor quiebra en la historia del país y el inicio de la crisis a nivel mundial, demostrando así la enorme fragilidad del sistema bancario moderno.*

para Italia. ¿Sería por casualidad o, mejor dicho, por causalidad[150], que entonces conociera al comercial italiano llamado *Luca*?...

Vino a visitarla a la fábrica porque andaba preparando una nueva colección y había oído hablar de «la famosa rusa y sus azulejos de oro y plata».

Congeniaron enseguida: tenían el mismo espíritu inquieto y afán de continua innovación. La reunión se concretó en preparar un viaje a Italia. Cada año, a finales de septiembre, la ciudad de Bolonia abre sus puertas a la mayor e importante feria de producto cerámico de Europa: Cersaie.

No dejaba de ser una ocasión perfecta para conquistar los mejores y más exigentes clientes del mercado. Y con el ánimo soportado por su innato pensamiento emprendedor, se armó de valor como una estoica espartana, dispuesta a lanzarse al incierto vacío del acantilado *Apothetae*[151], con la idea: «Habrá que aprender a jugar en otra liga», en su alma y en sus labios.

Así, en muy breve, preparó sus mejores muestras, hizo traducciones técnicas y comerciales al italiano, y se

---

[150] *Juego de palabras donde 'casualidad' refiere un suceso imprevisto o fortuito, sin causa aparente o conexión lógica; mientras que 'causalidad' describe la relación causa-efecto, donde uno es consecuencia directa del otro.*

[151] *Célebre acantilado donde, según fuentes históricas y la tradición popular, los espartanos lanzaban a los recién nacidos considerados débiles o deformes y localizado al pie del monte Taigeto, principal cordillera de Esparta.*

condujo al aeropuerto valenciano de Manises, rezando para que Dios la ayudara en semejante trance de desolación y caos económicos.

De camino en coche, a la altura de Sagunto y a sólo media hora del aeropuerto, recibió una llamada. La pantalla del *móvil* reflejaba el nombre de su entidad bancaria, por lo que supuso algún mínimo contratiempo que podría resolverse en la distancia de Italia; aunque, quizá, otra vez, el mismo abuelo *Nikolái* guio sus dedos para abrir la comunicación:

—¡Hola Alicia! ¿Cómo estás?...

De inmediato reconoció la voz de Luis, el director de la sucursal.

—¡Ah! Hola Luis. Buenos días. Ahora mismo voy camino del aeropuerto... —intentó con ello que el director pospusiera la llamada.

—Es importante, Alicia; de veras —insistió lacónicamente.

—¡Tú dirás!... ¿No querrás que te lleve una botellita de aceite de trufa o vinagre de Módena, verdad?... —bromeó contra la seriedad del intercomunicado. No era su estilo; pero se encontraba alegre por la emoción de su inmediata aventura.

—No, te lo agradezco Alicia; pero debo comunicarte que tu cliente más importante ha devuelto todos sus pagarés, incluida la totalidad de los tuyos...

La tensión en ese momento fue tan brutal como haber tirado del *freno de mano* en plena marcha. El silencio se tornó abisal.

—...Y sabemos *a ciencia cierta* —prosiguió—, que no tiene forma de remontar a corto plazo, si es que no se declara en quiebra hoy mismo.

Como pudo, Alicia tragó saliva, aunque la fue imposible evitar que su voz comenzara a sonar temblorosa:

—¿Cuánto?...

—Trescientos ochenta mil euros. ¡Hija, casi nada! —bromeó con muy poco tacto.

Aquella noticia, directamente, cortó su respiración.

La única imagen que vino a su mente fue la del inmenso *hongo* producido por una bomba atómica. Imposible guarecerse de los devastadores efectos: no podía posponer nada. ¡Habían quedado desintegrados en milisegundos! ¡¡¡Era la ruina total y absoluta!!!; aunque su espíritu cosaco intentó una última finta de esgrima con su *shashka*.[152]

—Luis, voy a Italia a presentar mi producto a nuevos clientes. A mi vuelta, firmaremos nuevas garantías, avales o lo que haga falta. ¡Necesito seguir produciendo los pedidos! —suplicó en última instancia a sabiendas de las

[152] *Sable de un único filo, ligeramente curvado y sin 'guarda de mano', asociado tradicionalmente al pueblo cosaco.*

repercusiones del impago de su cliente.

—Lo siento, ¡*chica*!. De verdad que lo siento... —intentó suavizar mientras la hundía su *kinzhal*[153] económico y, al parecer, prosiguió hasta la empuñadura.

—No hemos tenido más remedio que cancelarte todas las líneas de crédito, y embargar *el activo* de las cuentas para cubrir parte del *agujero*. Ahora, estás en números rojos... ¡pero muy rojos! ¿Eh?... ¡*Sangrientos*, diría yo! —añadió sádicamente como si retorciera la daga, sin extraerla de la estocada y sin el más mínimo decoro— ¡Ah!, todas tus tarjetas de crédito, también están bloqueadas. ¡Todas!

Aquel postrero «¡Todas!», lo sintió como si, una vez vencida y desangrándose sobre el suelo, hubiera empujado la daga con la suela de su zapato. ¡Le dolió hasta el alma!

—¡¡¡Luis, por Dios!!! Debo tomar el avión ahora y sólo llevo unos cuatrocientos euros en efectivo. *Viktor* tendrá unos trescientos, pero nada más. ¡¿Qué hago ahora?! ¡No puedo cancelar el viaje!... ¡¡¡Es mi única oportunidad!!!

—Lo siento Alicia. No puedo hacer nada.

Y colgó como si ella, una importante cliente de la sucursal, le hubiera importunado, «a su majestad, el director», con una llamada para cambiar de proveedor telefónico o realizar una aportación para «los niños de

---

153 *Daga de doble filo recto y de hoja estrecha y sin guarda, igualmente cosaca.*

Biafra»[154].

El chófer, quien no pudo evitar escuchar la llamada dispuesta *en manos libres* por el altavoz del *móvil*, la dirigió su mirada a través del retrovisor, en espera de recibir nuevas indicaciones como detenerse, dar la vuelta o continuar hasta el aeropuerto.

Al reloj de arena de su tiempo, le quedaban muy pocos granos para vaciar su mitad superior. Sopesó mentalmente:

—«Si regreso... ¿Qué podría solucionar? ¡Cómo voy a alimentar la fábrica! ¡Y las nóminas!... Por mucho que les sonriera a los empleados y les diese un beso en la frente, no tendrían para dar de comer a sus familias... ¡Con qué!, ¡con qué, Señor! —se desesperó— Si, incluso cobrando el total de las facturas pendientes, no cubriría la sima del impago. ¡Dime, Dios mío! ¡Ilumíname, te lo ruego!»

Y de nuevo volvió a escuchar esa misteriosa voz interior que, como un oráculo, la habló:

—«Sólo tienes una opción, Alicia. ¡Sólo una de ambas!: O ganas o pierdes. ¡No hay más, y sólo te queda una oportunidad!... ¡¡¡Sube al avión!!!»

Y es exactamente lo que hizo. Llamó a *Luca* para rogarle cancelara su reserva de hotel, ya que tal vez podría hospedarlos en su propia casa, donde vivía también su

---

[154] *Región del sureste de Nigeria, rica en yacimientos petrolíferos que, a causa de una guerra civil ocasionada por estos, sufrió una gran mortandad y una consecuente hambruna que duró décadas.*

madre y la hermana pequeña. Ya habría tiempo para explicaciones. Ahora necesitaba desesperadamente su ayuda.

Pese a lo rocambolesco de la situación, al día siguiente cruzaban las puertas de Cersaie.

No había tenido tiempo de preparar entrevistas, aunque Alicia sabía exactamente qué firmas debían visitar con las muestras, catálogos y fichas técnicas en italiano bajo el brazo; más una gran esperanza sostenida por la fe.

Su leal amigo, *Luca*, ya puesto al corriente del *maremagnum*, le apretaba la mano cada vez que iban de un *stand*[155] a otro, para compartirla su propia energía y supiera que, pasara lo que pasara, estaría a su lado.

El tanteo del día no fue nada mal: de los cinco fabricantes previstos en visitar, fueron atendidos por todos. Se mostraban gratamente sorprendidos por las muestras de las baldosas «Felicity», y las fichas técnicas hablaban por sí mismas. ¡Nadie había visto nada igual! Agradecían el viaje y la visita, invitándoles a sus mesas para negociar y firmar las condiciones de los nuevos contratos. Todo salía tan *a pedir de boca* que Alicia ya no recordaba nada acerca de su estado financiero ni la catástrofe esperándola a su vuelta. Ahora, de verdad y con más razón, agradecía a Dios su intercesión y por haber escuchado sus ruegos, porque no había rogado para sí misma, sino por todas las muchas

---

155 *Voz inglesa que refiere una instalación dentro de una exposición o de una feria, destinada a la exhibición, promoción o venta de productos.*

familias que dependían del resultado de aquel viaje desesperado.

Al día siguiente, la *Divina Providencia* también *hizo de las suyas poniendo la guinda en lo alto del pastel...*

Como casi todas las casas de moda de élite, *Versace* tenía su propia línea de negocio enfocada a la decoración del hogar, incluyendo una gama de revestimientos cerámicos con su nombre. Estos diseños eran celebrados por el lujo y sensualidad, con la cual combinaban los colores y los llamativos detalles decorativos de oro. Las series venían inspiradas en el arte bizantino, el Renacimiento, el Neoclasicismo y el *Art Decó*. Fue toda una... ¿casualidad o causualidad?..., pero el caso es que abordaron el recinto expositor de *Versace* por pura curiosidad.

Los diseños de ambientes que les fueron mostrados, como cabía esperar, transmitían lujo y opulencia, donde Alicia pensó de inmediato que, las doradas baldosas de Felicity encajarían a la perfección. ¡Debían conocer su producto!

*Luca* se aproximó a la azafata de la firma y preguntó si se encontraba por casualidad el jefe de producto en la feria... Y sí; ¡sí lo estaba!; aunque debieron esperar pacientemente a ser atendidos, hasta casi cuando la feria estaba a punto de cerrar y los visitantes ya arrastraban sus maletines completos de catálogos y muestras hacia las puertas de salida.

Por fin, apareció el susodicho con unas ganas de

marcharse de la feria que parecía llevarlo escrito sobre la frente. Debido al tiempo transcurrido, no le habían podido informar de quién se trataba la última visita de la jornada.

Tuvo que ser *Luca* quien oficiara como *maestro de ceremonias*[156] entre el mismísimo jefe de producto de la marca más conocida en el mundo de la moda; y Alicia, la propietaria de una desconocida fábrica de cerámica de la que, el buen hombre, no había oído hablar nunca. Otra vez salió a la luz la practicidad femenina y, Alicia, con una orgullosa y amplia sonrisa, abrió ante él una de las carpetas de muestras.

Los ojos de aquel hombre casi quedaron fundidos sobre el titanio de la baldosa, por su brillo e inesperados —casi mágicos— vivos reflejos en plata y oro, así como los exquisitos diseños de impecable calidad. Suele decirse que *una imagen vale más que mil palabras*, y no hizo falta de muchas más, aparte de las presentaciones formales, para que fueran invitados a asistir a un *cóctel* informal tras el largo día de feria. Y fue allí donde Alicia pudo explicarse con todo lujo de detalles sobre la novedosa tecnología, su versatilidad en cuanto a diseño, así como las altas prestaciones mecánicas ofrecidas por el titanio y aleaciones. El evento concluyó con una prometedora colaboración entre ambas marcas.

Al día siguiente, previo a tomar el vuelo de vuelta, Alicia estampó su firma junto a la del jefe de producto

---

[156] *Persona responsable de conducir, coordinar y animar un acto público o privado, asegurándose de que el evento fluya con orden, dinamismo y claridad.*

italiano, sobre un contrato recién redactado e impreso donde, entre otras cláusulas, figuraba el *pago a cuenta* de cuarenta y dos mil euros mensuales durante los dos primeros años. Iniciaban así, la producción para la firma de modas, con la cláusula añadida del abono en el mismo momento de cruzar la frontera española, siempre y cuando la documentación de la mercancía hubiera sido visada por los servicios aduaneros.

Felicity dormía plácidamente entre los brazos de Alicia como un bebé recién alimentado. Nadie cuida mejor de los hijos que su propia madre.

## 20.- ¡TRAICIÓN!

A las ocho y cuarto de la mañana, el avión regresaba desde Bolonia entre nubes tan blancas como el algodón.

Alicia descansaba aliviada en su asiento. Suspiró. En el bolso atesoraba el acuerdo con *Versace* que puede...

—«¡¿Puede?!... —se increpó para corregirse a continuación— ¡¡¡Es!!! ¡Significa la salvación de Felicity!»

Y así, con el sueño y sustento para muchas familias hecho realidad, despegó hasta los 10.000 pies sobre el nivel del mar. Estaba repleta de orgullo y amor propio. ¡Lo había logrado!; con esfuerzo, inteligencia y una fe casi ciega en constatar que las oportunidades nunca llegan por azar, sino gracias a la determinación y coraje, envueltos en una sólida preparación como papel de regalo. Durante años había luchado por la independencia de la empresa, aunque ahora comprendía que también abarcaba más razones. ¡Muchas más!

Al aterrizar en Valencia, pasados ya los controles aduaneros, escudriñó la multitud para localizar a *Viktor*. Los pasajeros de su propio vuelo iban abrazando a sus familiares y amigos como si se tratara de un festivo vals de lágrimas y sonrisas. Los abuelos tomaban en brazos a sus nietos que corrían atropelladamente hacia ellos. Las parejas se besaban dedicándose lo que el teléfono no les permitió: contemplar el brillo de ansiedad en la mirada del otro por el tiempo no compartido. Los amigos se abrazaban resueltamente: ellos, con palmadas en la espalda; ellas, con dos besos y cálidos abrazos. Pero *Viktor*... *Viktor* no estaba allí. No había ido a buscarla.

Sintió una amarga envidia de toda esa gente desconocida a su alrededor transmitiendo felicidad. Necesitaba que alguien depositara los brazos a su alrededor y compartiera su merecido logro que también suponía la tranquilidad para muchas familias, incluido su ausente marido. No se había molestado en ir a recogerla y festejar juntos el triunfo de aquella decisión desesperada. No, no estaba. Otra vez, no estaba allí... ¡Nunca iba a cambiar!

Alicia se formó en la fila de la parada de *taxis* y, mientras esperaba su turno, le trajo recuerdos de su empleo en la cinta de producción de azulejos: *Taxi* se sitúa en la parada / Desciende baja el conductor / Abre el maletero introduciendo las maletas / Pasajero sube al transporte / *Taxista* escucha la dirección y arranca hacia aquella / Un nuevo taxi se sitúa en la parada... ¡Mismas operaciones! ¡Talmente una cadena de producción!

Una vez hubo iniciado la marcha el de Alicia, le proporcionó la dirección de su propia entidad bancaria. Iría a desquitarse en las narices de Luis, el director de la sucursal. Sólo imaginar la escena y la cara que pondría éste al ver tan importante contrato, la imprimía una buena dosis de adrenalina. Sólo por eso, valdría la pena.

Tampoco se preocupó en llamar a ninguna puerta que no fuera la de acceso a la sucursal. Cuando la cruzó, musitó un «Buenos días» a la empleada de la caja y sus pasos fueron directos hacia la luna que hacía de puerta del despacho del director.

Tampoco dijo nada entonces, a sólo cuatro días después del repudio financiero recibido. Una amplia sonrisa triunfal hablaba por sí misma y los ojos tranquilizadores de Luis evitaron la entrada *a la carrera* de la empleada del mostrador.

Sacó del bolso el contrato con *Versace* y con aplomo, lo estampó ruidosamente sobre la mesa, justo frente a su ocupante. Sergio no tenía ni idea de qué podía tratarse, salvo una demanda contra la sucursal por una o varias de las mil razones que podría esgrimir Alicia.

Pero no. No estaba impreso en *papel de oficio*[157]; sin embargo, el documento se hallaba firmado en todos los márgenes derechos por su ¿clienta?, y otra firma que le fue revelada en la última hoja, al lado del sello de la firma de la renombrada marca de moda.

Fue a la primera hoja y *leyó en diagonal* hasta dar con

---

[157] *Formato de papel ligeramente mayor al «tamaño carta», con margen impreso y, en éste, el escudo de la Administración de Justicia española. En la esquina superior derecha, letra y número correlativo de serie. Se utiliza para comunicaciones formales judiciales.*

las cifras en euros, impresas en mayúsculas. *Ojiplático* y con la boca abierta, contempló a su —ahora ya sí— clienta por encima de la montura de sus gafas. Lo releyó una segunda y una tercera vez. No había duda: Alicia Namber había obrado el milagro de los panes y los peces.

Aquel contrato, a ojos de la entidad bancaria, suponía un aval indiscutible para Felicity por bastante tiempo más. Se levantó, estrechó su mano felicitándola y, como pudo, comenzó deshaciéndose en una cadeneta de disculpas, acerca de «estar atado de pies y manos» y otras similares con el común epígrafe «*...eran 'órdenes de arriba'*»...

Para ella, suponía la salvación *in extremis* de su empresa, su sueño empresarial, y el sustento de muchas familias. Habían transcurrido tan solo cuatro días desde la última conversación.

Los ojos de Luis parpadeaban, todavía incrédulo, tras los cristales de sus gafas. Aquel simple documento representaba un nuevo comienzo... ¡o eso deseaba!, porque desconocía lo que habría de venir; pero, al menos durante un año, podría vaticinarlo con seguridad. Todo iría bien.

Los primeros meses tras la firma del nuevo contrato fueron vertiginosos. La fábrica volvió a *rugir* con el sonido de los cabezales encendidos, el intenso trajín de los carretilleros y el ir y venir de muestras por los pasillos de la nave. El reactor no paraba ni un día, ni una hora, ¡ni un minuto siquiera! Era la sinfonía de una fábrica a pleno rendimiento.

Alicia se implicó en cada proceso, reuniendo a los

trabajadores en la *sala de juntas* y manteniendo reuniones con los responsables de cada área. Emocionada como quien termina de ganar una medalla olímpica, arengó al llegar del banco a toda la plantilla, haciendo hincapié sobre la importancia de un meticuloso control de calidad en cada fase. Ella misma, como uno más, supervisaría el producto desde la preparación hasta el encajado de las baldosas y la carga de los *pallets* en camiones sin olvidar tampoco toda la parafernalia administrativa y aduanera. Su breve e improvisado discurso concluyó con una sola palabra grabada *a fuego* sobre sus mentes: «¡TODO HA DE SER MÁS QUE PERFECTO!»

Como esperaba, la agónica moral de los empleados se disparó como la aceleración de un Fórmula-1 tras el banderazo de salida.

El ambiente era de total entusiasmo. Hizo disponer café caliente y bollitos durante las pausas; habían regresado las risas a empapelar las paredes de la sala de descanso y un calendario de producción la presidía marcando objetivos ambiciosos. La promesa de una nueva etapa parecía cumplirse y la sombra del pasado comenzaba a disiparse. Alicia sonreía aún más: respiraba y vivía el necesario *puro oxígeno* dentro de la fábrica.

Ese documento se convertiría en el motor de una etapa intensa y esperanzadora, todo parecía encaminarse hacia el éxito. Pero la calma era sólo aparente. Bajo la optimista superficie, las aguas corrían turbias. Las irregularidades del fondo marino acechaban mientras la capitán de la nave oteaba el horizonte.

Y no fue de inmediato, sino al par de días cuando distinguió una nueva trabajadora en la sección de clasificación. Se aproximó al responsable del área y le preguntó por ella, en un aparte.

—Se llama Regina —contestó diligente al punto—, se incorporó justo al día siguiente de tu marcha a Italia.

—¡Ah!... ¿Pero es que necesitábamos más personal? —indagó sorprendida y extrañada.

—¡Ni idea!, la verdad. Ha sido decisión de *Viktor*.

Y como viera que la respuesta no la satisfacía, añadió:

—Es «su protegida»... Yo no me meto en estos asuntos; ya lo sabes, Alicia —intentó suavizar lo que ya, de por sí, se había convertido en una incómoda conversación.

Alicia no prestó mayor atención; estaba demasiado ocupada con los asuntos urgentes de mayor relevancia. Había que reactivar la financiación; mantener, casi a diario, videoconferencias con el jefe de producto de la marca italiana; y obviamente no descuidar a ningún otro cliente.

Por ello, ahora mismo, el negocio requería de toda su absoluta atención. Ya le preguntaría a *Viktor*, tal vez más adelante. Se llegó a preguntar si debería confiar más en su criterio, quizá ello equilibrara sus desavenencias maritales. Ahora, más que nunca, no podía permitirse el lujo de mantener varios frentes abiertos. Resultaba aconsejable mantener la paz del hogar.

Sus cien ojos para todo y los seis sentidos para lidiar con aquellos problemas surgidos como setas en otoño, debían converger en una sola cabeza: la suya. Así, por las mañanas acudía al despacho de Castellón. Un lugar donde poder pensar, proyectar y controlar, tanto las finanzas como mantener las reuniones necesarias con clientes. Al final de la mañana, comía cerca de la oficina y ponía rumbo a la fábrica para asegurarse de su buen funcionamiento. Con seguridad, *sobre el terreno*, resultaba más evidente un ligero reajuste en el orden de los pedidos, y así optimizar las cargas del reactor contando con más tiempo para cumplir con los compromisos adquiridos.

Curiosamente, cada vez que entraba a la nave, veía a *Viktor* con la chica nueva, ya fuera explicándola algún tema del trabajo o, simplemente, charlando distraídamente. Debido a la vasta lamentable experiencia de las aventuras de su marido, Alicia había desarrollado obligatoriamente una aguda intuición en estos temas y, algo más notaba entre *Viktor* y... ¡dejémoslo mejor en «esa»!

Alicia no tenía tiempo para juegos mientras el futuro de docenas de familias pendía de su exclusiva atención. Por ello, en una de esas tardes, fue directamente hacia él y le preguntó abiertamente por la chica.

Como era de esperar, *Viktor* fingió reaccionar molesto e indignado. Alicia seguía careciendo de tiempo para estos *jueguecitos*; pero, al menos, había realizado el primer cañonazo de aviso. Dejaría la batalla naval para otro momento; aunque la brecha en su matrimonio comenzaba a filtrar grandes cantidades de agua represada, con inminentes visos de catástrofe.

Esto en el matrimonio; pero la tal Regina ya comenzaba a ser punto de atención entre los empleados, quienes presenciaban su especial trato con *Viktor*.

Al principio, nadie sabía *a ciencia cierta* quién era exactamente esa muchacha que desentonaba tanto como *un santo con dos pistolas*. Iba bien vestida, demasiado para una fábrica. Despedía el aroma de una cara fragancia *de marca* y, perenne en sus labios, una sonrisa siempre a punto, quizá con ello, unido al aspecto y esencia, intentara disimular una evidente inexperiencia. Sólo bastaba con poner atención en *Viktor*, amaestrado como la serpiente de un faquir.

No faltó mucho para que éste depositara su confianza y lo que le quedara de profesionalidad en..., como antes la cité: «esa». Y no eran celos *a estas alturas*, sino que Alicia vio peligrar el buen orden de un trabajo que, como poco, debía marchar *como un reloj suizo*.

Ella se permitía opiniones ante *Viktor* —¿No se dice que la ignorancia es osada?... Sea pues el caso—; de temas que desconocía en absoluto. Le impartía consejos sobre organización de pedidos, logística, ¡incluso de sus propios compañeros, quienes llevaban ya años con nosotros!

A cada *sugerencia* suya, alejaba más a *Viktor* —y con ello, también de su trabajo—, de los protocolos establecidos bajo la experiencia y sabiduría profesionales. Por lo visto, una noche, en una conversación a solas, ella le insinuó poder encargarse de la supervisión del control de calidad para los pedidos de *Versace.*

—«Confía en mí, cariño» —debió decirle, si no similar—. Y aquel «Confía en mí», fue el principio del fin.

Nadie en la fábrica entendió tal decisión, aunque ninguno se atrevió a cuestionar un nombramiento tan cegado por la lujuria como por el insondable *alter ego*[158] de *Viktor*.

Dos días más tarde, llegó a oídos de Alicia, quien pudo constatar sus primeras sospechas sobre «esa». ¡¿En qué cabeza cabría poner al frente del control de calidad para *Versace*, el cliente que les «salvó la vida», a una inexperta?!...

La pregunta se contestaba por sí misma, porque el *curriculum* laboral de «esa», se limitaba estar trabajando en el «bar de copas» donde la conoció su marido. Investigando superficialmente, decían *las malas lenguas* que su verdadera ocupación era «acompañante nocturna», por decirlo de alguna manera, más o menos, correcta sin ensuciarse la boca al mencionarlo. *A todas luces*, suponía un craso error para la empresa; y, más, en un puesto tan delicado. Debían mucho a *Versace.*

—¡No tienes derecho a contratar a nadie a mis espaldas,

---

[158] *Usualmente, refiere una segunda personalidad o identidad de una persona, distinta de su yo original, pudiendo ser un personaje ficticio o una faceta oculta de la propia personalidad.*

*Viktor*! —le reprochó duramente en el despacho de la fábrica— ¡No eres el administrador de la empresa!... ¡Esa es mi responsabilidad!... ¡Yo decido quién se va y quien viene; y cuál es su lugar! —le gritó iracunda viendo peligrar el cliente más prestigioso de la empresa.

—¡No te metas con ella! —saltó su marido— ¡Confía en mí!...

Las lógicas premoniciones de Alicia terminaron por llamar a su propia puerta. Fue como recibir una violenta bofetada con la mano abierta en un día gélido.

Tras el envío del último pedido a *Versace*, Alicia recibió la llamada de *Luca* desde Italia, quien se encontraba en los almacenes del cliente supervisando las entregas.

—«¡Alicia, toma el primer vuelo para acá! —exclamó verdaderamente preocupado, casi al borde del pánico— ¡Debes venir de inmediato!»

A la mañana siguiente, Alicia estaba en *Sassuolo*, donde radicaban las oficinas de la fábrica de cerámica del *Versace*. Acompañaban a *Luca* a la reunión el encargado de almacén, el jefe de calidad y el de producto.

Sobre la amplia mesa de reuniones, se hallaban varios paquetes y unidades llegados en el último pedido desde Felicity.

Alicia no pudo evitar dar un pequeño grito de espanto, porque no podía creer lo que veían sus ojos: las baldosas recubiertas de titanio presentaban claros desvaídos de color. Incluso algunas habían sido embaladas con desconchones en las esquinas.

—Pe... Pero... ¡Pero qué es todo esto! —consiguió articular por fin con una pieza en la mano.

Quiso creer antes de llegar que las quejas fueran producto de la exageración, pero Alicia atendía primeramente a la seriedad de la Firma.

—«¿Cómo ha podido pasar algo así?» —se preguntaba con la mandíbula totalmente desencajada.

Su rostro, blanco como la nieve, observaba interrogante al de *Luca* sin poder recibir explicación alguna. De ahí, saltaba al del encargado de almacén, para recoger la severa mirada del jefe de calidad y, finalmente, el gesto básicamente expresivo del jefe de producto. De no haber cerrado la boca, el corazón de Alicia le hubiera saltado por la boca, a punto del infarto.

Por descontado, el pedido no cumplía —¡ni de lejos!— con los estándares pactados y tan estrictamente cumplidos durante más de medio año de relaciones comerciales.

—«¡Dios mío! —llegó a pensar— ¡¿Y ahora esto?!...»

Realmente, no tenía palabras. Su boca se negaba a emitir cualquier sonido. Se sintió transportada al instante cuando la situaron en aquella fila de malas limpiadoras del hotel donde trabajó de camarera.

—«¡¿Cómo se supone que voy a poder explicar esto, si yo misma no termino de creérmelo?! —se preguntaba horrorizada, a sabiendas de las consecuencias que dictaminaría aquel ecuánime tribunal de su mejor cliente—. ¿Acaso una negligencia con tintes macabros?... ¿Quizá una venganza de la que desconozco absolutamente todo?...»

De cualquier manera, no sabía cómo remediar aquel desastre porque el daño ya estaba hecho. Felicity había perdido la total credibilidad y prestigio que tanto les había costado lograr.

Lo único que pudo pronunciar a continuación, fue una letanía de disculpas que provenía de un rostro profundamente consternado; pero, allí se encontraba ella como máximo responsable de lo sucedido. Intuyó sin equivocarse que la *pena capital* le sería inapelablemente impuesta, pese a reintegrar el montante de la remesa y las promesas de haber sido un hecho aislado sin par en un futuro. Finalmente, la cabeza de Ana Bolena, rodó por aquel patíbulo con la sangre de «la reina de Felicity» esparciéndose por la mesa.

Consecuentemente, el asunto debía descender desde la monarca hasta el más humilde vasallo, si fuera culpable, tema que señalaba primeramente a *Viktor*. Por el bien de la empresa, debería nombrarle *persona non grata* y eso no tenía fácil arreglo.

Debía regresar de inmediato a Castellón y *poner nombres y caras* a los culpables. Sacó billete para el último vuelo del día. Literalmente estaba en *estado de shock*, por lo que se condujo con el resto de los pasajeros al interior del avión.

La plaza asignada la situaba al lado de la puerta abierta, por donde se iba introduciendo el resto del pasajeros; pero nadie la cerraba por el protocolo de seguridad.

La noche era profundamente oscura y el frío intensísimo. Parecía que hubiera regresado a su niñez.

El tiempo transcurría lánguido como la caída de los copos de nieve al exterior. La nevada se intensificó y las puertas continuaban sin cerrar, lo que produjo una desagradable corriente de aire helado pululando entre los pies.

Se oyó un chasquido por la megafonía de cabina. El comandante informaba que debíamos permanecer en nuestros asientos, a la espera de la llegada de los servicios aeroportuarios para descongelar la capa de hielo formada sobre las alas.

Lo que desconocíamos era la sola existencia de dos vehículos motobomba para todo el aeropuerto. ¡Tres horas más demoraron en ello, y las salidas del avión abiertas *de par en par*! Alicia, más que frío, sentía una vergüenza visceral, ¡mortal! Pero su amortajamiento personal debería continuar en el interior del aeropuerto. El vuelo había sido cancelado.

Deberían pasar la noche en el aeropuerto, ya que la compañía aérea, totalmente desbordada, no podía gestionar el alojamiento del pasajeros con tan tremendo temporal. ¡No había ninguna plaza hotelera disponible! Encontrar un *taxi* en medio de aquella ventisca, resultaba literalmente «misión imposible».

Alicia se arrebujó sobre uno de los fríos bancos del vestíbulo del aeropuerto, e intentó descansar durante el resto de la noche. Ya sólo cuando amanecía, consiguió encontrar cama en un pequeño hotel del centro de Bolonia, suficiente hasta recibir el aviso; pero toda la ciudad permanecía paralizada bajo una copiosa nevada. Absolutamente todos los vuelos habían sido cancelados por temporal.

Paradójicamente, el hotel que la brindaba habitación se llamaba «Paradise»[159]. Desde su ventana podía divisar cómo si el clima hubiera detenido el tiempo. La nieve cubría la ciudad con un espeso manto de una blancura implacable. Desde allí arriba, todo parecía congelado ¡incluso sus pensamientos!

Llegaron las tiritonas, la fiebre y los escalofríos mientras el teléfono no dejaba de vibrar a causa de los correos, mensajes y dudas logísticas desde Castellón. Aquel encierro de tres días, lejos de serlo, en unión con la convalecencia, se definió como un corto periodo de claridad mental.

A veces, el mismo Cielo o la Providencia frena la vida *en seco*, para obligar a meditar sobre los acontecimientos acaecidos y, curiosamente, siempre ocurre en el momento más inoportuno, directamente proporcional a la prisa que

---

[159] *«Paraíso», traducido al castellano.*

se lleve...

Entre tazas de té y cuadernos abiertos, imaginaba nuevos escenarios empresariales, replanteando el futuro de su negocio. Tomaba notas de sus reflexiones, subrayándolas o encerrándolas en un gran círculo, en medida a su importancia. Las reescribía y sometía a un orden por el cual se habían convertido en decisiones clave.

El silencio del hotel resultó ser un retiro monacal donde, muy poco a poco, restituía alma y cuerpo. Cada punto tenía su razón específica, lo que significaba que cada esfuerzo tuviera sentido.

Y al tercer día, resucitó de vuelta a España. A su llegada a la fábrica, se encaró directamente con *Viktor* sin mediar saludo.

—¡Cómo pudiste!... —lo miró con verdadera incomprensión—. ¿Se puede saber qué estabas haciendo?... ¡Cómo has permitido que pasara!... ¿No era responsabilidad de «tu protegida» —escupió con asco—, quien debía velar para que los pedidos salieran impecables?... ¡Ohhhggg! —se desesperaba— ¡¡¡Confiar en alguien sin formación para un contrato tan importante!!!... ¡¡¡¿¿¿...???!!!... ¡¿Me lo puedes explicar?!

Alicia gesticulaba entre voces que traspasaban la intimidad del despacho de la fábrica. Sólo le hubiera faltado espuma en la boca para amedrentar a su marido.

—¡Quise ayudarla!... —justificó—. Se lo merecía.

—¡¡¡¿¿¿Se lo merecía???!!!... ¿¿¿Ayudarla???... ¡A qué, *Viktor*! ¡No sería que os estabais ayudando mutuamente en otras cosas! ¿Verdad?...

*Viktor* no pudo contestar la evidencia; su silencio hizo de respuesta. Alicia le miró como se mira a un perfecto extraño. y atravesando sus pupilas, sentenció:

— *Viktor*, esto se acabó. ¡Todo!

Dio media vuelta y salió del despacho en dirección a su coche; aunque, antes de marcharse, buscó a Regina y la despidió sin contemplaciones.

---

Al día siguiente, mientras Alicia se encontraba en el despacho de Castellón, recibió una llamada de *Viktor*. Al parecer, «esa» había aparecido en la fábrica, acompañada por dos hombres con aspecto nada recomendable. Después descubrió que uno de ellos era el proxeneta[160] de ella.

Habían llegado dispuestos *a sacar tajada* de todo este asunto —como dijeron—, con amenazas, gritos, falacias sobre que «lo sabían todo» y que «*si queríamos guerra, la íbamos a tener*».

*Viktor*, bastante asustado, llamó enseguida a su mujer para ponerla al tanto del suceso. Alicia, alarmada, le respondió:

[160] *Persona que obtiene beneficios de la prostitución de otra persona.*

—«¡Cierra la puerta de la fábrica y no salgas!»

Y como ya resultaba tristemente usual, Alicia fue a sofocar otro incendio.

Una vez en Felicity, se presentó con un aplomo que sorprendió a todos, como si la hubiera retado a un duelo el forajido de turno, pero sin armas. No era la primera vez que pasaba por este trance.

Al llegar, la tal Regina se hallaba fuera. Alicia la encaró de inmediato con el semblante severo y decidido:

—No van a intimidarme. Felicity no es un burdel —anunció, sin levantar la voz.

La mujer quedó desarmada, al esperar un tono mucho más agresivo, aunque la mirada de Alicia no dejaba lugar a dudas.

La mujer empezó a proferir amenazas, pero Alicia ya no era la misma de antes. Mantuvo cabeza y sangre frías, prácticamente ignorándola tanto como a sus insultos.

—Diles que quiero hablar con ellos.

Alicia le dio unos segundos de ventaja y se introdujo en su propia fábrica. Estaban en uno de los amplios pasillos. Cuando los vio, señaló a cada uno y después se encaminaron al despacho. Si ellos no *se andaban con chiquitas*, ella tampoco.

Lo que ocurrió tras aquella puerta nadie lo sabe; pero

negoció, contuvo y los enfrentó verbalmente con valentía.

Finalmente, Regina y sus secuaces se marcharon, frustrados y vencidos, *con cara de muy pocos amigos*.

La empresa había perdido mucho, eso sí. En ningún caso se le habría pasado por la cabeza que corriera una gota de sangre y la opción de llamar a la Policía, no hubiera hecho más que prolongar el miedo y el desconcierto entre sus empleados, porque estos asuntos terminan escalando. Ella venía del Este, donde los temas se resuelven de otra manera.

Por descontado, algo tuvo que ceder al chantaje, pero había ganado algo que ellos no conocían ni de lejos: integridad y respeto. No permitiría que su esfuerzo ni el de su equipo, fueran manchados por escándalos provocados por su marido.

Las semanas siguientes resultaron un completo torbellino emocional: la relación quebrada con *Versace* pesaba, económica y moralmente, como una lápida; aunque, una vez más, no se permitió desfallecer. *Max* fue su pilar de apoyo. Siempre estaba a su lado, incluso en los días más grises.

El escándalo con «esa» y sus esbirros sacudió la estabilidad que tanto les había costado construir. Hubo, como es de entender, llamadas tensas de clientes exigiendo explicaciones formales ante graves incumplimientos y proveedores que cancelaron reuniones. Sin embargo, el equipo de Felicity respondió con una lealtad inesperada. Aquello fue otro pilar que la mantuvo en pie: Marta, una empleada que llevaba en la empresa desde sus primeros pasos, quedó como nueva jefa de calidad y en seguida tomó el control del departamento; Javier, el encargado, asumió el liderazgo de los pedidos atrasados. En general, la plantilla al completo, en lugar de desbandarse, se apiñó formando un sólido bloque.

—«Esto no es culpa de Alicia — se decía en los corrillos de las pausas—. Está luchando por todos nosotros».

Siempre recordará aquellas reacciones como el mejor regalo recibido durante los momentos más duros de su carrera profesional. Poco a poco, milímetro a milímetro, con cada esfuerzo y cada noche sin dormir, Felicity volvió a caminar erguida.

En cuanto a *Viktor*, el asunto no le dejó muy bien parado respecto a la plantilla. Él también había perdido a «esa»; aunque se ganó el desprecio y el vacío con el que fue tratado a partir de entonces. En vez de culparse por la situación, su pueril decisión consistió en regar a diario la planta del rencor hacia Alicia; uno de esos enconamientos viscerales y altamente corrosivo de hiel hacia quien, al fin y al cabo, era su esposa, madre de su único hijo y el *alma mater* [161]de la empresa.

Una noche, *Max* invitó a su madre para ir a cenar juntos los dos. Eligió el restaurante: un italiano, favorito de ambos, muy cerca de las oficinas de Felicity. El dueño era

---

[161] Locución latina con el sentido de «persona que da vida» o «impulso a algo».

antiguo conocido y estaba seguro de que aquel ambiente la relajaría.

—*Mamá*, sé que esto ha sido un golpe duro, pero no te preocupes —inició la conversación una vez sentados y anotada la comanda—. ¡Lo superaremos!, eres una superviviente. ¡Podemos reinventarnos! Tienes un talento increíble, y yo estoy aquí para ayudarte —la recordó mirándola significativamente a los ojos.

Su madre quedó conmovida:

—Gracias, hijo... No sé qué haría sin ti.

A continuación, el chico cambió de tema. Hablaron mucho aquella noche y así se fraguó un nuevo comienzo donde no estaría sola. *Su Max* ya era un hombre.

Los siguientes días, ambos, con muestras de nuevos modelos sobre la mesa y tazas de café entre los dedos, trabajaron hasta las madrugadas, como si fueran dos artistas en su estudio en plena inspiración.

El resultado fue una nueva colección, nacida con fuerza, alma y mensaje, de una calidad impecable, ya que subyacía un fuerte vínculo madre-hijo, que dio como fruto la llegada de nuevos pedidos. En muy poco tiempo, no sólo se restauró la reputación de Felicity, sino que se consolidó.

Alicia, durante una de esas largas noches de trabajo, contemplaba en silencio a *Max*; pensó que, quizá, después de todo, las ruinas podían ser un buen lugar para reconstruir algo hermoso.

# 21.- NUEVA VIDA

La noche en que todo estalló, el silencio del chalet fue interrumpido por la llegada de un taxi cuando el reloj marcaba las dos de madrugada. Alicia se había quedado dormida en su habitación, que desde hace mucho tiempo dejó de ser un dormitorio marital por motivos más que obvios, cuando escuchó la puerta que daba a la entrada principal de la casa abrirse con violencia. Se acercó a la ventana y vio a *Viktor* tambalearse hacia el interior, con la camisa arrugada, el rostro enrojecido por el alcohol y la mirada perdida.

—¿Otro coche, *Viktor*? —preguntó ella desde las sombras, con la voz contenida.

El nuevo Mercedes, recién adquirido, había quedado destrozado en una cuneta. No era la primera vez y la compañía de seguros ya los había apercibido con la cancelación de la póliza.

—«¡Dos coches en dos años! ¡esto ya es el colmo! Si los pagaras tú... —se quejó Alicia.

—¡Cállate y paga al taxista!, no llevo dinero! —vociferó *Viktor* empujando la puerta de la casa.

—¿Dónde está *Max*? —preguntó a la oscuridad

mientras se tambaleaba en el recibidor de la casa.

Alicia tomó dinero del aparador de la entrada para pagar el *taxi* y regresó apresurada. Al llegar, divisó a *Viktor* camino de la habitación de *Max*.

—¡Por el amor de Dios, *Viktor*! ¡Deja al niño en paz!, ¡¿no ves la hora que es?! —apareció desde la entrada, interponiéndose para impedir que despertase al chico.

—¡Quiero que se levante y se venga conmigo a la fábrica! ¡Ahora mismo! —exclamó arrastrando las sílabas— ¡¿Es un hombre o un mocoso?!...

—¡Son las dos de madrugada! Nadie va ir a fábrica ni tú ni mucho menos nuestro hijo. Te recuerdo que tu nuevo coche lo has debido estrellar otra vez. ¡A saber dónde o de qué zanja hay que sacarlo ahora! Haznos un favor a todos, ve a tu habitación y acuéstate. Mañana ya hablaremos.

—¡He dicho que quiero hablar con él ahora! ¡¿Es un hombre o una *nenaza*?! —insistió con la voz balbuceante y empastada, apartando bruscamente a Alicia de su camino. Cuando consiguió llegar, encendió la luz.

—¡Levantate, te vienes conmigo! —vociferó fuera de control— ¡Te enseñaré lo que es trabajo de verdad!

*Max* se levantó de un salto. Conocía demasiado bien a su padre en situaciones similares.

—¡Sal conmigo, te digo! —le gritó cuando lo tuvo enfrente.

*Max* lo siguió. Ya intuía lo que buscaba de él e intentó calmarle:

—Aquí no, padre...

Ambos bajaron al garaje donde *Max* tenía instalado su propio gimnasio, con pesas, saco de boxeo y demás equipo de entrenamiento. Todos aquellos aparatos de ejercicio no sólo los utilizaba para ejercitar los músculos, sino como vía de escape para soportar las continuas tormentas que originaba su padre en casa, pero aquella noche no le sirvieron de mucho: la conversación tornó de agria a mordaz. Había vertido sobre su hijo la gota que faltaba para desbordarle. Subió el volumen de las palabras en segundos, pero las de *Max* estaban cargadas de una la furia contenida por años, viendo cómo se iba desmoronando la persona que una vez respetó.

La discusión escaló, no sólo de volumen —que ya eran gritos—, sino de tono con palabras como: «vergüenza», «ruina», «cobarde» y «fracaso», que fueron estrelladas contra las paredes de cemento, el tintineo de las pesas metálicas y el olor a sudor rancio.

Finalmente, *Viktor* alzó violentamente la mano, aunque *Max* la detuvo en el aire con una mirada que lo expresaba todo: ¡Ya no más!

La mano del padre quedó congelada en el aire con la respiración jadeante. El chico no se movió ni un milímetro. Parecía que alguien hubiera pulsado el botón de pausa de un video. Por unos interminables segundos, se sostuvieron las miradas. Ojos intensos que terminaron por reventar en lágrimas. Algo se había quebrado. La rabia de *Max* había conseguido romper el engranaje de la máquina de odio paternal...

Lo que pasó después en aquel garaje, se quedó allí para siempre. Ninguno de los dos volvió a hablar de ello.

Minutos después, *Max* subía las escaleras hacia su habitación con los ojos enrojecidos represando las lágrimas que aún quedaban por fluir. Peldaño a peldaño no volvió la mirada. Parecía un soldado vuelto de una cruenta guerra. Entró en su cuarto se enfundó unos *vaqueros* y una camiseta. A continuación, llenó su mochila con algo de ropa y un llavero del cajón de su mesilla.

Su madre lo observaba desde el quicio de la puerta, con una pena infinita. Al pasar junto a ella, le posó cariñosamente la mano sobre el brazo. Se miraron. Le dio un beso. Sus únicas palabras fueron:

—«Me voy al piso de Castellón».

Y continuó escaleras abajo, languideciendo el ánimo, peldaño a peldaño. Se dirigía a su refugio: la primera propiedad familiar aún con olor a infancia. Cerró la puerta del chalet sin hacer ruido.

Días después, presentó ante el Juez de Guardia un escrito solicitando la emancipación legal.

Sus libros y trofeos quedaron sobre las estanterías de la habitación. Ya no le eran necesarios, sabía quién era. Ya no era el mismo. Bastaron menos de ocho horas para convertirse en un hombre.

Durante los días siguientes, Alicia se contagió de la determinación de su hijo. Mantener las apariencias tras la marcha de *Max*, carecía de sentido. Nada quedaba de aquella familia que compró aquel chalet. Resultaba absurdo habitarlo sin razón, aunque la pesaba en el alma abandonar aquellas paredes que con tanto mimo restauró, aquellas que fueron inanes testigos de salvar un maltrecho y desvencijado matrimonio.

Pero *Viktor* seguía allí. Incólume. Aferrado a no se sabe qué. No pensaba ni tenía intención de marcharse, por lo que Alicia, una tarde al terminar en la fábrica, se llegó al chalet.

Como intuía, se topó con un *Viktor* borracho. No dijo absolutamente nada y, sin soltar el bolso con el cual salió por la mañana, se marchó... ¡Para siempre! Sin palabras ni despedidas.

Tampoco tenía planeado dónde iría. Tal vez, el refugio impersonal de la habitación de un hotel durante algunos días —como le sucedió en Italia—, sería lo más aconsejable.

Por suerte, Laura, su mejor amiga y contable en la empresa, la ayudó a encontrar un recoleto apartamento a las afueras de Castellón. Fue allí, por primera vez en mucho tiempo, donde Alicia pudo respirar por fin con tranquilidad.

Se trataban nada más que de cincuenta metros

cuadrados, pero suficientes para ella sola. Contaba con una *cocina americana*[162] y unos grandes ventanales orientados a un descampado. Comenzaría por enésima vez desde cero, aunque en esta ocasión sola. Sin muebles heredados, fotografías enmarcadas ni pasado. Sólo el presente y un futuro incierto.

*Max*, lejos de rendirse y con dieciséis años recién cumplidos, al igual que su emancipación legal, se incorporó a la fábrica para trabajar como uno más: *a tres turnos*. Limpieza, serigrafía, carga, muestras... fueron sus primeras tareas. Ninguna, por ingrata que fuera, le daba reparo. La plantilla de la empresa lo tenía en respeto y no por ser *el hijo de la dueña*. Alicia le trató como uno más; estaba forjando su propio camino.

Una noche, cerca de las once, sonó el *móvil* de Alicia:

—¿*Mamá*? —la voz de *Max* temblaba—. Estoy en la fábrica... pero no me encuentro muy bien. Me ha subido la fiebre y estoy tiritando.

—¿Está tu padre allí?

—No, no está. Le he llamado y me ha gritado que dejara de quejarme... Que me largara de allí para siempre si no podía trabajar. Prácticamente me ha echado.

Alicia no dudó ni un instante:

---

[162] *Cocina abierta al salón sin paredes de separación.*

—No te muevas de ahí. Te mando un *taxi* ahora mismo.

En menos de cuarenta minutos, *Max* estaba a la puerta del apartamento de Alicia. Le hizo entrar, su aspecto era deplorable. Tenía empapada la camiseta corporativa de Felicity. Puso los labios sobre su frente para sopesar la fiebre. El sudor era frío, la tez pálida y los ojos vidriosos. No dijo nada, como si fuera el auscultamiento de una eminencia médica; pero como madre, al terminar el examen, le abrazó tan fuerte que hubiera podido abandonarse en sus brazos maternos. Lo sentó mientras le preparaba una manzanilla hirviente para que entrara en calor. Bajó las persianas y le cubrió con una manta que sobresalía por los extremos del sofá.

Antes de dejarle descansar, le informó con una firmeza reposada:

—Hijo, a partir de hoy no vuelves a trabajar bajo las órdenes de tu padre.

*Max* asintió. No hacía falta aclarar nada. Ya se lo imaginaba.

Por la tarde, le llevó otra infusión reconfortante y lo acompañó hasta la cama, donde se durmió en pocos minutos, rendido. Alicia veló sus sueños sentada al borde de la cama, rogando a Dios que lo protegiera y le diera *todas las fuerzas del mundo*.

Al cabo de unos días, *Max* ya estaba recuperado, lo suficiente para acompañarla a la oficina central de Felicity en Castellón. El despacho presentaba una gran luminosidad y cerca del ventanal, montaba guardia un escritorio atiborrado de catálogos, facturas, muestras de piedra y agendas abiertas por doquier.

Cuando se acostumbró al espacio, le tomó por los hombros y le habló a los ojos:

—Si vas a heredar esto, debes entenderlo todo *desde dentro*. Ya sabes perfectamente cómo funciona la línea de producción. Ahora te toca aprender lo que nadie ve: los números, los acuerdos y las estrategias de mercado.

Desde pequeño, *Max* había crecido presenciando las negociaciones de su madre. Había escuchado cómo cerraba acuerdos telefónicamente, organizaba la presencia de Felicity en las ferias y cómo negociaba con proveedores. Como suele decirse: «Lo había *mamado* en casa», lo cual le proveyó de aplomo y prestancia, tanto a su voz como a su carácter. Conversaba y negociaba con seguridad, sin alzar la voz; lo aprendió sin darse cuenta, sólo escuchando y prestando su característica atención. Por fin germinaba ahora aquella semilla plantada silenciosamente en él.

A partir de entonces, estuvo presente en cada gestión. La acompañaba en todas las visitas de clientes, reuniones con proveedores, negociaciones bancarias... Alicia no sólo le estaba abriendo las puertas de su propio mundo profesional, sino que además le ofrecía el lugar que ya se había ganado por sí mismo.

Un martes por la mañana, mientras revisaba el *flujo de*

*tesorería*[163], Alicia le pasó un *dossier* con documentación.

—Necesitamos ampliar la línea de crédito para el área de I+D[164]. Estudia bien los números y ve al banco —pidió sin levantar la vista del ordenador—. No admito un «no» por respuesta. Debes conseguirlo como sea. ¡Puedes hacerlo!

*Max*, con apenas diecisiete años, entró a la oficina del banco con paso firme. Explicó el proyecto de investigación, habló de resultados, del potencial comercial, de la *capacidad de retorno*[165] y devolución. Mantuvo la mirada, defendió cada cifra y cada palabra. La empresa estaba bien considerada como cliente de la sucursal, pero lo que nadie esperaba era ver a un chico tan joven defendiendo la causa de Felicity en vez de Alicia.

*Max* volvió con el documento sellado y autorizado. Restaban las firmas de Alicia en sus copias. La gerente de Felicity le observó llegar desde su escritorio, alzando la cabeza.

—¿Y bien?...

—¡Hecho! —respondió dejando una carpeta llena de

---

[163] *Llamado también «flujo de caja», refiere los movimientos de efectivo dentro y fuera de una empresa durante un período determinado.*

[164] El Departamento de Investigación y Desarrollo de una empresa, está dedicado a la innovación de nuevos productos, procesos o servicios.

[165] *Aptitud de una inversión o proyecto para generar ganancias o rendimientos.*

documentos sobre la mesa.

Ella sonrió complacida y orgullosa de su vástago, pero no añadió nada más. No era necesario. Su fe en él y en su confianza se vieron largamente recompensadas.

Una semana más tarde, mientras Alicia se reunía en la sede de un cliente, llegaron por sorpresa y sin previo aviso a la oficina, un potente y elegante grupo de sauditas[166]. Habían oído hablar muy favorablemente de Felicity y buscaban examinar las nuevas colecciones personalmente. Dado su carácter, no estaban dispuestos a esperar, como así informaron al conocer la ausencia de Alicia.

*Max* ni se inmutó. Los recibió con cortesía ofreciéndoles café y, tras los prolegómenos, los invitó a visitar la sala de exposición. Allí, con una calma impropia de su edad, mostró la tecnología empleada para el recubrimiento de titanio; como también el proceso de alto vacío en el reactor, los ensayos de resistencia a la abrasión y los resultados técnicos obtenidos en laboratorio. Incluso, se atrevió a responder resueltamente a preguntas sobre precios, tiempos de entrega y potencial de comercialización.

Tampoco olvidó aplicar una máxima de su madre: «Nunca hables a los clientes de los costes de producción y la capacidad del reactor en la misma frase. Céntrate en el precio final y la capacidad de venta; de otra manera, adivinarán por cuánto deben comprarte».

---

[166] *Originarios de Arabia Saudí.*

Cuando, horas más tarde, volvió Alicia, encontrándose sobre su mesa unos borradores de contrato, ya redactados. Volvió a mirarle como en aquella vez de la ampliación I+D, salvo que en esta ocasión, no supo si reír o emocionarse. ¡*Max* estaba listo!... ¡Más que eso!: ¡había nacido para esto!

---------------------------

En cambio, el ambiente de la fábrica para *Viktor* se volvió gélido. Los trabajadores ya no sentían ningún respeto por él. Muchos ni le dirigían la palabra y los que se encontraban obligados a ello, hacían notar una indiferencia calculada. Por ello, se limitaba a supervisar el reactor sin participar en reuniones ni dar explicaciones. ¿Se sabía perdedor de todo aquello que nunca valoró: el respeto de su equipo, la confianza de su hijo y la lealtad de su mujer?

A su paso, el resto del personal bajaba la voz e incluso evitaban dirigirle la mirada. Alicia no necesitaba venganza: Dios, la Providencia o el *Karma*, ya lo habían hecho en su lugar. Justo castigo por el que Alicia se sintió, en parte, recompensada.

---------------------------

Aquella mañana de domingo, el sol entraba a ráfagas sesgadas a través de las persianas venecianas de los ventanales que delimitaban el salón del nuevo apartamento de Alicia. Iluminaban a franjas los bocetos esparcidos sobre la mesa. Bebiendo un sorbo de café, contemplaba uno de ellos en especial. Presentaba un diseño delicado, de líneas curvas, e inspirado en los vitrales de una catedral rusa. Lo había comenzado la noche anterior, aún bajo el influjo del sueño que tuvo sobre el Palacio de *Peterhof*[167]. Aquella imagen seguía viva en su memoria: se vio paseando por aquella residencia zarina, entre vitrales y mármoles helados. Al despertar, comenzó a diseñar una colección inspirada en los huevos imperiales de *Fabergé*[168].

La colección cerámica iba tomando forma, aunque estaba pensada para algún nuevo cliente que supiera apreciar el auténtico valor del diseño. Esta vez no habría lugar a errores: ella misma supervisaría cada detalle, cada ficha técnica y cada paso del proceso. Había aprendido *con sangre* a que la confianza no puede delegarse sin garantías.

Al otro extremo de la gran mesa del salón, *Max* trabajaba en silencio. Había frente a él, abiertos varios libros de Historia, arte de la Antigua Grecia y otros sobre yacimientos arqueológicos, con anotaciones a lápiz en los márgenes, puntualizando ciudades conquistadas, fechas, nombres... Le suponían verdadera inspiración para la nueva línea «Magno». Entre las hojas de trabajo se mezclaban columnas de costes con retratos de bustos

---

[167] *También llamado Palacio de Pedro el grande, es un conjunto de palacio y parque a unos treinta kilómetros al oeste de San Petersburgo, en territorio de la ciudad de Peterhof —antiguamente 'Petrodvoréts'— y fue residencia de los zares. En 1918 se transformó en museo.*

[168] *Creados por la Casa Fabergé para los zares rusos entre 1885 y 1916, formando una colección de cincuenta piezas únicas de joyería, donde cada uno albergaba una sorpresa en su interior. Hoy en día son valiosísimas y cotizadas obras de arte con significado histórico.*

griegos y relieves macedonios. Le apasionaba conectar la Historia con el diseño.

—¿Sabes qué me inspira de Alejandro Magno, *mamá*? —enunció de pronto, sin apartar la vista del papel—. Que a los veintitrés años ya había conquistado medio mundo. No le frenaba nada.

Alicia sonrió.

—Tú estás conquistando el tuyo —respondió sin ironía.

Las piezas de ambas colecciones, tan distintas entre ellas, comenzaban a dialogar por sí solas. *Fabergé* brillaba por su majestuosa elegancia; Magno, por su fuerza y simbolismo. Madre e hijo no sólo compartían la misma sangre, sino también ahora una visión, una sensibilidad que cruzaba generaciones.

Tras la amarga experiencia con *Versace*, Alicia sabía que no bastaba con sobrevivir: había que transformar desde una nueva mentalidad.

Hasta entonces, en el sector cerámico, nadie pagaba por el diseño. Se vendía el producto acabado a un precio determinado por metro cuadrado. Punto. La creatividad no tenía valor monetario, sólo comportaba un ingrediente más del proceso. Pero Alicia, tras su experiencia en Italia, sabía que lo más caro y valioso no era la baldosa, sino la idea, el concepto y la historia detrás de cada colección. Quería cambiar el paradigma establecido.

Era consciente de que en España iba a ser difícil. Aquí,

el mercado estaba anclado en esta inercia, pero no sería la primera vez que rompiera las reglas. Así que una tarde invitó a tomar café al jefe de producto de una de las fábricas de cerámica más poderosas de la zona: Jaime. Se conocían de años atrás, aunque nunca habían trabajado juntos. Jaime era práctico, analítico, y algo cínico.

—No quiero vender sólo baldosas recubiertas de titanio —sentenció Alicia con resolución—, quiero vender colecciones.

Jaime, escéptico y lacónico, se limitó a contestar con un encogimiento de hombros, a lo que añadió:

—Mucha suerte con ello, pero te adelanto que no funcionará. Nadie en España pagará por ello, porque nunca se ha hecho antes.

—¡Precisamente por eso, Jaime! —defendió Alicia sonriendo con calculada calma, como quien *guarda un as en la manga*.

Semanas después, la presentación de la nueva colección estaba preparada.

No se trató de un catálogo, sino de una historia. Una proyección de imágenes, música y narrativa. Crear una atmósfera. Cuando mostró las piezas, nadie hablaba. Continuó el silencio hasta el final de la presentación y supo entonces que lo había logrado.

La elaborada presentación se tradujo en la venta de los derechos de la colección *Fabergé* a una reconocida firma, a la cual impuso unas condiciones exigentes, como un volumen mínimo asegurado de pedidos, una campaña de promoción internacional, y el reconocimiento de autoría creativa. Contra todo pronóstico del sector, se pagaba por la idea.

El acuerdo supuso una victoria personal. Por primera vez, el precio comportaba, no sólo el material por metro cuadrado, sino la historia, la emoción y la idea. Felicity no sólo vendía cerámica: ¡vendía arte!

Alicia estaba exultante. No porque hubiera sido relativamente fácil, sino por haber vuelto a abrir una puerta donde el resto veía un muro.

El acuerdo por la venta de la colección *Fabergé*, supuso *un antes y un después*. La noticia corrió por el sector como la pólvora. Llamadas telefónicas felicitándola personalmente, artículos en prensa especializada, incluso algún que otro competidor interesándose por más detalles; aunque, ¡cómo no!, envidias y rumores envenenados no faltaron.

Aun con todo, en general, comenzaron a emularla; a imitar la idea de vender creaciones, por lo que se comenzó a contratar diseñadores y a solicitar presupuestos para presentaciones. Alicia no se molestó por ello, ¡al contrario! Simplemente, volvió a esbozar esa característica sonrisa serena, sabiéndose la primera una vez más.

Felicity recuperaba el ímpetu de antaño con un equipo que trabajaba intensamente y con renovado entusiasmo. Las oficinas de Castellón eran un hervidero de ideas, diseños innovadores, muestrarios e intercambio de propuestas. En la fábrica se había logrado conformar un grupo sólido, eficiente y motivado.

Fuera del núcleo de trabajo, parecía volver a encauzar su vida a otro ritmo más dinámico y fructífero. Había aprendido a disfrutar los pequeños momentos, como leer antes de dormir y a deambular en soledad por el paseo marítimo del *Grao de Castellón* al atardecer. Por primera vez en años, se había desprendido del agobio de la prisa.

Y en la antesala de esta nueva etapa, tomó una decisión silenciosa, aunque firme: traspasar todo su legado a manos de *Max*. Felicity era más que una empresa: el fruto de cada noche sin dormir, cada difícil decisión tomada en solitario y cada riesgo pulcramente calculado. No había nadie más digno para heredar esa historia que su hijo. No como un regalo, sino como una entrega de propósito.

Así, preparó con su abogado la cesión del cien por cien de sus acciones a *Max*. Acto notarial que, al continuar legalmente casada con *Viktor* en régimen de gananciales, sería necesaria la presencia de éste. En la fábrica, le llamó a su despacho y se lo explicó con calma, pidiéndole que asistiera.

El día de la firma en una notaría del centro de Castellón, Alicia llegó con sus papeles en regla y el rostro sereno. *Max*, con una carpeta azul en la mano y los ojos enrojecidos por otra *noche más de turno*. El notario los saludó con cordialidad. Les pidió que tomaran asiento mientras revisaba las escrituras y la documentación aportada. No había ningún problema: podrían comenzar con las firmas.

Cuando llegó el turno de *Viktor* en último lugar, no recogió el bolígrafo ofrecido por el notario. En cambio, habló:

—No firmo nada si no se reconoce mi parte —enunció con frialdad—. Estamos casados *en gananciales* y me corresponde la mitad.

*Max* le miró desconcertado.

—Papá... —intervino—, has trabajado en Felicity... ¡Sí!, es cierto, pero sólo en la parte específica del reactor. Todo lo demás lo ha llevado ella sola.

—¿Y eso qué importa? —replicó *Viktor*, erguido en su silla—. ¡También soy parte de esto! He trabajado en la fábrica, y tengo derecho a que se me reconozca. El reactor es el corazón del proceso. Sin él, no hay recubrimiento ni titanio ni Felicity.

Alicia, sin levantar el tono, pero con voz clara y firme, contestó.

—*Viktor*, el reactor lo compré yo con mi propio dinero... el que con tanto esfuerzo gané. También me preocupé de contratar los mejores técnicos e ingenieros para adaptarlo, montarlo, ponerlo en marcha y enseñarte... —aquí hizo una ligera pausa—, a manejarlo. Toda la tecnología empleada en el proceso está registrada a mi nombre, por lo que las patentes son exclusivamente mías... —volvió a ejercer una breve parada para que su marido fuera tomando nota mental de cada punto—. Igual pasa con la maquinaria y el proyecto entero, los cuales pagué con mi propio trabajo. Tú sólo has operado los equipos que yo he diseñado y comprado personalmente.

El notario, tomó aliento y se inclinó sobre el escritorio para intervenir diplomáticamente mirando a ambos:

—Desde el punto de vista legal, mientras no exista separación de bienes, y siendo constatable la participación activa del señor *Viktor* en funciones técnicas dentro de la empresa, correspondería reconocer su parte en el traspaso...

El notario hizo venir a su secretario para recomponer e imprimir una nueva escritura con sus observaciones. No pasaron ni diez minutos cuando regresó con ella. Después de supervisarla, el notario la desplegó para ser firmada.

*Max* cerró los ojos por un instante. Era un momento, más allá de la firma, decisivo para su madre. La contempló en silencio; aunque le llegaron al alma su serenidad y dignidad. A continuación, obviando a su padre, recogió el bolígrafo de la mesa y firmó. Al concluir le dedicó un comentario en voz baja a *Viktor*:

—Que conste que no lo hago por ti, sino por ella y por lo que significa su decisión.

Y así fue como Felicity pasó a tener dos accionistas: el hijo al que hubiera legado absolutamente toda la empresa, y el hombre quien se aprovechó del momento para beneficiarse. El mismo que nunca había llegado a captar y apreciar jamás el alma de aquello que tenía entre manos.

A ojos del notario, la operación era perfectamente legal. A los de *Max*, una herida que tardaría en cerrar. A los de Alicia, una etapa más a la que daba fin con dignidad. A los de *Viktor*... ¡quién sabe qué más pasaría por su cabeza!

---------------------------

Transcurrieron apenas unas semanas desde la firma, cuando Alicia continuaba adaptándose a una nueva vida más austera, aunque llena de paz. Cada noche se quedaba dormida con un libro sobre el regazo al rumor lejano de las olas. Mientras leía, reflexionaba en no necesitar tanto para volver a empezar de nuevo. Sólo era cuestión de resolución o, tal vez, haberlo perdido todo antes...

Una noche, tras una larga jornada agotadora, madre e hijo cenaban en la mesa estrecha del apartamento: pasta italiana con salsa de tomate y una copa de vino que, Alicia, guardaba para una ocasión especial.

—¿Te imaginas cómo sería todo si papá no fuera como es? —preguntó un *Max* meditabundo, enredando con el tenedor los espaguetis de su plato. Continuó sus palabras:

—Yo no quiero repetir lo que hizo él. ¡Nunca! Quiero dejar huella. Algo que sea limpio y mío de verdad.

Alicia tardó en responderle.

—¡Lo harás!... —animó—. Ya has comenzado a hacerlo.

Sobre ambos cayó un velo de silencio reconfortante. Ese tipo de silencio que sólo puede posarse cuando no hay máscaras, reproches ni miedos, arropando la verdad de dos personas quienes sólo se tienen el uno al otro.

## 22.- «UNIVERSO FELICITY»

Alicia ya no creía en las ferias del sector. Lo había comprobado más de una vez: grandes pabellones saturados de ruido, visitantes que no distinguían entre mirar o imitar, flashes robando ideas sin permiso.

Ciertamente, no conocía a nadie del sector que ganara más dinero con la feria de lo invertido en ella. Era un gasto desproporcionado que sólo servía para alimentar egos y crear titulares en prensa especializada.

En cuanto a los clientes acudían al evento, su gran mayoría buscaban ver las novedades, ir de uno a otro puesto, comparando precios y negociando las condiciones de compra; pero, rara vez, aquello llegaba a contratos importantes. Los tiempos habían cambiado: años atrás, los clientes acudían para comprar; ahora, eran las fábricas las que salían para vender.

Definitivamente, trasladar la tecnología de Felicity a China, hubiera significado una muerte anunciada desde un principio. Otros propietarios de fábricas cerámicas ubicaron sus nuevas plantas de producción y a los mejores técnicos para establecerse en *Foshan*[169], en busca de mano

[169] *Ciudad-prefectura de la provincia 'Guangdong', al sur de la República Popular China.*

de obra más barata. ¿¿¿De verdad pensaban que los chinos no iban apropiarse de las ideas y de los conocimientos, habilidades y experiencia necesarios???...

Para Alicia, la sola idea de planteárselo, le parecía un suicidio. Había aprendido amargamente que las mejores ideas no se gritan, sino deben susurrarse al oído adecuado.

Pero... ¡¿quién era ella para opinar?!

El azulejo fabricado en China llegaba de vuelta a España a precios bajísimos y calidad cuestionable; pero, aun así, era suficiente para crear una competencia brutal a los fabricantes que mantenían su producción en el país. La guerra de precios era implacable y despiadada. Para la opinión de Alicia, el panorama se mostraba absurdo y descabellado.

Ella, desde sus primeros pasos en el sector, sabía que nunca podría competir en precios: no tenía naves heredadas llenas de maquinaria ni patrimonio millonario para invertir. Motivo por el cual posicionó su empresa en la franja elitista y selecta. Allí no había competencia, discurría como aquellos antiguos *Gabinetes de curiosidades*[170] del siglo XIX, donde Felicity era la única en su especie, razón por la que podía fijar sus propios

---

[170] *También conocidos como 'Cuartos de maravillas' o, simplemente, 'Museos privados', y albergaban exposiciones de objetos traídos de ignotos territorios, abarcando secciones tan variopintas como Historia Natural, Geología, Etnografía, Arqueología, Obras de arte y Antigüedades.*

precios al margen del mercado.

Tras las duras y aleccionadoras experiencias soportadas durante de la crisis económica mundial de 2008, también aprendió a desconfiar de los bancos y a no solicitar préstamos; aunque, cierto era, continuar liquidando deudas previamente contraídas y a causa de escandalosos impagos de antiguos clientes. Se juró ser la última vez, no crearía ninguna otra deuda. Ahora trabajaba sólo con clientes selectos y solventes, cobrando *al contado*.

Con amargas lagrimas pagó el precio de la tan deseada independencia. Y no existe palabra más dulce para un cosaco que «LIBERTAD».

Por todo ello fue razón suficiente para hacer las cosas *a su manera*. Felicity ya no participaba en las ferias tradicionales del sector. En su lugar, Alicia había transformado la exposición de las oficinas en Castellón en un, exclusivo y sofisticado espacio de presentación; diseñado para recibir sólo a quienes verdaderamente supieran valorar lo expuesto.

Paradójicamente, estas dependencias se hallaban situadas en pleno centro de la ciudad y justo enfrente al área expositiva de una de las firmas más emblemáticas de producto cerámico mundial, cuyo rostro publicitario era el de *George Clooney*.

Todas las mañanas, desde la ventana de su despacho, brindaba imaginariamente su propia taza de café con la del célebre actor que le mostraba su mejor sonrisa alzando una taza con el lema publicitario impreso en el escaparate:

«*What else?*»[171]. Para Alicia suponía el guiño irónico de cada día, ya que la propia marca era cliente de Felicity. *Ironía por ironía.*

Aparte del café que ella misma ofreciera a sus selectos visitantes, había ideado una *experiencia de marca* completamente distinta: una exaltación de lo sensorial, del detalle y del lujo exclusivo.

Su propia campaña publicitaria a nivel mundial se basó en embotellar un exclusivo cava *Brut nature*[172], elaborado en una antigua bodega del Penedés catalán, cuya elegante y artística etiqueta fue diseñada por *Max*. Lo acompañaba de un pequeño envase que contenía un extraordinario caviar de esturión, producido en colaboración con un modesto criadero artesanal de su región natal, según la antigua receta *Molossol*[173], tal y cómo la enseñó a preparar *la abuela Claudia* durante su infancia.

Por otra parte, los catálogos convencionales, impersonales y repetitivos, fueron sustituidos por una revista de tendencia: «Felicity Magazine», donde ya, no sólo hablaba de cerámica, sino de arquitectura,

---

[171] *Traducido literalmente del inglés, significa: «¿Qué más?» o «¿Algo más?»; aunque mucho más coloquial; empleándose como 'latiguillo' para que el aludido pueda responder con algo adicional u otro asunto que el interpelado debiera considerar, decir o hacer.*

[172] *Vino espumoso 'Cava' caracterizado por su sequedad al paladar.*

[173] *Vocablo ruso, cuya traducción es «poca sal», donde el método de curación del caviar fresco emplea una cantidad mínima de sal, realzando el sabor puro y delicado del caviar, para apreciar matices más sutiles.*

interiorismo, moda, arte, pensamiento... El objetivo de la publicación era ser un escaparate para artistas consagrados de Castellón y su provincia, sin olvidar a las jóvenes promesas artísticas. Iniciaba cada número con un editorial donde volcaba su personal visión, pasión y sentido con todo su corazón.

Precisamente, por ser una idea nada tradicional para el ya arcaico, sector cerámico, tuvo una gran acogida totalmente inesperada: les proporcionó reconocimiento, nuevos clientes y colaboraciones espontáneas. Y fue esa notoriedad cultural la que les abrió una nueva puerta: la invitación a participar en el proyecto de interiorismo más prestigioso del país, celebrado cada primavera en Madrid: *«Casa Decor»*[174]. Alicia aceptó sin dudarlo como un nuevo reto.

Con ello, Felicity se convirtió así en la primera empresa de producto cerámico de Castellón y, debido a su singular trayectoria, los periódicos y publicaciones especializadas comenzaron a llamar a la firma: «La alta costura de la cerámica».

En el año que fue invitada —como era normal—, sólo disponía de dos meses para plantearlo, en el cual dispuso de tres espacios contiguos, que Alicia decidió unificar en una sola propuesta: «un universo propio donde la cerámica

---

[174] *Celebérrima exposición de interiorismo, diseño, tendencias y estilo de vida, celebrada anualmente en Madrid, España. Cada edición transforma un edificio histórico con espacios únicos creados por profesionales, donde se muestran las últimas novedades del sector.*

dejara de ser superficie para convertirse en experiencia».

Esta vez, en el proyecto cooperaría una reconocida y mediática interiorista madrileña. Ambas encabezaban la misión, fluyendo intensamente ideas sin límites. Cada rincón fue concebido como una escena. Un espacio singular de elegancia sublime.

Samsung eligió ese mismo espacio para presentar por primera vez su televisor de pantalla curva, una pieza futurista que encajaba a la perfección con el concepto envolvente de Felicity. Chanel, por su parte, aportó *su toque de oro*: unas colosales lámparas sofisticadas, pendiendo del techo como joyas flotantes. La combinación con el brillo de las baldosas de Felicity, creaba un efecto hipnótico.

Durante aquellos dos meses de jornadas eternas, *decisiones de última hora* y miles de pormenores cuidados al milímetro, Alicia se trasladó temporalmente a Madrid para gestionarlo personalmente. *Max* llegó días después para instalarse con ella. Compartían piso, horarios, *expressos*[175] —nunca mejor dicho— y noches de planificación. La convivencia fue muy intensa y profundamente reveladora: Por primera vez, madre e hijo actuaron como un único equipo completo, sincronizado y sin jerarquías.

Cuando por fin se inauguró la exposición, el impacto

---

[175] *Café concentrado que se hace forzando agua muy caliente a presión a través del café molido fino, resultando en una pequeña bebida de sabor intenso y una característica capa de crema.*

fue inmediato. El espacio Felicity desbordaba innovación. Cada pieza y cada textura, «hablaban» por ellas mismas. Los visitantes recorrieron los ambientes asombrados y los medios especializados aplaudieron la audacia de las composiciones. Incluso, la cadena nacional de televisión, Telecinco, emitió un reportaje sobre su trabajo, destacándolo como uno de los más innovadores de la edición.

Los siguientes cuarenta y cinco días abierto al público, el flujo de visitas fue constante. Arquitectos, diseñadores, clientes, estudiantes, *influencers*[176]... ¡Todos querían contemplar aquel —como dijeron— «espacio cerámico que no parecía cerámico». Y ahí estaba *Max*, impecable, seguro de sí, atendiendo con soltura, resolviendo dudas técnicas, explicando procesos y negociando futuros proyectos. A sus veintitrés años, se comportaba como si hubiese nacido exclusivamente para aquello.

A lo largo de los últimos años *Viktor*, por supuesto, estaba al tanto de los avances y descabellados proyectos —en su particular opinión—, realizados por su esposa, aunque no participaba en ellos. Su labor consistía en controlar los actuales procesos productivos, cada vez más exigentes, dado el selecto abanico de la clientela de Felicity.

¡Claro que aparecía por las inauguraciones de nuevas colecciones y cualquier otro evento donde no faltara cava, caviar y periodistas! porque, al fin y al cabo, era socio de

---

[176] *Anglicismo referido a personas con canales propios en 'Internet', dedicadas a mostrar innovaciones de todo tipo.*

la empresa. Pero *fuera de cámaras*, la relación con su mujer e hijo era puramente profesional. Hacía años que llevaban vidas separadas. Cualquiera hubiera podido pensar que se alegraba de los éxitos de Felicity, pero no en el caso de *Viktor*. Los logros de Alicia y sus proyectos audaces le producían un profundo rencor, al igual que le sucedía con *Max*. Cuanto más se sentía excluido e insignificante, más destructivo se mostraba. Como cuando Alicia debía ir por la fábrica... ¡¿Acaso venía a controlarle?!...

*Viktor*, extrañamente, apareció justo el día de la inauguración de *«Casa Decor»*. Sólo fue un día, pero traía colgada del brazo a una mujer bastante mayor que él. Elegante, aunque vestida con exceso como si fuera una *femme fatale*[177], a quien presentó como —y cito textualmente—, «una importante cliente rusa». Alicia supo al instante que nada encajaba. *Max* le estrechó la mano por pura educación, pero la situación era más que incómoda.

La tensión fue creciendo hasta que *Viktor* entró al espacio realizado por Felicity y, como de costumbre, no perdió ocasión en declamar sus hirientes puyadas.

—Habéis montado un decorado muy bonito —expuso sarcásticamente burlón.

Y prosiguió recorriéndolo con la pomposidad de un

---

[177] *Expresión francesa para aludir al arquetípico femenino de una seductora y peligrosa mujer, quien usa su atractivo para manipular y dañar a los hombres. En este caso «veterana mujer»...*

soberano a observar el espacio, presumiendo ante su acompañante. A quien no dedicó ni una palabra fue a Alicia y *montó en cólera* con *Max*, cuando divisó unas revistas de «Felicity Magazine»; en su opinión, en el momento y lugar incorrectos.

—¡Qué hacen aquí amontonadas! —espetó a *Max*— ¡Llévatelas de aquí ahora mismo!

Con gesto bastante serio, le sostuvo la mirada, pero recogió las revistas para dejarlas en un pequeño cuarto auxiliar. Estaba muy nervioso y no iba a permitir que su padre arruinara *su momento*.

—¡Eres un inútil! —añadió cuando se dirigía a guardar las publicaciones.

*Viktor* no pensaba parar. A la vuelta, *Max* se encaró con él, y en tono confidente nada próximo, preguntó:

—¿A qué has venido, padre?

*Viktor*, desprevenido por una cuestión tan directa, frunció el ceño. La acompañante rusa, incómoda, fingía revisar su móvil.

—No te equivoques, *Max*: Sigo siendo socio y esta empresa se sostiene gracias a la producción de la que estoy encargado. ¿O quién crees que está pagando este... teatro? —terminó por escupir después de untar su rencor visceral por todos los paños de Felicity.

*Max* templó su semblante y, a imagen de lo aprendido

que viera en su madre, respondió gélido como la cerámica que pisaban:

—Puede que te parezca un teatro; pero, al menos, aquí no hay farsantes.

Alicia, previendo el altercado que *Viktor* quería montar, no permitió que aquel duelo verbal fuera más lejos. Se dirigió directamente a su marido:

—No lo estropees, *Viktor*... Hoy no. Si necesitas dinero, dime cuánto.

Como un limosnero a la puerta de una iglesia, alzó las cejas, satisfecho. Alicia, tomó su bolso y le entregó todo el dinero en efectivo que llevaba encima. Por enésima vez, compraba paz a cambio de dignidad.

---

Días más tarde, una amiga en común la confirmó lo que ya sospechaba: aquella mujer no era ninguna cliente ni tenía relación con el mundo del diseño. Sólo se trataba de la nueva amante de *Viktor* que había venido a Madrid para «divertirse» a costa de la empresa. ¡Otra vez!... ¡Otra más!

Los «apetitos» de *Viktor* parecían no tener fondo. Su nómina seguía siendo alta y, sus gastos, aún mayores. Un insoportable *peso muerto*. Y lo peor era que Alicia no podía *soltar lastre*: su marido todavía era accionista y mantenía cierto poder corporativo. Ello le amarraba aún más, aunque sólo fuera formalmente, a la empresa. No sabía qué hacer con él y él, por su parte, no abandonaría la fábrica ¡ni en sueños! ¡¿Dónde iba encontrar un trabajo así?!...

Mientras tanto, Alicia consolidaba la empresa. En Castellón, la exposición de la oficina continuaba siendo un atractivo indispensable para muchos profesionales del sector. Allí no se veían baldosas; se mercaban estilos y conceptos renovados normalmente. El primero que llegara, poseía prioridad en la compra, por lo que los eventos se multiplicaron cuidadosamente programados.

Sobre las espaldas de Alicia, continuaba recayendo el peso de toda la factoría: producción, clientes, proveedores, finanzas, personal... Y, aunque contaba con una plantilla competente en quien delegar, siempre comenzaba la jornada bien temprano.

Antes de nada, su primera parada: el cotidiano «Café di Roma», recién *subida la persiana*. Desde allí, cuando la ciudad todavía estaba desperezándose, entraba en la oficina.

Algunas veces, por variar, salía aún más temprano de casa y desayunaba en la antigua cafetería frente al Mercado Central, junto con policías y barrenderos con los turnos recién terminados. Nunca coincidió con ningún empresario, abogado u otro similar; era demasiado temprano.

Trabajaba hasta muy tarde, lo que la impedía hacer ninguna compra usual, ya que los supermercados ya habían cerrado. Pero nada le importaba mientras sintiera esa paz excelsa y permanecer dónde siempre quería estar, fuera de su horario laboral sin fin.

Sin embargo, sólo *Viktor* tenía una única tarea: el correcto funcionamiento del reactor y con el mínimo de averías posible. ¡Nada más!

En cambio *Max* se había vuelto imprescindible. Lo compartía todo con su madre: visión de futuro, decisiones, planteamientos de producción, estrategias comerciales... Y, además, ¡se encargaba de los diseños!

Su primera colección, «Magno», estaba inspirada en la Grecia Clásica y su héroe predilecto: Alejandro Magno, obteniendo un éxito inmediato.

Le siguió otra igual de exitosa, homenajeando a un célebre diseñador, con texturas bordadas reproducidas en oro sobre cerámica negra, la que había unido aún más a Felicity con el mundo de la moda.. El mismo *Max* dirigió las sesiones fotográficas con modelos profesionales, organizando una presentación espectacular. El resultado fue rotundo. *Max* no solo era la nueva promesa del diseño cerámico. Se había convertido en una realidad consolidada. En breve y cumpliendo su sueño, constituiría su propia empresa para dedicarse al diseño y al desarrollo de nuevos productos; de esta manera, a Felicity nunca le faltaría trabajo.

Mientras tanto Alicia seguía expandiendo su pequeño y singular imperio. Felicity creció desde una empresa de tecnología puntera hasta ser una marca de lujo.

—«Cava... caviar... arte... Abrir un restaurante no sería

mala idea» —bromeó consigo misma en un principio, lo que podría terminar siendo otro proyecto de vida.

La idea comenzó a germinar con ilusión en la mente de Alicia, y decidió, emocionada, tantear a su hijo con el tema.

Así nació un restaurante-boutique en el corazón de Castellón: «Felicity 21», en alusión al emblemático «Club 21»[178] de *Manhattan*, Nueva York. Un espacio exclusivo y emocionante, como todo lo que representaba la marca Felicity.

Llegaron a ser legendarias las tertulias literarias de los jueves organizadas allí. Las paredes se habían revestido con las mejores piezas cerámicas de la fábrica. El interiorismo del local fue un homenaje personal de Alicia al *Art Déco*, cuidando hasta el último detalle. Con ello, Felicity ya no era sólo una empresa, sino «un universo»; *el Universo Felicity*.

Aquel negocio la hizo sentir, por fin, total plenitud; y no porque todo fuera perfecto, sino porque cada paso estaba lleno de sentido.

Y eso... —recapacitó una noche al cerrar las puertas de Felicity 21—, ¡eso era el verdadero éxito!

Al volver a introducir las llaves en el bolso observó que,

---

[178] *Legendario restaurante y antiguo bar clandestino de Nueva York (Estados Unidos), famoso por su exclusiva clientela e historia durante la 'Ley Seca'. Cerró en 2020 tras 90 años como icono social.*

de su agenda, sobresalía un papel doblado cuidadosa y milimétricamente en cuatro. ¿Qué sería aquello que no recordaba, ni por asomo, haber introducido allí.

A la luz mortecina de las farolas, lo desplegó con curiosidad. Se trataba de uno de sus antiguos escritos.

De vez en cuando, para escapar del caos y terror que suponía su vida por aquel entonces, la escritura le proporcionaba un seguro refugio de irrealidad, donde los problemas eran resueltos para el equilibrio de su mente.

No estaba fechado —como tenía por costumbre—; aunque recordaba cuándo y dónde lo había escrito. Fue en su casa de Moscú, cuando descubrió la bigamia de su marido. Lo había titulado «Las mariposas de las relaciones».

Se tomó un tiempo para releerlo apoyada contra las puertas cerradas del local:

*«Hoy, entre mis notas y garabatos, he desenterrado esto —decía—. La primera vez que vi la obra 'Réquiem de rosas blancas y mariposas', de Damien Hirst en 2008, me quedé asombrada, perpleja, aturdida, fascinada e hipnotizada.*

*Me provocó una auténtica explosión de emociones contradictorias que no era capaz de organizar ni, tan siquiera, ponerles un nombre. Creo que era la primera vez en mi vida que deseaba ser una mujer tremendamente acaudalada para sólo poder adquirir este lienzo, encerrarlo en la habitación más profunda de mi existencia y mantener largos diálogos con ella.*

*¡Sé cómo debe de sonar!...*

*Aunque, desde entonces, he tenido la impresión de tener mucho qué hablar ambas, la tan extraña obra y yo misma.*

*Diez años después, mi relación con ella no ha cambiado. Cada vez que la contemplo me transformo... ¡todo mi mundo comienza a vibrar y nada ya es lo que parece. Hoy me he dado cuenta de lo mucho que tenemos en común. El 'Réquiem' no es un final, sino una transformación, un nuevo inicio aún más bello.*

*Hasta ahora nunca lo había contemplado desde esta perspectiva, aunque así es y exactamente a cómo lo siento. Las cosas que nos pasan —las relaciones o personas que dejamos atrás—, no son el fin de algo, como tampoco es triste ni motivo de melancolía. En realidad se trata de una transformación, mejor dicho, una reencarnación de sentimientos. ¡¿Acaso hay algo más inspirador que contemplar cómo la belleza de una rosa se convierte en la mariposa blanca que sale volando, libre, a lomos del viento y tan hermosa?!...*

*Así son igualmente nuestras experiencias: cuando terminan, no mueren ni pasan al olvido, sino que nos liberan y dan alas para volar todavía más alto, más lejos y más libres.*

*El desengaño y el desencanto sobrevenidos al descubrir, al otro día y ya sin la venda sobre los ojos, que podríamos dar mil razones y formular mil teorías más de la razón del surgimiento de ese vacío tan inesperado en nuestras relaciones.*

*Sin embargo, en gran parte de los casos de esta decadencia ilusionante hacia otra persona, no deriva por los actos u omisiones de los demás. A menudo, somos nosotros quienes hemos cambiado. Nosotros mismos quienes ya no vibramos en esa frecuencia o ya no encontramos estímulo en los motivos del otro.*

*Simplemente, nos habremos convertido en una mariposa y tan sólo... nos quede ya volar».*

—«¡Volar! —pensó con vehemencia mientras oprimía la hoja contra el pecho— ¿Le permitiría el futuro seguir volando?...»

Los acontecimientos venideros responderían a su pregunta.

# 23.- SOGA Y VERDUGO

El éxito tiene una forma sutil de atraer admiración y, también... enemigos.

Felicity vivía su mejor momento. Las colecciones exclusivas se reservaban meses antes a su presentación, la prensa especializada seguía cada lanzamiento con entusiasmo, y la exposición permanente de Castellón recibía visitas de firmas internacionales, interesadas en colaboraciones o licencias de venta. Alicia y *Max* habían conseguido lo impensable: convertir una fábrica tradicional en una casa creativa con sello propio.

El conflicto con *Viktor* crecía como una infección silenciosa, supurando avaricia, descontrol e indiferencia. Había abandonado el chalet familiar, no por necesidad, sino por puro capricho, instalándose en otra casa de la misma calle con su nueva pareja: Rita, la supuesta clienta rusa a quien trajo a la inauguración de *«Casa Decor»*.

Sus adicciones resultaban cada vez más evidentes. Con frecuencia llegaba a la fábrica con los ojos como brasas encendidas, la voz arrastrada, incapaz de sostener una conversación mínimamente coherente. Abandonaba su puesto de trabajo cuando le daba la gana, permaneciendo totalmente ilocalizable para nadie.

Una noche, sin previo aviso, apareció *aporreando* la puerta del apartamento donde vivían Alicia y *Max*. Eran casi las tres de la mañana.

Llevaba puesta una bata de hospital y estaba —¡cómo no!— *borracho como una cuba*. Traía una bolsa de plástico en la mano, con su ropa cortada a pedazos y manchada de sangre. Alicia abrió, y le inspeccionó alarmada; no había heridas visibles, pero su estado etílico, más que evidente por el olor del aliento, no le permitía mínimamente mantenerse en pie.

—*Ssstoy biennn...* —balbució como pudo—. *Sssólo querrría... querrría* dormir un *poquito* —remató sus dedos índice y pulgar, apoyándose en el quicio de la puerta.

No pudo explicar mucho más. Algo medianamente inteligible expresó respecto a un accidente mientras se adentraba en el apartamento en dirección a la cama de Alicia.
Allí quedó sobre las sábanas abiertas, tal cual se desplomó. Alicia y *Max*, preocupados, revisaron la bolsa de plástico con ropa, donde encontraron un informe médico y otro policial.

A tenor del segundo parte, venía a decir que conducía un Mercedes —el coche de la empresa—, colisionando de frente con un bolardo[179] de la acera y al llegar una dotación de la Policía Local, atendió al accidentado, que ya había abandonado el vehículo, con síntomas evidentes de

[179] *Obstáculo de hierro, piedra u otra materia, fijado al suelo de la vía pública para impedir el paso o aparcamiento de vehículos*

intoxicación etílica, concluyendo que el accidente podría haber sido causado por ingesta abusiva de alcohol, procediendo a realizar los análisis toxicológicos rutinarios...

...estos arrojan niveles de alcohol en sangre superiores a 3,05 g/L[180], al que una segunda hoja grapada, escrita a máquina y con el membrete de la Policía de Castellón, manifestaba en el último de sus cuatro apartados: opiáceos, anfetaminas, cocaína y cannabis:

CANNABIS

Resultado ............................................................ Positivo *

9D-THC ............................................................ 475 ng/mL[181]

El vehículo, al parecer, había sido retirado a dependencias policiales, quedando a la espera de ser trasladado al desguace como otros tantos.

—«La mala hierba nunca muere» —pensó Alicia, contemplándole desde la puerta cómo roncaba en su propia cama, como si nada hubiese pasado.

Desde aquello, la relación no hizo más que empeorar. Se multiplicaban sus exigencias económicas y salariales sin una razón en concreto. Su presencia en la fábrica cada vez era más tóxica, ya que descuidaba su única responsabilidad en la empresa: garantizar el correcto funcionamiento del reactor, que sufría demasiadas averías

---

180 *Gramos por litro. Máximo permitido en España es de 0,5 g/L.*

181 *Nanogramos por mililitro.*

frecuentes, lo cual provocaba retrasos en las entregas, además de crear tensiones innecesarias entre el personal.

Alicia se desesperaba con ello. ¡No podía controlarlo todo! Fue entonces cuando ocurrió.

A mitad de la exposición de «Casa Decor» y mientras Alicia y *Max* se encontraban en Madrid, llegó a la fábrica un pedido de dimensiones colosales, procedente de una de las marcas más prestigiosas del sector: la misma que empleaba la imagen *George Clooney* como reclamo publicitario. Éste era un encargo que podía estabilizar económicamente a la fábrica durante bastante tiempo; pero con la exigencia técnica de no haber ni un fallo en el acabado del producto.

El primer pedido era meramente promocional; sólo para lanzar un nuevo diseño al mercado internacional, aunque debía proveerse de muestras a todos los puntos de venta de aquella firma. Ello supondría, al menos, dos meses de producción continua. Si salía bien, el modelo se repetiría durante años. Alicia, confiada, dio *luz verde* a dicha producción, aunque con algunas reservas internas.

El error comenzó al principio: el material proporcionado por el cliente tenía defectos visibles en la base de su recubrimiento; un fallo evidente para cualquier técnico con experiencia. Aun así, no se detuvo la línea. Nadie avisó. Nadie tomó la obvia decisión de cesar la producción. Ni el encargado ni el comercial ni *Viktor*.

¡Todos ocultaron y silenciaron el fallo!...

Cuando Alicia volvió a Castellón, día después del cierre de «Casa Decor», lo primero que hizo fue ir a la fábrica. Bastaron unos minutos para darse cuenta de que algo no cuadraba: las bandejas de piezas listas para entrega tenían un brillo irregular, la densidad del metal no era uniforme y la base mostraba imperfecciones. Revisó a continuación los informes del departamento de Control de calidad... ¡No había ninguna notación al respecto!

Convocó una reunión urgente y nadie fue capaz de dar una explicación aceptable. Desde la cabecera de una gran mesa de reuniones, Alicia cuestionaba a todos sus colaboradores:

—¿Cuándo lo supisteis? —preguntó con frialdad mientras recorría con la mirada a cada uno de los presentes.

Silencio... Nadie se atrevía a ser el primero en abrir la boca.

—¡Es que nadie pensó en llamarme!... ¿En detener acaso la producción?... ¿En respetar lo que nos ha llevado hasta aquí para no permitir una cosa así?...

*Viktor* tampoco contestó, aunque bajó la mirada, como otras tantas veces cuando se exigían responsabilidades laborales. Las otras, las de casa, eran otro asunto sin solución. Allí, en aquella gran mesa de juntas, no había lugar ni tiempo ya, para rosas.

Los segundos transcurrían a la par del más absoluto silencio. Se hubiera podido oír el vuelo de una mosca, pero hasta ella decidió que no era un buen momento para volar.

Alicia no perdió el control; aunque interiormente sentía que se ahogaba.

Llamó enseguida al cliente y lo convocó una reunión urgente en sus oficinas. Decidida a enfrentarlo, al día siguiente se libró una de las reuniones más duras de su carrera empresarial.

El cliente, no sólo negaba pagar por el recubrimiento fallido, sino que exigía ser compensado por las propias bases defectuosas que ellos mismos proporcionaron a Felicity. Pero ella no estaba dispuesta a contraer una responsabilidad sobre un asunto técnico sobrevenido y externo a la fábrica. Con temple y educación, sentenció firme su punto de partida:

—Las bases ya vinieron con defectos; nosotros no los generamos; aunque asumo no se detuviera inmediatamente la producción en ese momento, pero eso es responsabilidad interna de esta fábrica.

El argumento, aunque firme, presentaba fisuras por las cuales el cliente intentaba no abonar coste alguno.

Tras horas de debate y de un pulso que pareciera durar hasta el fin de los tiempos, alcanzaron un acuerdo: Felicity no cobraría ni un euro por el recubrimiento; además, abonaría un cincuenta por ciento del coste del material aportado por el cliente.

Si la negociación fue titánica durante horas, el resultado

fue un golpe demoledor para Felicity: ¡Un trimestre entero de facturación, perdido! La fábrica podría asumirlo, pero *les costaría sudor y lágrimas*.

Alicia aún estaba asimilando el colosal disgusto cuando se produjo el nuevo siniestro automovilístico de *Viktor*. Esta vez no estaba dispuesta a dejarlo pasar...¡Era demasiado!

No era por otro coche destrozado ni las cifras ni, siquiera, la anulación de un pedido que ya les había costado suficiente dinero. Lo que resquebrajaba lentamente su interior, como una loseta cuarteándose al paso de alguien por una instalación insuficiente, era la completa certeza de estar atrapada en una vida que ya no la pertenecía.

De cara al mundo, daba la impresión de ser una empresaria incansable, la visionaria creativa y madre ejemplar; pero, dentro de su pequeño apartamento, cuando cerraba la puerta y quitaba los tacones, se derrumbaba como un castillo de naipes. Cuerpo y mente quedaban como una rueda pinchada, de un vacío imposible de rellenar con éxito.

Lo que realmente la asfixiaba era su matrimonio con *Viktor*. Se había convertido en una soga. Un dogal[182] jurídico, emocional y económico que, con cada nuevo escándalo, cada aparición en estado de embriaguez, cada factura impagada o cada nueva exigencia sin razón,

---

[182] *Cuerda con nudo corredizo para ahorcar a un reo de muerte.*

atirantaba un poco más el nudo.

No dormía o, los instantes cuando lo conseguía derrotada por la ansiedad, eran agitados. Los pensamientos se la enredaban como una madeja ingobernable al caer la noche. Cuando todo se silenciaba, salvo las voces internas, lloraba amargamente sin hacer ruido A veces, en la ducha; otras, mientras cocinaba cualquier cosa para ella sola y, algunas veces, mientras caminaba hacia casa, le asaltaba el llanto traicionero tras gafas de sol. Nadie la veía derrumbarse. ¡Nadie debía verla así.!, sería perjudicial para la imagen de empresa...

Era completamente consciente de sufrir trastornos que no deseaba nombrar: insomnio crónico, ataques de ansiedad y presión constante sobre el pecho que, regularmente, la cortaban el aliento. Hasta ahora, era capaz de disimularlo todo, gracias al porte erguido, ropa perfecta, y labios pintados para esa sonrisa medida que sabía dosificar tan bien. ¡Todo falsa fachada! Su interior se hallaba oxidado, corroído por cada nuevo problema; marchita como flor destinada a la basura, si no fuera por el agua de *Max* que la permitía revivir cada vez; usada y utilizada laboralmente como una meretriz cualquiera. Resumiendo: ¡mancillada en todos los aspectos de su vida!

Le dolía el alma por una profunda vergüenza. Inmoralidad de estar casada aún con aquel hombre. Estigmatizada por no haber sabido *quitarse de en medio* a tiempo; de haberle permitido tanto; de estar legalmente atada a alguien quien la hundía en las profundidades con él sin ningún remordimiento. ¡Un verdadero lastre tatuado en la piel!

A veces, al mismo borde donde puede llegar la cordura, se preguntaba si no estaría pagando el precio por haber querido llegar tan lejos.

Una noche, una de esas que siempre parecía la última, cuando ya no le quedaban fuerzas y tan desencuadernada como para seguir aparentando, se dejó caer sobre el suelo del baño y se abrazó a sí misma. Allí, entre los azulejos fríos que ella misma había diseñado para alguna colección, lloró con una rabia sorda.

—«Debo salir de esto, me cueste lo que me cueste... ¡Tengo que salir de esta sinrazón!»

A las cuatro y media de la madrugada sonó el teléfono. Un número desconocido. Dudó, pero contestó.

—¿Alicia?... —dijo una voz masculina y temblorosa—. Soy Miguel. No puedo hablar mucho por aquí. ¿Podríamos vernos mañana, a primera hora, en el *Café di Roma*?... ¡Es muy urgente! —constató sin dar lugar a una negativa.

Miguel era el gestor de cuentas de la oficina bancaria con la que Felicity trabajaba desde hacía años. Jovial, competente y siempre pulcro. Tenía apenas veintinueve años. Alicia colgó sin hacer preguntas, lo que suponía una respuesta asertiva. Sabía reconocer el miedo en una voz y, la de Miguel, sonaba aterrada.

A las nueve y cuarto entró por la puerta de la cafetería.

Miguel la estaba esperando. Al levantarse pudo apreciar cuán profundas eran las ojeras que circundaban sus párpados. La tez mustia y demacrada. No parecía el mismo. La saludo con dos besos, escudriñó alrededor como si le vigilaran, y habló en voz baja:

—Me han acusado de robar fondos de clientes de la oficina en operaciones realizadas desde mi ordenador. Varios agentes entraron en la sucursal, preguntaron por mí y me sacaron esposado hasta una patrulla con las luces parpadeando. Después, me encerraron en un calabozo de la comisaría y, durante horas me sometieron a un duro interrogatorio de cosas que desconocía totalmente. ¡Alicia, me han embargado todo! ¡¡¡Todo!!! —levantó la voz, para descenderlo inmediatamente—. Pero yo... ¡yo no hice nada! ¡Había estado de vacaciones y era mi primer día!

Alicia guardó un silencio reposado, atento, serio; de esos que animan a continuar a quien habla.

—No tengo pruebas. Sólo sé que no fui yo, pero ya sabes cómo es esto: la banca no espera explicaciones; actúa directamente. ¡Me han arruinado! No tengo dinero ni casa ni trabajo —se desesperó.

Sus manos temblaban incontroladamente. Levantó varias veces la taza, pero lo dejó por imposible.

—¡Te lo juro, Alicia! No soy capaz de hacerle daño a nadie. ¡Tú me conoces!... ¡¡¡Te lo juro por mi madre!!!

Alicia no necesitaba que jurara. ¡Había escuchado tantos en ocasiones límite, que hubieran levantado muertos airados! Hijos, madres, padres, esposas, maridos, abuelos... Cualquiera que fuera digno de ser mancillado. Por ello sopesó que, a Miguel, no le conocía más personalmente, sólo a nivel profesional; aunque, por otro lado, no daba el perfil que le inculpaba. No parecía la historia de alguien que supiera mentir. Y por alguna otra razón, quizá compasión, le creyó...

Y ayudó.

Le dio algo de dinero en efectivo y prestó ropa de *Max* para que pudiera adecentarse con cierta dignidad. Incluso hizo preparar una pequeña habitación en las oficinas de Felicity para que tuviera un lugar donde dormir durante esa semana.

Nadie lo supo; nadie tenía por qué saberlo...

En medio de su propio infierno, Alicia le auxilió como pudo y dictó su conciencia. Quizá, porque conocía demasiado bien lo que significaba sentirse así de solo.

Alicia y Miguel. Cada uno desde su propia esquina, libraban impías batallas. Ella, contra una vida deshaciéndose irremediablemente entre los dedos, como agua imposible de retener; él, contra un sistema que lo había arrojado al vacío con la catapulta de unas acusaciones que seguían sin demostrar.

El proceso judicial avanzaba lentamente. Miguel estaba en libertad, pero sin recursos, sin reputación y sin respuestas. Intentaba por todos los medios recomponerse, rehacerse. Volvió a sentarse frente a Alicia semanas después, en la misma mesa del «Café di Roma». La citó con reparo. Inseguro de sí mismo.

—Necesito pedirte algo más, Alicia —inició, con la mirada baja—. Me han diagnosticado cáncer de estómago. Tienen que operarme urgentemente, si no quiero que me devore las entrañas. No puedo ni debo esperar. Es una clínica privada que... no tengo recursos para pagarla.

Alicia no dijo nada ni hizo gesto alguno; sólo tomó su bolso y tras rebuscar en él, extrajo un bolígrafo y una libreta de cheques.

Tampoco dudó ahora. Preguntó la cifra, rellenó, firmó y lo separó entregándoselo. Le iba a costear la operación.

La cirugía se realizó con éxito, días más tarde. Cuando volvieron a verse otra vez en el «Café di Roma», volvió a pedir algo más modesto, aunque igual de significativo:

—¿Podría usar un espacio en tu oficina? Solo una mesa y una conexión a *Internet*. No te pido más ni quiero molestar. Quiero rehacer mi vida con algo relacionado con los seguros. Algo que me permita sobrevivir mientras demuestro mi inocencia...

Alicia *no lo pensó dos veces* y accedió. Le cedió un rincón de la planta de Administración, lejos del núcleo creativo y la exposición, para así preservar su intimidad. Nadie preguntó por la novedad. Miguel llegaba temprano, saludaba con una sonrisa, trabajaba todo el día en su portátil, y se marchaba con la caída del sol.

Miguel comenzó a recuperarse sorprendentemente rápido. Encontró un socio valiente, con recursos y contactos en el sector empresarial. Alguien dispuesto a *poner dinero sobre la mesa* a cambio de una red clientelar y experiencia. Abrieron juntos un despacho de asesoría empresarial. Grande y ambicioso.

Y, en un gesto que parecía sincero, se presentó un día en el despacho de Alicia con una propuesta.

—Quiero ofrecerte mis servicios —dijo—. Asesoría fiscal, mercantil y jurídica por una tarifa simbólica, en muestra de mi agradecimiento. Sé que hemos pasado cosas difíciles; pero, ahora, me gustaría devolverte el favor.

Alicia, agotada emocionalmente, aceptó. No por debilidad, sino por una mezcla de cansancio, necesidad y resignación. Aquello se la antojó una tregua que la vida la daba en uno de sus frentes.

---------------------------

En el despacho de Alicia continuaba flotando un recuerdo a la esencia «Iris», de Prada. De lo alto de la ventana colgaba el retrato de *George Clooney*, quien continuaba impertérrito sonriendo cada mañana con su taza y lema sobre él; aunque Alicia había dejado de prestarle atención y, menos, sonreírle. Había perdido todo sentido del humor, y también la fe en los ídolos y en cualquier cosa que fuera intangible o no patente... ¡Salvo Dios! Sabía con completa seguridad que velaba por ella en todo momento; aunque Alicia no comprendiera previamente sus obras para tenerla en salvaguarda y, en más de una ocasión, sus procedimientos.

A veces sentía que toda su vida se había convertido en una especie de negociación infinita: negociaba con *Viktor* para frenar su propia caída; con los bancos para evitar la quiebra; con el sueño para poder mínimamente dormir; y con la angustia para no hundirse delante de su hijo.

Pero había una negociación, una de ellas que ya no podía postergar más: la suya consigo misma.

La soga de su matrimonio la había apretado tanto que ya no le quedaba aire ni para respirar legal, económica ni emocionalmente. *Viktor* seguía teniendo derechos accionariales sobre Felicity. Prebendas que usaba como armas con balas de chantaje que amordazaban impías. ¡No se iría jamás por propia voluntad! Alicia ya no podía seguir así, sosteniendo esa estructura mientras se deshacía por dentro como un castillo de arena ante el embate de la marea.

Fue entonces cuando se dio cuenta de que aún le quedaba una última y única opción: ¡Debía sacrificar a Felicity! No era una derrota, sino el precio inevitable de su libertad.

Decidió vender Felicity y todos los negocios periféricos: la exposición permanente de la empresa, la fábrica con su maquinaria correspondiente, el restaurante... ¡Incluso los derechos sobre las colecciones! No deseaba, ¡No quería más guerras! Debía cerrar un tomo de su vida, saldando las deudas y repartiendo el resto entre los tres para comenzar de nuevo sin cadenas.

El plan era simple y sencillo sobre el papel: negociar una venta limpia, cobrar el dinero, pagar lo que se debiera y dividir lo restante en tres partes iguales: *Max, Viktor* y otra para ella. Una caída de telón sin ovaciones, pero elegante, con la dignidad de quien no se arrastra, sino que decide soltar.

Cuando Alicia los reunió para comunicarles su decisión, no hubo gritos ni reproches; sólo un silencio largo, espeso, hasta incómodo, para luego quedar en una resignada aceptación unánime, que tardó en nacer.

Incluso *Viktor* —en un raro momento de lucidez—, asintió con la cabeza y murmuró:

—Es lo mejor. No tiene ningún sentido seguir como estamos.

Era la primera vez en mucho tiempo que hablaban como adultos: sin veneno.

*Max* comprendió enseguida el peso de aquella decisión. No sólo implicaba dejar atrás una empresa, era renunciar a una historia, una identidad, y a todo lo que su madre había construido con esfuerzo y coraje; pero, también, por fin, era una salida, dolorosa y razonable.

Alicia, discretamente, comenzó a buscar compradores. No sería tarea fácil: Felicity no era solo una fábrica, sino una marca cargada de significado, contratos sensibles y valores intangibles. Necesitaba encontrar no solamente una empresa solvente, sino alguien detrás capaz de valorar todo lo que Felicity representaba.

Miguel, como era de esperar, cuando se lo dijo Alicia en confidencia, se ofreció a prestar ayuda. Desde su nuevo y opulento despacho, se mostraba siempre dispuesto y atento. Su situación personal continuaba siendo frágil, pero había recuperado estabilidad económica, mostrándose agradecido y voluntarioso.

Los viajes de Alicia, desde entonces, se hicieron más frecuentes. Necesitaba cerrar cuentas pendientes con proveedores y clientes, revisar compromisos cooperativos legales... Todo aquello que necesitaba para desligarse absolutamente de *Viktor*. Durante esas semanas, delegó algunas gestiones delicadas en Leo, uno de los abogados del despacho de Miguel, quien había trabajado, meses atrás, para Felicity con eficacia y discreción.

Antes de salir en una de sus encomiendas, otorgó un poder notarial en favor de Leo. Confiaba en él porque era metódico, educado y, aparentemente, incorruptible.

Un día, estando fuera de Castellón, recibió una llamada de Miguel.

—¡Alicia, lo tengo! Ya encontré un comprador. Es serio y consolidado. He estado trabajando el asunto desde hace semanas y aceptan todas tus condiciones.

Ella guardó silencio; aunque sintió una punzada, mezcla de alivio y vértigo. Como la notificación *en firme* de una sentencia capital, fijando día y hora.

—¿Está dispuesto a presentar una garantía bancaria? —preguntó para evitar resquicios.

—Sí. Todo. Lo hablamos ayer. Están listos para firmar ya.

Alicia dudó ante la premura.

—Todavía no puedo volver, me quedan al menos dos días más aquí.

Miguel no tardó en responder:

—Entonces, si me das *luz verde*, que firme Leo. Él tiene poder. Ha revisado *mil veces* el acuerdo completo y dice que todo está en orden.

Alicia respiró hondo.

—¡Hazlo!

Y con ese simple «hazlo» firmó un destino del cual aún no conocía *la letra pequeña*.

Al día siguiente de la firma, mientras Alicia aún recorría fábricas proveedoras en el norte del país, recibió otra llamada de Miguel. Su voz sonaba distinta.

—Tenemos un problema, Alicia —dijo sin rodeos—. *Viktor* y su nueva pareja, ¿Olga?..., no han sido muy discretos. Han hablado *de más* sobre la venta de Felicity con gente del sector, y éstos sacaron viejas deudas a la superficie. ¡Ya sabes cómo es esto!: corren rumores y no buenos, lo que ha echado atrás al comprador cuando se ha enterado.

El silencio de Alicia duró lo que un latido. Luego la sobrevino el temblor.

—¡Cómo que se ha echado atrás!

—Dice que no quiere meterse en un proceso contaminado por chismes y sospechas... ¡y menos aún en un matrimonio con problemas! Se retira. Lo siento, Alicia.

Alicia sintió que el suelo volvía a temblar bajo sus pies. Después de semanas de negociaciones, de sacrificios, de decisiones dolorosas... ¡el plan se deshacía por la indiscreción de *Viktor* y la tal Olga! ¡¡¡Increíble!!!

—Estoy cansada, Miguel. Cansada de arrastrar las consecuencias de los errores ajenos... Muy cansada, créeme.

Pero, al parecer Miguel no había llamado únicamente para dar malas noticias.

—Alicia, te propongo una solución. Escúchame.

Ella prestó atención.

—Yo conozco bien la empresa. Sé lo que vale. Es buena y rentable. Tiene proyección internacional. Mi socio puede conseguir la financiación. Está respaldada y podemos ofrecerte las garantías bancarias que exigías. En unos pocos días todo estaría resuelto.

Alicia continuaba en silencio, en espera de recabar más información.

—Además, *Viktor* conservaría su puesto. No queremos destruir, queremos continuar... Sólo que a nuestra manera.

Alicia recapacitó en ser la primera propuesta *sólida* recibida en semanas. Venía de alguien en quien anteriormente había confiado y había ayudado en sus momentos más bajos... Y ahora, al parecer, le devolvía la mano tendida. Finalmente, capituló. No sentía alegría ni entusiasmo. Era ese tipo de resignación que uno aprende después de demasiadas guerras.

—De acuerdo, hacedlo —ordenó.

Y colgó sin saber que esa vez terminaba por entregar algo más que una firma...

## 24.- ¡ADIÓS FELICITY!

La nueva venta se firmó mientras Alicia aún continuaba de viaje. Lo había dejado todo previsto: el contrato redactado por ella misma, las condiciones de los plazos con fechas determinadas, y el poder notarial en manos de Leo, el abogado del despacho de Miguel. Confiaba en que todo saldría bien.

Al día siguiente a la firma, recibió el primer pago.

Regresaba en tren a Castellón cuando vio la notificación bancaria. El dinero había sido ingresado formalmente en cuenta. No era gran cantidad, aunque la permitiría cubrir las nóminas y finiquitos de los trabajadores, algunas letras de cambio y cancelar las tarjetas de la empresa. En este momento y siendo consciente de que la decisión había sido dura, sintió algo parecido a la paz. Algo así como debía ser la paz celestial tras la muerte física. Se recreó en la idea de que, quizás, estaba a punto salir por fin de aquel laberinto.

Escribió dos lacónicos mensajes: uno a *Max* y el otro para *Viktor*.

—«Ha llegado el primer pago. Todo parece correcto».

Cuando llegó a Castellón, lo primero que hizo fue acercarse a la fábrica. Quería recoger sus cosas: el portátil, personal, carpetas con *documentación sensible* del archivo, y varias libretas personales que guardaba en su despacho.

Llamó a la puerta y acudió a abrirla el encargado de Felicity.

—Lo siento, Alicia. No puedo dejarte pasar.

Ella lo miró, confundida.

—¡¿Cómo que no puedes?!...

—Tengo instrucciones precisas del nuevo propietario.

—¿¿¿De Miguel???...

El encargado la contempló desafiante.

—Admite, Alicia, que la fábrica ya *te venia grande*. Miguel tiene más recursos... Tú ya no pintas nada aquí.

Alicia quedó *congelada*, perpleja, ¡ojiplática!, frente a la entrada. No sabía cómo responder a esa afrenta tan inesperada. Algo dentro de ella se quebró como un vaso escurrido de la mano.

—«No es un error ni un malentendido. La terminaban de excluir de la manera más grosera. ¡No se lo merecía después haberse dejado prácticamente la vida entre aquellas paredes! Necesitaba con urgencia un abogado. No quería y no podía esperar las fútiles excusas de Miguel; aunque necesitaba saber qué estaba pasando realmente, porque, hasta ese mismo momento, lo único claro era que *se la habían jugado*.

Aun así, intentó comunicar con Miguel... ¡Nada!. Marcó entonces el número de Leo... ¡Tampoco!, ninguno descolgaba. Llamó al corporativo del despacho y, de malas maneras, la informaron que ninguno de ambos estaba disponible.

Envió correos. Mensajes escritos y *de voz*; pero no obtuvo ninguna respuesta...

Optó pues, por la vía legal: solicitaría directamente en la notaría una copia de la escritura de compraventa; la asistía en derecho como parte vendedora. La respuesta fue aún más desconcertante:

—Lo siento, señora —respondió la recepcionista amablemente ante la petición—. El notario está ocupado toda la semana. Podemos tomar nota de la solicitud y fijarle cita para la siguiente.

—¡No pido una cita! ¡Sólo necesito una copia de la escritura que se firmó en mi nombre! —clamó Alicia— ¡¿No lo entiende?! ¡¡¡Pido acceso a una escritura en la que figuro como parte!!!

—Entiendo su petición, señora —continuó con tono neutro en la voz; templanza adquirida tras muchas ocasiones habiéndola enunciado—; pero, en este momento, no puede ser atendida su petición. Lo siento, deberá esperar.

Alicia colgó la llamada sin responder. La temblaban las manos... ¡¡¡Qué estaba pasando!!!... ¡¿También un notario público se encontraba conchabado en el asunto?!...

Hasta el momento previo a la última llamada, quiso pensar que todo se debía a un error, una lamentable confusión o un malentendido. ¡Pero no!, no lo eran. Comenzaba a entender que no se trataba de ninguna de las posibilidades razonables. ¡¡¡Era algo mucho peor!!!

Pasaron semanas hasta que Alicia logró obtener una copia de la escritura. Tuvo que enviar formalmente un requerimiento legal a la notaría que, su nuevo abogado, entregó personalmente, acompañado de ella. Sólo entonces accedieron a facilitarla el documento. El notario salió a recibirles. Cortés, aunque notablemente nervioso, se limitó a repetir lo dicho cuando la firma: «Todo parece en regla».

De vuelta en casa, Alicia lo releyó tres veces. Desde luego era su escritura, la firma de Leo con un superíndice «P.P.»[183], con la correspondiente copia compulsada de la autorización para firmar en su nombre, su propio nombre en el encabezamiento, su empresa, pero... ¡No era su contrato original!

Había sido añadida una cláusula adicional que no figuraba en la copia original que proporcionó al abogado y redactada antes del viaje. Un cláusula resolutoria añadida en último lugar, con una redacción sutil, técnica, perfectamente legal... ¡y absolutamente letal!

La disposición venía a decir que, en caso de impago de cualquiera de las cuotas pactadas, la parte vendedora podría instar la resolución del contrato, pero ¡con la inexcusable condición de reintegrar el total de las cuotas abonadas!

¡Sonaba tan absurdo y rebuscado, que haría de los procesos legales un asunto casi inviable! Alicia previó un marco donde abundarían más vistas judiciales, edictos, resoluciones transitorias, recursos a estos, estimaciones

---

[183] *«Por Poder».*

peritadas... ¡Años!

Había sido víctima de una trampa perfecta, ¡firmada con su propio poder!, con seguridad ideada por Miguel y redactada y ejecutada por Leo.

Cerró lentamente la escritura con gélida frialdad.

La habían engañado y usado para un maquiavélico plan. ¡Habían traicionado su confianza!, acrecentando su agotamiento y tapiando su deseo para cerrar una etapa. Quedaba claro que todo había sido calculado desde un principio.

Ahora tenía toda la certeza; aunque el revulsivo de la rabia, la llevó a decidir que, si no podía recuperar la empresa *por las buenas*, lo haría peleando legalmente *por las malas*.

Lo más *sangrante* de todo no era haber perdido Felicity, sino que, ahora, todas las deudas pasaban a la familia y no podrían afrontarlas, ya que Alicia no había recibido más que un primer pago simbólico. Todo lo demás, como plazos estipulados para los abonos pactados, las garantías bancarias acordadas, el equilibrio milimétricamente negociado, se desvaneció en el aire.

Mientras Alicia trataba de organizar un frente legal, los bancos y proveedores comenzaron a reclamar sus cobros. Si no había flujo de dinero, no habría ingresos de dónde pagarles. Cada día salía una nueva reclamación, una nueva llamada, un nuevo *burofax*[184], una nueva carta certificada,

---

[184] *Servicio de fax con valor legal fehaciente, prestado por la empresa pública española, Correos, la encargada de la gestión del servicio postal universal en España.*

o una comunicación bancaria de un plazo vencido.

Por otro lado, *Viktor* actuaba con otra lógica no desvelada: por lo visto —según supo Alicia más tarde por el mismo Miguel cuando le interpeló—, muy poco después de aquel expolio, habían negociado con él su reincorporación a la fábrica.

—«Mismo puesto, mismo sueldo, Alicia. Incluso —había añadido con el desparpajo y osadía de quien se encuentra resguardado—, mejores condiciones».

Resultaba obvia la maniobra: la entrada *en juego* de *Viktor*, consolidaría una sólida fuerza contra Alicia. Por tal motivo le llamó directamente.

—Volviste a trabajar en la fábrica, ¿no? —preguntó sin rodeos.

*Viktor* guardó silencio unos segundos pensando qué debía contestar; aunque finalmente respondió con un lacónico:

—Sí.

—¡¿Y tú crees que eso es normal?! —añadió disgustada—. ¿¿¿Después de todo lo que ha pasado???...

—Necesito comer, Alicia,—respondió sin alterarse. Necesito cobrar mi nómina. ¿Qué quieres que haga?

Alicia apretó fuerte los dientes. El dolor no venía de la respuesta en sí, sino del tono despreocupado con que había sido enunciada. Mostraba una falta absoluta de culpa.

—¡Estoy peleando por salvar lo poco que nos queda de lo que nos han robado!, y tú, *Viktor*, ¿¿¿Te pones a trabajar para quien nos robó la vida???...

—No me queda otra —replicó con la misma imperturbabilidad y despreocupación.—. Tú haz lo tuyo, que yo haré lo mío.... ¡Ah!... Y no me llames más.

Y colgó.

Alicia comprendió que no había sido una traición, al no quedar ni un mínimo de lealtad. Sólo intereses y, en su caso, deudas.

Entonces asumió que el único camino para recuperar algo, pasaba por los tribunales. Pero, también, que el camino sería largo, complejo y, sobre todo, caro.

Cualquier procedimiento que iniciara contra Miguel debía tramitarse por *Vía Civil*, lo cual significaba contratar abogado y procurador, presentar informes periciales y asumir las tasas judiciales. Cada paso costaría un dinero que ya no tenía y ¡ya no la quedaba nada!

Las cuentas personales se encontraban *bajo mínimos*, los ingresos eran nulos y los intereses por el protesto de las letras devueltas, crecía exponencialmente cada día. El mero hecho de *mantenerse a flote*, ya suponía una dura batalla por sí mismo. Pensar en interponer una querella o una demanda, sería como pretender escalar el Everest[185] sin equipo ni guia.

Consultó varios *bufetes* de Castellón. Algunos eran directamente concisos y demoledores:

—«Su caso es complejo, Alicia. Un litigio muy técnico, por cierto; lo que provocará que el procedimiento se

---

185 *Montaña más alta del mundo con 8.849 metros sobre el nivel del mar, y situada en la frontera entre Nepal y China.*

alargue por años. A *grosso modo*, necesitará una *cuenta de provisión de fondos* de, al menos..., ¡entre veinte y treinta mil euros! ¡Y eso únicamente para iniciarlo! —aclaraban».

Salía de aquellas consultas con las piernas flojas, *de alambre*, y como si el suelo siguiera temblando bajo ella, a punto de ser ingerida al abismo por una grieta.

Su encomiable tesón la hacía regresar al apartamento, abrir el portátil y releer nuevamente los documentos, una y otra vez. Buscaba fisuras, algo que se les hubiera escapado, pero no las encontraba. ¡*Todo estaba atado y bien atado*![186] Todo se había pergeñado para evitar su vuelta.

Una de esa interminables noches, aquella cuando estaba sentada sobre el suelo de su habitación, claudicó. Se arrodilló frente al icono con el que había sido bendecida maternamente el día de la boda con *Viktor*, y se quedó allí: *quietecita* sin aire siquiera para rezar. Sólo lloró con *lagrimones como puños*, durante horas.

Estaba vendida, atrapada legal y económicamente. Físicamente parecía un despojo de desesperanza. La primera vez en su vida que no sabía por dónde proseguir; pero, algo muy dentro de sí, la obligaba a no rendirse.

*Max* fue testigo y lo entendía todo. Ya no era el adolescente de antaño soñando con las colecciones de su cuaderno, sino un joven que estaba presenciando cómo le arrancaban de las manos lo que su madre había construido

---

[186] *Frase asociada directamente con Francisco Franco, cuando el 30 de octubre de 1969, fue pronunciada durante la proclamación del Príncipe Juan Carlos como su sucesor a título de Rey.*

con una vida de esfuerzo. Lo había pasado con ella y, ahora, también lo sufría con ella.

Desde el primer día, *Max* se implicó en la batalla: reunía documentos, ordenaba carpetas y acudía a reuniones legales al respecto. Sabía que, bajo ningún concepto, debía mirar hacia otro lado que no fuera su madre. Y no porque lo fuera, sino porque también era su propia historia, su nombre y su futuro.

Lo que más corroía sus entrañas no era el expolio ni siquiera el saberse igualmente traicionado; le provocaba un devastador incendio interior el contemplar, día tras día, la lenta agonía de su madre rota y exhausta. Y, como ella, con las manos atadas y sin saber qué más hacer más.

Una noche la encontró dormida en el sofá, con una carpeta abierta sobre el pecho. Había intentado revisar el contrato una infinita vez más, con el mismo resultado: no había podido concluir aquella nueva ronda legal. El agotamiento había podido con ella e incluso provocaba que la temblaran las manos mientras dormía.

*Max* le apagó la luz, cubrió con una manta que remetió bajo ella para que, por lo menos, sintiera algo de seguridad en sus sueños, y sentó a su lado a contemplarla *de hito en hito*; con profundo y agradecido amor filial. La debía hasta su propia vida. Posó un leve beso sobre su frente y ella suspiró inadvertidamente.

—¡Vamos a recuperarlo todo, mamá! —susurró muy tenue— ¡Ya lo verás! No sé cómo, pero así será, aunque sea lo último que haga en esta vida.

Aunque le hubiera gustado, no lo dijo en voz alta, pero

se lo juró también a sí mismo. Desde aquel día, cada paso que diera sería por ambos.

Y aunque no tenía recursos económicos suficientes ni onerosos abogados ni influyentes contactos en el mundo de la abogacía; tenían algo que no podía comprarse: la verdad y la memoria.

Porque Felicity no era sólo una fábrica cerámica; comportaba toda su infancia y su apellido cosaco y eso no iban a robárselo tan fácilmente.

---------------------------

Días más tarde, Alicia revisaba antiguos papeles entre las cajas traídas finalmente de las oficinas de Castellón y fue a dar con una carpeta mal etiquetada. Una de esas que solía usar Miguel cuando aún compartía un rincón en la oficina de Felicity.

La abrió rutinariamente sin esperar contuviera nada importante: papeles sueltos, fotocopias para ser recicladas por su lado impoluto, notas sin valor... Pero lo que parecería casualidad o meramente accidental, estaba guiado por la mano de Dios:

Entre las hojas se encontraba un sobre cerrado sin señas ni nombre alguno. Y llevada por la inercia de revisarlo absolutamente todo, lo abrió y leyó aquel documento.

—«¡¡¡EUREKA, LO HABÍA ENCONTRADO!!!» —se festejó, levantándola los ánimos esparcidos por el suelo.

Se trataba de un certificado bancario con membrete de una entidad norteamericana del estado de *Delaware*, en él podía leerse número completo de una cuenta de ahorro:

*Account holder*[187]: Miguel M. Monteverde.

*Account balance*: 20.437.892 U.S. Dollars.

Alicia quedó inmóvil. Perpleja. ¡Ojiplática!

La leyó tres veces más. Despacio y revisando cada letra de cada línea. Cada sello.

La fecha referida era consecuente a cuando formaron aquel despacho de asesoría.

El documento era real y auténtico, con los sellos en relieve, propios allí en la apertura de una cuenta especial.

El certificado pareció tomar vida por sí mismo agitándose violentamente; pero eran las manos de Alicia que, esta vez, lo hacían por la grata emoción de haber encontrado la veta de oro buscada; la grieta por donde comenzar a restaurar su propio patrimonio y el de su hijo.

Miguel tenía oculto un saldo multimillonario que —recapacitó—, sería causa y búsqueda por la Policía. El mundo de Alicia parecía haber cesado en sus temblores. Aquella información no cuadraba —para nada— con la conmovedora versión de joven arruinado, enfermo y perseguido injustamente. No cuadraba con nada; pero ahí estaba la prueba fehaciente que podía cambiarlo todo en adelante.

Esa evidencia le abría *de par en par* a Miguel, como mínimo, una querella criminal por *robo continuado*, falsedad documental y *blanqueo de capitales* que,

---

[187] *Respectivamente del inglés: Nombre del titular, saldo y moneda en dólares americanos. Unos dieciocho millones de euros al cambio de mayo del 2025.*

acumuladas, supondrían... —consultó en el *buscador* de su *móvil*—, ¡de ocho a veinte años de prisión!, más otros tres por la alteración del contrato de Felicity, sin olvidar el resarcimiento, en la medida de lo posible, de las cantidades sustraídas y la correspondiente multa millonaria.

—«¡¡¡Los tenemos pillados por los...!!! ¡¡¡...por *los* todos sus delitos!!!» —corrigió para sí misma. No entraba en su vocabulario ni en momentos así.

Todavía tenía el pulso agitado cuando habló con *Max*, que abandonó la gestión de lo que le mantenía ocupado y apareció *por ensalmo* en el apartamento.

—¡Hijo, tenemos un arma! —le acaparó repitiéndoselo varias veces, nada más llegar, blandiendo el certificado con la mano.

*Max* no entendía mucho aún de lo que trataba de explicarle su madre; pero verla así, tan festiva y exaltada como si le hubiera tocado el *Premio Gordo* de la Lotería de Navidad, suponía todo un adelanto.

Ya más calmados, sentados en el sofá, Alicia le relató el cómo, dónde, cuándo y las averiguaciones hechas al respecto.

*Max*, al principio, no lo entendía del todo. Intentaba prestar atención a lo que atropelladamente intentaba explicarle su madre y leer con atención el certificado, simultáneamente, pero no tardó mucho en *ir atando cabos sueltos*.

—¡¿Esto es de Miguel?! —preguntó, atónito— ¡¡¡¿¿¿De verdad tiene todo este dinero???!!!...

—¡Sí, como lo ves! — remachó una Alicia firme y

triunfal—. Lo robó y escondió, mientras fingía estar en la completa ruina. ¡Ya ves «el elemento del Miguel» ¡Menudo sinvergüenza! ¡Y, mientras, me pedía ayuda y firmaba el robo! —apostilló.

Ambos quedaron en el más absoluto silencio dirigiéndose las miradas. Aquello era más que surrealista.

—Entonces... ¿vamos por él? —aventuró *Max* por contar con la aprobación de su madre.

Aunque para Alicia era de extrema necesidad, tanto o más, lo era cerrar aquel ciclo de vida. Apegada a sus convicciones morales y antes de entregarlo a la Justicia, decidió otorgarle una última oportunidad. ¡No por él!, sino por ella misma. Quería mirarle a los ojos y descubrir con entera certeza quién era ese individuo.

Le llamó e, inocentemente, le solicitó una reunión en su propio despacho. Alicia llegó acompañada por *Max*, llevando en el bolso una copia doblada del documento. El original quedó escondido, *a buen recaudo*, fuera del apartamento. Cuando llegaron, Miguel se mostraba victorioso y altanero. Sonreía abiertamente.

—¿A qué se debe el placer? —preguntó sarcástico.

Alicia puso el papel sobre la mesa, sin mediar palabra.

Miguel lo leyó... Lo releyó muy despacio, como si no llegara a creérselo. Las cejas comenzaron a elevarse para dejar sitio a unos ojos que parecían querer saltar de sus cuencas. Aun así, intentó ocultar su sorpresa, apoyando la espalda sobre un caro sillón de cuero de respaldo alto. Se alejaba del papel que posaba ahora sobre la mesa, como si fuera foco de un virus altamente letal.

Cruzó la mirada con Alicia, pero evitó los ojos de su hijo, como si temiera que en ellos habitara una furia contenida a punto de estallar.

—¿Y qué quieres? —preguntó con chulería.

—Nada más lo que es mío —respondió Alicia muy dueña de sí—. O desbloqueas los abonos que nos debéis de Felicity o nos devolvéis la fábrica... ¡Así de fácil! ¡Tú eliges!...

—¡Claro!, que la tercera opción... —interrumpió el silencio hecho, como si se tratara de un fuerte envite de «todo o nada» al *Poker*— ...pasa por presentar esto donde deba. ¡Tú mismo, Miguel!

Miguel se inclinó hacia adelante.

—No vas a hacer nada de eso —arrugó acechante el rostro—. Si lo haces, *te juro por mis muertos* que no vivirás para verlo.

Alicia no se achantaba por las amenazas de un... ¡Quién era ése que no se había enfrentado nunca a la mafia rusa con un *AK*[188], amartillado y listo para disparar, entre las manos! Aun así, Alicia bajó la mirada fingiendo pavor.

—¿Hablas en serio?...

—¡Has oído bien, Alicia! Si me denuncias, buscaré a alguien que te haga desaparecer ¡para siempre! No me importa cuánto cueste, pero acabarás muerta en una

---

[188] *Fusil de asalto ruso muy popular y extendido por todo el mundo, debido a su sencillez de manejo, fiabilidad y bajo costo de mantenimiento.*

cuneta.

—Bien, ¡hazlo! —retó valiente—, pero recuerda bien mis palabras, Miguel: por tu asunto con el banco no entraste a prisión por un día; pero ese día te lo fijaré yo. ¡¿Estamos?!...

Se lo dijo sin elevar la voz, que sonaba tan fría y resolutiva como el cerrojo del subfusil amartillándolo para disparar. A continuación, se levantó y cerró la puerta acompañada de *Max* al salir.

Ahora, ya no se trataba por justicia, sino por la vida de su hijo y la suya propia. Terminaba de asumir una verdadera *vendetta*[189].

Aquel enfrentamiento la llevó a desenterrar amargos recuerdos, lejanos y borrosos, de un pasado en la Rusia rural. Cada vez que escuchaba un ruido o cualquier coche pasando cerca de la casa, imaginaba que venían por ella. Una pesadilla de pavor que continuaba acechante cuando sonaba el teléfono, que detenía por un segundo su corazón.

En cualquier caso, no dejaba de pensar en *Max*. La amenaza de Miguel *no iba de farol*[190]. Lo había dicho con una seguridad que no dejaba lugar a dudas. Bien sabía Alicia que la gente con dinero y nada que perder, es capaz de todo.

¡Y no se equivocaba! Un día recibió una breve llamada de un antiguo colaborador de Felicity. Estaba al tanto de la

---

[189] *Vocablo italiano que refiere confrontamientos letales por venganza derivada de rencillas entre familias, clanes o grupos rivales.*

[190] *Expresión coloquial que lo dicho o hecho por el sujeto es en serio. Implica autenticidad e intención real, sin engaño ni bravuconada.*

situación y conocía a Miguel. La avisó de que había escuchado, de algún conocido en común, de que Miguel había encargado dar una paliza a *Max*, como advertencia hacia ella y, así, demostrarla que hablaba en serio.

Agradeció la información, colgó y tomó una decisión enseguida:

Le pidió a *Max* que se marchara a Madrid, arguyendo que allí le costaría mucho menos encontrar un trabajo y salir adelante para comenzar algo nuevo. Pero, como madre que era, omitió parte de la verdad, porque no quería que fuera constantemente vigilando a sus espaldas.

*Max* no discutió y, aunque sabía que su madre le estaba aconsejando lo que creía más necesario, le costaba dejarla sola. Aun con todo, obedeció.

Por su parte, Alicia, recogió todas sus cosas en silencio y abandonó Castellón para instalarse en un pequeño pueblo entre mar y montañas y en una casa de alquiler para ella sola.

Era discreta, apartada, y con vistas al campo. Allí seguro que nadie la buscaría. ¡Ni siquiera parecía ya la misma mujer! Se refugió entre aquellas paredes blancas, con un portátil, una libreta y una única intención: pensar. No podía rendirse. Nunca después de todo lo que había pasado, pero tenía muy en cuenta que cada paso debía ser tan calculado, preciso y seguro como si cruzara un campo minado.

Durante bastantes días no habló con nadie. Leía, paseaba por la playa, revisaba papeles, elucubraba formas para delatar a Miguel sin exponerse, y nunca apagaba el *móvil*, ni siquiera por las noches. Volvía a dormir poco y mal.

Dentro de ella empezaban a germinar algo más fuerte que el recelo o la lógica prudencia: determinación y coraje. Tal vez su abuelo *Nikolái* la estaba entregando su fuerza desde el más allá. Fue en ese pueblecito donde Alicia, por fin, habló. No con un abogado ni con un juez ni con la Policía.

Se trataba de un amigo de confianza que vino a visitarla para asegurarse que seguía bien. Precisamente, uno de los pocos que la quedaban aún. Alguien quien conocía su historia completa desde los inicios de Felicity y desde cuando apenas era un sueño. Le completó toda la información que desconocía: el contrato... la estafa... la amenaza...

Con inmensa paciencia y atención, escuchó sin interrumpirla hasta que terminó. A continuación, la cogió la mano, miró a los ojos y, apretándosela firmemente, dijo:

—¡Cuenta conmigo! —y con una sonrisa franca y acogedora, emprendió el regreso.

Rondando una semana más tarde le presentó a alguien: un abogado de Valencia. ¡No uno más!, sino uno de esos reconocido por su absoluta integridad sin alianzas dudosas ni doblez. De aquellos quienes todavía creen en la Ley como herramienta de la verdad. Alicia sintió un soplo de esperanza.

Acordaron una cita discretamente, ya que era necesaria la presencia de un número de la Guardia Civil especializado en delitos económicos; nada oficial aún.

Sólo se trataba de una primera declaración indagatoria; aunque para Alicia significaba un paso firme hacia delante.

Cuando llegó el día acordado, Alicia regresaba de Madrid donde había ido visitar a *Max*. Quería asegurarse que *Max* estaba bien y le prometió que todo mejoraría muy pronto. Esa vez lo abrazó más fuerte de lo habitual y, aunque él lo notó, no preguntó nada.

De vuelta, ya en el ferrocarril, se apeó en Valencia, capital. Un taxi la dejó frente al despacho.

Aquel portal pertenecía a un edificio sobrio, de piedra caliza, es decir, extremadamente claro. Llamó al ascensor y pulsó el botón de la planta adecuada. En el rellano se alzaban dos vetustas y lujosas puertas. Llamó a la indicada de ambas y una diligente secretaria la hizo pasar donde ya la esperaban el letrado y el número de la Guardia Civil.

La ofrecieron una silla y el agente de la Benemérita, encendió una pequeña grabadora y tomó asiento frente a ella, al otro lado de la mesa. Todo estaba preparado para su declaración previa, salvo recordarla una vez más que allí se encontraba a salvo y nadie podría hacerla daño.

El abogado rogó que relatara toda la historia desde el principio, «como si fuera la primera vez que me viera», aclaró, añadiendo: «desde el principio, con calma y con todos los detalles, por favor».

Y así lo hizo.

Durante más de una *hora larga*, Alicia se dedicó a reconstruir con paciencia el rompecabezas que Miguel representaba para ella, desde aquel primer encuentro hasta el día en que recibió la amenaza de muerte. Alicia extrajo de una carpeta plástica con gomas, documentos que el Guardia Civil examinaba con atención, pues formaba parte del grupo que detuvo anteriormente a Miguel y no le eran extraños.

Así, sobre la mesa, fueron desfilando copias del contrato de compraventa, poderes notariales, la «bendita cláusula» original junto con la alterada y, por supuesto, las amenazas que habían progresado de verbales a recibirlas, casi a diario, en el *móvil*, desde números desconocidos, pero la describían con todo detalle cómo iba a morir y la fiesta que organizarían sobre su tumba.

Fue muy duro para ella volver a revivir todo lo pasado; pero valía la pena echando un vistazo a la mesa del letrado. ¡Todas las pruebas se encontraban ahí!

El agente de la Benemérita tomaba igualmente nota de todo. Cuando dieron por terminada la declaración, el abogado cerró la carpeta con una lentitud solemne mirando a Alicia, enunció:

—A partir de ahora, Alicia, este caso ya no es solamente tuyo.

Y ella, por primera vez en mucho tiempo, sintió que ya no estaba enfrentándose al mundo con las manos vacías. Alicia ya no estaba sola.

La denuncia penal contra Miguel y sus socios ya era un hecho. A los dos o tres días, Alicia firmó su declaración y aportó los originales a un compañero de la Benemérita y la denuncia fue presentada personalmente al Juez de Guardia para llevar a cabo con rapidez, los arrestos y los consecuentes registros en los domicilios fiscales y personales.

En muy poco tiempo, la noticia comenzó a circular por Castellón, *con nombres y apellidos*. Como en todo, hubo dos sectores claramente diferenciables: aquellos que la ensalzaban como «una valiente»; otros, más timoratos y conservadores, como «loca».

Toda esta debacle, la traía sin cuidado. No pensaba en reputaciones, sino en justicia.

Fue entonces cuando recibió una llamada totalmente inesperada. Se trataba del abogado con quien, semanas atrás, había intentado comenzar el proceso civil, antes de optar por la vía penal. Ahora, sabiendo que la denuncia progresaba, volvía a contactar.

—Alicia, ahora que el proceso penal está en marcha, deberías abrir una civil en paralelo. Te ayudará a recuperar la fábrica. Hay muchos jueces que, en lo mercantil, se dictan resoluciones más rápido y eficientes que en lo penal. Podrían reconocerte derechos sobre la propiedad de Felicity, incluso antes del juicio penal.

Alicia dudó. Ya no confiaba en nadie, pero el argumento era sólido y *sonaba bien*.

—No tengo dinero para ello —adelantó al abogado, a ver *por dónde salía*, pues era claro y evidente en la causa penal que la habían expoliado.

—Lo sé; por eso te propongo algo justo. Me haces un único ingreso de quinientos euros al mes, hasta que se resuelva el juicio, sólo eso... ¿Qué te parece? Así no tendrás que en afrontar un gran desembolso de repente.

—¿Sólo quinientos euros mensuales? —insistió para no

haber dudas.

—Sí, eso he dicho —obtuvo por respuesta.

—Bien, de acuerdo. ¿Dónde te los consigno? Mándame los datos al *móvil*.

Quinientos euros no eran realmente una fortuna, Aunque, para ella y en ese preciso momento, lo significaban todo. Claudicó no por confianza, sino por desesperación.

Se estaba aferrando a una nueva promesa *como a un clavo ardiendo*. Tenía la lejana intuición que, sin querer, terminaba de caer en otra trampa.

Mientras Alicia intentaba sostenerse económicamente con la nueva demanda, la Guardia Civil de Valencia no se detenía: el expediente fue trasladado a la Comandancia de Castellón, donde un grupo especializado en delitos económicos comenzó a estudiar el caso en detalle. Los documentos aportados por Alicia *hablaban por sí solos*, pero, lo que parecía un caso aislado, empezó a ramificarse.

A través de movimientos bancarios, testimonios y seguimientos, los agentes fueron descubriendo otras operaciones paralelas similares: contratos manipulados; falsas promesas de inversión; empresas fantasmas en paraísos fiscales y nuevas personas que habían confiado también en Miguel y, por desgracia, lo habían perdido absolutamente todo.

Algunos de ellos tenían miedo y otros, vergüenza; pero, poco a poco, los testimonios inculpatorios comenzaron a llegar. La fiscalía solicitó la ampliación del Sumario en otras piezas penales y, lo que había comenzado con una escritura fraudulenta, ahora constituía un complejo procedimiento por estafa múltiple, blanqueo de capitales y asociación ilícita.

El sumario crecía día a día, como una planta regada por Alicia y un, cada vez, más numeroso grupo de perjudicados.

—«Esto es *una bomba de relojería*» —pensó Alicia cuando, en una conversación telefónica, el abogado la puso al tanto de la marcha de todo el sumario.

Tal vez, por fin, el tiempo jugaba a su favor, aunque Miguel no se quedó quieto: cuando supo de los avances criminológicos de la Guardia Civil y el caso se ampliaba más allá de Alicia, *empezó a mover ficha*. Jugaba con ventaja, tiempo, dinero, y experiencia en manipular el sistema. Su primer paso consistió en traspasar Felicity a una *empresa fantasma*[191] creada por él mismo, de nombre neutro y registrada en un despacho de un Centro de Negocios de Valencia. Nombró administrador a un *testaferro*[192] y cerró la operación en cuestión de días.

No contento con eso, repitió la misma jugada; pero a otra firma aún más opaca, con sede en otro punto del país y gestionada por otro *títere* legal.

Todo limpio, todo documentado y todo absolutamente legal..., por lo menos en apariencia.

---

[191] *Entidad legal sin actividad real, creada para ocultar, facilitar o cometer actividades irregulares como blanqueo de dinero o fraude.*

[192] *Persona que presta su nombre en un contrato, negocio o pretensión, a cambio de dinero o bienes, para ocultar la identidad de un primero.*

Alicia, cuando intentó seguir la pista a través de su abogado civil, se topó con una pared tras otra. Las sociedades eran legales, los papeles estaban en regla, pero el titular final, oficialmente, no tenía ninguna relación con Miguel.

—Está jugando a que le pierdan el rastro —comentó a su abogado—. Lo hace para que la demanda civil no prospere. Quiere desdibujar la propiedad.

Mientras tanto, el juicio penal avanzaba lento. El Sumario era tan complejo y afectando a tantas personas que fue trasladado a la Audiencia de Madrid. Los tiempos judiciales no entendían de urgencias personales.

Sin embargo, Alicia debía pagar mensualmente los quinientos euros acordados al abogado de la causa civil; una cuota que ya no sabía si sostenía un caso o una mentira.

El tiempo pasaba y las cuentas aún seguían congeladas. *A duras penas* la llegaba para sufragar el alquiler de la casa. Las facturas iban acumulándose y la esperanza se oxidaba. Recibía ayuda de su madre, de su hermano y de los viejos amigos que, a pesar de todo, la respetaban. Muchos otros quienes se jactaban de serlo, desaparecieron en un santiamén.

Así se consumió un año más.

Alicia continuaba en el pueblo, luchando por sostenerse con lo poco que tenía. Cada mes pagaba religiosamente la cuota del proceso civil, aunque el caso no avanzaba ni un paso. La demanda penal seguía su curso, pero también con desesperante lentitud, como todo en la Justicia. *Max*, desde Madrid, buscaba rehacer su camino con dignidad, aunque el peso del pasado seguía cargado a su mochila emocional.

Y entonces, un día, llegó la noticia. Vino a través de conocidos, gente del sector que aún creía en Alicia, aunque no siempre se atrevieran a expresarlo en voz alta.

—«Alicia, ¿Sabes que *Viktor* ha montado su propia fábrica?»

—«¿Dónde?... ¿Cuándo?»

—«En un pueblo. Hacia el interior... En una nave de nueva construcción. Por dentro es... ¡igual a Felicity!»

Alicia quedó atónita.

Cuando las primeras emociones se calmaron, buscó más información. Realizó llamadas discretas, preguntó a antiguos trabajadores, consultó informes del Registro Mercantil y terminó por confirmarlo: ¡*Viktor* había construido una réplica exacta!

Salvo algunos detalles, la nueva fábrica era casi idéntica. Mismos procesos, mismos acabados y con los diseños de Alicia. Había contratado antiguos trabajadores de Felicity y reactivado las relaciones con los proveedores. ¡Cómo no!, también arrampló con la última cartera de clientes. Todo bajo un nuevo nombre, aunque con la misma esencia: ¡la esencia de Alicia!

—«¿De dónde habrá sacado tanto dinero? —se preguntaba Alicia.

Nadie sabía nada acerca de la financiación; pero era seguro haberla utilizado como peldaño para reconstruirse a su costa.

Por primera vez en meses, no sintió tristeza, sino rabia.

*Viktor* había cometido la imprudencia de tañer sus cuerdas más graves: las correspondientes a la rabia.

Una cosa era haber perdido injustamente; y otra muy distinta, permitir que la humillaran a ella y a todo lo que había construido con su vida.

Y eso... Eso sí que Alicia nunca lo perdonaría.

# 25.- ¡SÉ VALIENTE, ALICIA!

Pasaron apenas unos años, aunque cada uno pesó el doble. Pero finalmente, el día tan ansiado llegó: La Guardia Civil, tras un meticuloso y profundo trabajo, había concluido la investigación.

El sumario era extenso, tanto que había sido necesario repartirlo en varias gruesas secciones cosidas por sus lomos, completas de atestados, pruebas periciales, oficios, extractos bancarios de una miríada de entidades, citaciones con sus correspondientes declaraciones, exhortos[193] completos a jurisdicciones repartidas por todo el territorio nacional e, incluso comisiones rogatorias[194] al extranjero.

¡Demasiado como para poder ser ignorado! Las pruebas eran contundentes. Quedaban fehacientemente demostrados los delitos criminales por los cuales se había incoado la causa: amenazas, estafa múltiple y continuada, blanqueo de capitales y asociación ilícita.

¡Miguel y Leo —entre otros—, operaban una enorme red criminal, por lo que se dictaron las oportunas órdenes de detención para todos ellos, además de serles judicialmente intervenidas las cuentas bancarias y

---

[193] *Petición formal de un juzgado a otro juzgado para que realice una actuación judicial fuera de su propia jurisdicción.*
[194] *Trámite judicial internacional, análogo al exhorto citado antes.*

bloqueados sus activos financieros. Igualmente, fueron registradas todas sus oficinas.

Al cabo de una gigantesca operación de la Benemérita, fueron detenidos y puestos a disposición judicial. Ni uno solo se salvó: todos ingresaron en prisión preventiva mientras se terminaba se continuaba con la instrucción del sumario. La sentencia, tiempo después, no fue indulgente con ninguno de ellos.

Alicia lo supo por una llamada del abogado de Valencia, después todos los periódicos de Castellón hicieron eco de la noticia. Solo cerró los ojos y respiró hondo. No había recuperado la fábrica. Ni el dinero. Ni todo lo que le quitaron.

Pero había recuperado su nombre. Y lo había hecho sin ensuciarse las manos, sin caer al mismo nivel.

Y eso, en este mundo, era una victoria.

El procedimiento civil, en cambio, avanzaba a pasos desesperadamente lentos.

Cada mes, Alicia entregaba los quinientos euros acordados, esperando un movimiento, un gesto, una señal. Pero el abogado parecía dar largas. Siempre había algo que faltaba, algún documento por revisar, algún aplazamiento procesal.

Alicia ya no podía más. Económicamente estaba exhausta. Moralmente, sin vida.

Una tarde, el abogado la llamó y le ofreció una salida distinta.

—Alicia —dijo—, sé que te resulta difícil seguir

sosteniendo esto. Pero aún hay una opción.

Le explicó que, al tratarse de bienes del patrimonio familiar, quizá su aun marido, *Viktor*, ahora con recursos y una posición estable gracias a su nueva empresa, «podría seguir pagando la cuota mensual en su lugar».

A cambio, cuando se recuperara la maquinaria embargada, Alicia podría venderla, como estaba previsto originalmente y repartir el dinero entre los tres: ella, *Viktor* y *Max*.

Era una salida poco convencional, pero realista. Práctica, sobre todo para cerrar el asunto de una vez por todas.

Alicia dudó. No confiaba en *Viktor*. No lo había perdonado. Pero entendía que tal vez esto ayudaría cerrar el capítulo para siempre. Aceptó.

Ese mismo año, Alicia y *Viktor* acordaron finalmente el divorcio. Del asunto se ocupó el mismo abogado que conocía a la perfección la situación de los cónyuges. Cada uno firmó por separado, en los juzgados de Castellón. No hubo palabras, ni gestos. Sólo papeles. La nueva fábrica que *Viktor* había levantado, no apareció en los documentos del divorcio. Había sido registrada a nombre de su novia. Se mantenía oculto, como si no existiera. Legalmente, no tenía nada; pero, en realidad, lo controlaba todo desde la sombra.

—«Bien aprendió de Miguel» —pensó Alicia.

El tiempo pasaba, y Alicia necesitaba seguir adelante. Lo sabía. Tenía que reinventarse. Pensar en nuevos caminos. Tal vez emprender un negocio propio desde cero.

Tal vez aceptar un trabajo. Cualquier cosa que le permitiera recuperar ingresos, estructura, dignidad. Necesitaba estabilidad. Una rutina. Una vida que volviera a parecer suya.

Pasaron casi ocho años desde la venta de Felicity.

Ocho de calvario. Un *Vía Crucis*, en los que Alicia resistió, cayó, se levantó, volvió a empezar. Se volvió otra. Más fuerte, más sabia y... más sola.

El desgaste acumulado durante tantos años —la tensión constante, la incertidumbre prolongada y las traiciones— habían dejado huella. Empezaron a aparecer síntomas no siempre visibles a simple vista: una fatiga persistente, episodios de ansiedad, noches de insomnio y algunos ataques de pánico que prefería no comentar. No era exactamente una enfermedad, pero sí un estado frágil, de cuerpo y mente, que requería descanso y cuidado. *Max* había regresado de Madrid para acompañarla y cuidar de ella.

Una tarde cualquiera, mientras revisaba correos en su viejo portátil, llegó un mensaje inesperado.

Era del Registro de Propiedades de Bienes Muebles de Valencia.

«Estimada señora,

Nos dirigimos a usted para informarle de que ha sido emitida una resolución favorable que acredita la recuperación legal de la maquinaria industrial anteriormente asociada a la sociedad Felicity S.L. Rogamos se persone en nuestras oficinas para proceder a la firma del justificante de recuperación y entrega.»

Alicia leyó el mensaje dos veces. Cerró el portátil, apoyó la cabeza en la mesa y respiró. Largo. Muy largo.

Alicia enseguida compartió la noticia con *Max* que ha vuelto de Madrid para estar con su madre, la salud de Alicia estaba muy delicada.

*Max* tardó un segundo en responder.

—Mañana mismo vamos, mama, — dijo decidido.

No hubo necesidad de pensar demasiado. Al día siguiente, cogieron el tren a Valencia. Ya no eran los mismos de antes. No madre e hijo, sino dos compañeros de trinchera, que habían cruzado una guerra silenciosa de casi una década.

Al llegar al Registro, fueron recibidos con amabilidad. Les ofrecieron café y pidieron esperar unos minutos. Faltaba un documento. Algo que el abogado debió de entregarles. Ellos no lo tenían. Les aconsejó pasar por los Juzgados de Valencia, tal vez les pudieron ayudar.

En Juzgados han sido atendidos de inmediato, el funcionario confirmó que el papel que faltaba debería de tener el abogado. Ante el asombro de Alicia y *Max* les hizo pasar a una sala con paredes grises y carpetas alineadas hasta el techo.

—¿Saben ustedes que esta resolución está firme desde hace casi un año? —dijo, mientras ojeaba el expediente.— El proceso terminó. Ganaron. Todo esto ya era suyo.

Alicia y *Max* se miraron.

—¿Es que nadie les avisó? —preguntó él, incrédulo. —Lo normal es que lo notifique su abogado. Nosotros solo gestionamos la resolución. Pero aquí está, añadió, colocando el documento frente a ellos.

Allí mismo desde un despacho gris de los juzgados de Valencia, y en presencia de una autoridad, Alicia decidió hacer una última llamada al abogado.

Marcó el número. Una. Dos. Tres veces. Sin respuesta.

*Max* sacó su teléfono. Era un número nuevo, uno que el letrado no conocía. Marcó.

—¿Sí? —contestó al primer tono.

*Max* no dijo nada. Le pasó el móvil a su madre.

—Estás en manos libres,— dijo Alicia, con voz seca.

—Sí... ¿quién habla?

—Soy Alicia. Estoy en los juzgados de Valencia. ¿Tienes algo que decirme?

Se hizo un silencio espeso al otro lado.

—Me comentan que puedo recoger mi maquinaria, —añadió ella. ¿Cuándo pensabas decírmelo?

—Ya te lo explicaré todo… dijo él, incómodo.— No sé dónde está la maquinaria ahora. La nave tiene nuevos dueños, creo.

Y entonces, en los días que siguieron, Alicia lo supo todo.

*Viktor*, asesorado por el mismo abogado que años atrás había contratado Alicia, se había adelantado. Apenas se emitió la sentencia favorable, accedieron por su cuenta a la nave. Aprovechando que Alicia aún no había sido informada, trasladaron toda la maquinaria a la nueva fábrica de Viktor. Al fin y al cabo, ahora era él quien tenía al abogado en nómina. Conflictos de interés, ni más ni menos. Amen a la ética profesional.

Habían ejecutado el último movimiento.

Silencioso. Frío. Ilegal, pero casi imposible de probar.

Alicia sintió una certeza amarga. Había ganado el juicio, había probado la verdad, había demostrado quién era. Pero ellos, como siempre, ya estaban un paso más allá de la justicia.

Era el momento de cerrar el capítulo. Con dignidad. Con pérdida. Con verdad. Y con memoria.

Porque algunas victorias no se miden en lo que se recupera, sino en lo que ya no se puede arrebatar.

# EPÍLOGO

A veces, es difícil adivinar cuándo se gana y cuándo, en realidad, se pierde. Porque hay triunfos que encadenan y derrotas que liberan. Alicia ya lo sabía.

*Max*, su pequeño *Max*, ya era un hombre. Un joven fuerte y bondadoso, recto en sus convicciones y honrado hasta la médula. Un luchador nato, como en algún momento lo fue ella.

Hacer las paces con su padre pareció apaciguar algunas de sus tormentas internas. Estaba recuperando la paz y la seguridad en sí mismo.

No fue un reencuentro espontáneo. Fue *Viktor* quien viajó hasta Peñíscola para encontrar a su hijo. Le habló del nacimiento de su nuevo hijo —el hermano pequeño de *Max*—, fruto de su segundo matrimonio, y le ofreció un lugar en su nueva fábrica. La misma que, muchos años atrás, había sido de Felicity.

*Max* aceptó. Alicia no daba crédito a las vueltas que podía dar la vida.

Durante un tiempo, no pudo evitar que, en ciertos momentos de debilidad, se le escapara algún reproche. No porque guardara rencor hacia su hijo, sino porque le dolía profundamente ver cómo, al final, *Viktor* acababa teniéndolo todo, y no por amor ni por justicia. Pero al final, lo tenía.

Y eso, para Alicia, era lo más insoportable: ver cómo él —quien tanto daño causó— terminaba quedándose con lo que había sido su vida.

Sin embargo, no perdió la esperanza. Sabía que su hijo necesitaba encontrar su propio camino. Y ella, tal vez, necesitaba emprender uno nuevo sin mirar atrás.

Cerró los ojos y, entonces, lo vio. No como una fantasía o un delirio, sino como una certeza antigua y profunda:

En la vida siguiente, Alicia volvería a ser cosaca.

Pero no como una figura lejana de historia. ¡No! Esta vez sería un hombre fuerte, de hombros anchos, melena negra e indómita, cabalgando un corcel azabache que solo obedecería a su jinete. En la cintura, un sable curvo heredado de sus ancestros y, al costado, un *kinzhal* que brillaría como la luna en noche de guerra.

Defendería su fe, su honor y a los suyos con la furia de quien ya no está dispuesto a perder nada más.

Sería libre. Parte del viento. Sin dogmas ni cadenas; sólo horizonte.

Y por un instante, ese fuego ancestral ardió en su pecho como un eco eterno.

Lo supo entonces.

Aunque no volviera a nacer... Ya lo había sido.

FIN

# *A l i c i a   N a m b e r*

NOTA DEL EDITOR: Por razones de seguridad personal hacia Alicia y por otros motivos harto comprometedores, la autora y yo mismo hemos decidido obviar cualquier dato referente a su vida personal, por lo cual entenderá usted, estimado lector, que el nombre de la autora es un pseudónimo —si quiere, hasta ingenioso, habida cuenta de su procedencia—, como igualmente haber sustituido todos los nombres de familiares, empresas y resto de personajes, por otros ficticios, esperando sepa disculpar una medida tan necesariamente cautelar. Ciertas escenas han sido adaptadas o recreadas con fines narrativas. No obstante, la esencia de lo vivido permanece intacta. Gracias.

Gracias.

Junio del 2025

*A mi hijo:*

*Este libro fue escrito para que recuerdes, para que nunca olvides lo que vivimos, lo que construimos y lo que fuimos capaces de soportar cuando todo se vino abajo.*

*Felicity fue mucho más que una empresa. Fue nuestra casa, nuestra alma y nuestros días compartidos. Fue mi manera de traspasarte algo duradero y de constituir un legado nacido del amor y del trabajo.*

*Pero hubo una parte de esta historia que nadie vio, en la que aprendí a callar, a resistir y a protegerte, incluso cuando no supe cómo protegerme a mí misma. Este libro nace de todo eso... De lo que perdimos y de lo que nos quitaron; pero, también, de lo que nadie pudo destruir: ¡nuestra verdad!*

*Si alguna vez dudas de lo que pasó, vuelve a estas páginas; y si alguna vez necesitas recordar de dónde vienes, vuélvelo a leer, porque éste es tu legado.*

*Y porque en cada línea me encontrarás, incluso cuando ya no esté.*

*Mamá*

*Junio del 2025*

# ENLACES

**Sugerencias y opiniones**:

alicianamber@gmail.com

***Facebook***:

https://www.facebook.com/profile.php?id=61575110790263

# VÍNCULOS «QR»

Página oficial en *Facebook*

Sugerencias y opiniones *e-mail*

# ÍNDICE

Made in the USA
Middletown, DE
23 July 2025

11130677R00205